人才盘点

创建人才驱动型组织

第 3 版

李常仓 姜英男 ◎ 著

TALENT
REVIEW

Building Talent
Powered Organizations
(3rd Edition)

机械工业出版社
CHINA MACHINE PRESS

在未来的数十年中，中国必须完成从人力资源大国向人才大国的转型，这场转型深刻而艰难，却是中国取得国家竞争优势的关键，也是中国企业取得全球竞争优势的核心。越来越多的中国企业意识到，企业仅仅建立人力资源体系已经不能支撑新的转型，还需要建立完善的人才管理体系。人才盘点是整个人才管理体系中的连接器和驱动轮。它已经成为 GE、IBM、福特、强生、联想等一大批全球优秀企业的最佳实践。在第 3 版中，作者结合 10 年来的咨询实践，对组织盘点、人才盘点体系等内容进行了补充；增加了如何开好人才盘点会等内容；增加了越秀地产的人才盘点实践案例。

图书在版编目（CIP）数据

人才盘点：创建人才驱动型组织 / 李常仓，姜英男著 . -- 3 版 . -- 北京：机械工业出版社，2024. 6.
ISBN 978-7-111-76170-9

Ⅰ . F272.92

中国国家版本馆 CIP 数据核字第 2024JA1180 号

机械工业出版社（北京市百万庄大街 22 号　邮政编码 100037）

策划编辑：孟宪勐　　　　　　责任编辑：孟宪勐　刘新艳
责任校对：王荣庆　李　婷　　责任印制：李　昂
河北宝昌佳彩印刷有限公司印刷
2024 年 9 月第 3 版第 1 次印刷
170mm × 240mm · 19.5 印张 · 1 插页 · 288 千字
标准书号：ISBN 978-7-111-76170-9
定价：79.00 元

电话服务　　　　　　　　网络服务

客服电话：010-88361066　　机 工 官 网：www.cmpbook.com
　　　　　010-88379833　　机 工 官 博：weibo.com/cmp1952
　　　　　010-68326294　　金 书 网：www.golden-book.com
封底无防伪标均为盗版　机工教育服务网：www.cmpedu.com

推荐序一

我们目前正在经历百年未有之大变局，人工智能给我们带来了组织、职能与岗位的大变革，查理·芒格曾说："旧的护城河不断消失，新的护城河不断形成。如同生物进化，新的物种不断产生，旧的物种不断灭亡。这是不以我们的意志为转移的。"既然科技发展、行业变革以及环境变化是不以我们的意志为转移的，那我们如何在这个模糊而动荡的世界中生存发展呢？答案只有一个，那就是盘点现状，做到心中有数，在不确定中找到确定。

通用电气前CEO杰克·韦尔奇曾认为，"变革的时代需要新思维方式。我们需要那些能够快速适应、创新和实现变革的人。"麦肯锡早前的一份报告也证实了这一观点，在上市公司范围内，大盘表现比竞争对手好1.5倍的企业，关键就是拥有一些善于变革的人才。

所以，在高度不确定的时代，企业能抓住的相对确定性的东西是"人才"，是那些具备勇于面对不确定性、能够快速学习、快速适应变革特质的人才。

在2021年接受"凤凰网"采访时，我曾经说过："人才的价值体现在三方面，创新、创造和创效。从人才的价值来讲，创新是人才的本质特征。创造是体现人才价值的第二个方面。第三是创效。创效即同样的东西能够带来更好的效能、收益。"

价值体现是外在的，要发挥人才的价值，首先需要我们确定谁是人才，企业需要的人才需要具备的标准是什么，以及如何创造激发这些人才发挥价值的平台。普华永道2023年面向全球企业展开的一项调研发现，企业领导者当下遇到的最大难题是"看不清"人才技能与未来业务的匹配性，导致基层人才被埋没或面临无人可用的局面。如何解决这个"看不清"的难题呢？

《人才盘点》第3版的出版恰逢其时。第3版内容不避讳中国企业面临的内外部挑战，指出组织在面对挑战时应有的应对方式——通过人才的发掘与打造，构建强有力的组织，不断实现组织与管理的升级迭代。接下来，通过如何确定与组织战略实现相匹配的人才标准，如何运用盘点与测评找到符合标准的人才，从而搭建起企业的人才梯队，如何通过人才盘点运营体系的建立确保人才盘点工作的实施，如何根据培养目标设计学习项目来培养人才等几大主题的详细分析与关键技术介绍，让读者从宏观的人才管理架构与微观的人才管理技术两个方面，全面了解人才盘点的理论与框架，帮助企业管理者解决上文提到的"看不清"的难题，让他们看到人才，大胆培养与使用人才。同时，第3版依然沿用、分享了大量企业实际案例，用企业实际案例给予读者更鲜活的阅读体验与操作指导。

当然，在外部环境快速变化的时代，企业的人才管理也要与时代同频进化，巴菲特曾说"模糊的正确好过精确的错误"，这句话同样适用于企业的人才管理工作。所以，正如构建敏捷组织是时代发展的必然，企业的人才标准建立、人才盘点、人才培养等工作，也一定要敏捷。

企业要发现与培养的是与自己的战略相匹配的人才，其途径主要是盘点，希望广大读者通过《人才盘点》第3版的"创新"和"创造"实现自己的"创效"！

是为序！

萧鸣政

中国人才研究会副会长

中国人力资源开发研究会人才测评专业委员会会长

广东财经大学粤港澳大湾区人才评价与开发研究院、人力资源学院院长

北京大学人力资源开发与管理研究中心主任、教授、博士生导师

2024年2月2日于北京

迟到的推荐

常仓是我在合益集团（HayGroup）工作时期的老同事。2007年年初，当他还在联想集团总部担任人才管理专家的时候，我邀请他加入合益集团，带着他见证了国航组织转型项目。鉴于他的特长，后来我安排他担任了多个咨询项目的负责人，包括国航领导力模型构建项目、多个序列的人才盘点与人才发展项目、乘务员素质模型构建与人才甄选项目，以及再后来的一汽大众人才盘点与领导力发展等多个堪称经典的人才项目。

常仓是一个对人才管理很痴迷的专业主义者，乐于钻研和学习，平时不善言辞，但一提到人才问题，他就能讲得头头是道。在我离开合益集团之后担任金山软件高级副总裁期间，我点名要他来给金山软件提供人才管理咨询服务。从此以后，他为金山软件服务了很多年。

在《人才盘点》前两版要发行的时候，常仓邀请我来作序。但由于工作繁忙，未能来得及写序，我心里对他一直存有愧疚。拿到《人才盘点》第3版书稿后，我感到由衷的欣慰。这是常仓孜孜不倦、持之以恒地完善人才理论与方法的一种见证，这也是他颇受客户喜爱的原因。

这本书不仅是理论与实践结合的范例，还是一本人力资源工作者的行动指南。在战略蓝图绘制中，从战略澄清到战略解码和执行跟踪，人才是核心关键，往往也是被组织忽略的要素。本书始终站在战略角度，坚持人才盘点服务战略的原则，致力于帮助读者将"战略"和"人才"相连接，将"战略解码"真正落地为组织当中的"人才解码"，为管理者在现实世界中面对人才管理挑战提供了明确的方向和策略。

《人才盘点》第 3 版正是常仓多年在国内领先公司实施人才盘点经验的结晶。书中对多个鲜活生动案例的剖析，让广大读者有机会站在高层视角来思考如何构建组织能力，如何通过能力建设来应对危机，促进组织变革，提升在 BANI⊖ 时代的"抵抗力"。同时，通过国内外知名企业如强生、IBM、联想集团、越秀集团等领先实践者的分享，为人力资源从业人员提供了丰富的做法和经验。

人才管理很重要

新时代中国企业对人力资本的要求正在发生变化，对人力资源管理者的要求也在发生变化，这一切都对人力资本的管理提出了新挑战。

在过去两年间，我带领高潜咨询公司、CHO100⊖ 以及 HRA⊜ 等专业组织，对中国超过 100 名的 CHO 做了系统的研究，并完成了《中国卓越 CHO 模型白皮书》。在此研究中，我们发现，65% 的 CHO 声称，在竞争对手和市场的压力下，他们要在今后两年内对公司进行组织变革。相对于技术和流程，企业的高管班子开始越来越多地考虑人的因素，75% 的 CHO 认为，人的因素是企业一把手最关心的问题。随之而来的是，企业都面临着高端人才竞争加剧的困境，往往难以找到合适的人才，使得企业高管无法实施其战略举措。

本书的突出亮点

这本书以组织盘点和核心人才梯队建设为核心，打造组织核心竞争

⊖ BANI 由四个英文单词首字母组成，即 Brittleness（脆弱性）、Anxiety（焦虑感）、Nonlinearity（非线性）和 Incomprehensibility（不可理解）。

⊖ CHO100，即中国首席人力资源官 100 人，成立于 2017 年，是依托北京大学国家发展研究院成立的一个公益性组织，成员由中国知名企业或优秀的人力资源负责人组成，旨在促进相互学习和交流，提升中国人力资源管理水平。

⊜ HRA，中外企业人力资源协会，成立于 1996 年，是国家民政部门注册的一个非营利社团法人，在中国人力资源管理领域具有领先性、专业性和权威性。

力。根据公司战略，每年对组织进行体检，把"熵减"工作作为日常组织管理工作，并且根据业务发展需求，定义高潜人才，每年优化"高潜人才池"，针对高潜人才制定针对性的人才战略（选用育留）。同时，对"绩效平庸者"采取强有力的手段。这些都是人力资本管理的核心举措，也是驱动组织进行创新的源泉。

在这个知识迅速更新的时代，了解并掌握人才管理的精髓至关重要。我坚信，《人才盘点》第 3 版将成为你在这一旅程中的坚强后盾和智慧伙伴。

这本书对于所有希望通过优秀人才推动组织发展的管理者和人力资源专业人员而言，都是一本不可或缺的经典读物。

愿它的洞见与智慧能够伴随你在人才管理的道路上取得成功。

吕守升

《战略解码》作者

高潜咨询公司创始人

北京中外企业人力资源协会名誉会长

潍柴集团、中国重汽、全聚德集团等公司独立董事

2024 年 3 月 2 日于北京

前　言

　　我 2002 年研究生毕业之后进入联想集团人力资源部工作，就任干部管理岗，主要负责干部考核、岗位调动、晋升之类的工作。每年例行的工作是，制定干部的能力标准，进行 360 度民主评议，对干部的能力进行考核。回顾当时的情况，干部考核的结果对干部晋升有多大的影响，我觉得影响不大，因为干部的晋升主要看业绩，以及主管领导的意愿，人力资源部门主要负责制定干部管理制度和办理晋升手续。

　　2005 年称得上是联想干部管理发生质变的一年。在并购 IBM 的电脑业务后，联想集团开始走国际化发展道路，当时最缺乏的人才是：具有国际化经营管理能力的干部。时任联想集团人力资源高级副总裁的肯·迪皮埃特罗（Ken DiPietro）是当时组织与人才管理方面的顶级专家，曾任微软、百事可乐、戴尔电脑的人力资源高级副总裁，他带给了联想集团一套全新的"干部管理体系"，叫组织与人才发展体系（Organization and Human Resources Planning, OHRP）。

　　这套体系的核心理念是：通过建立科学的人才评价机制和晋升机制，并实施针对性的人才战略（选用育留），促进高潜人才的快速成长，建设强有力的组织与人才梯队。这套体系使我看到了中国企业在组织与人才发展方面与西方企业之间的差距。随着中国 GDP 的快速增长，经过 2008 年的金融危机，人才在中国企业发展中的作用越来越重要，组织与人才管理机制建设越来越急迫。

　　2012 年《人才盘点》第 1 版出版，这是国内第一本介绍人才盘点和人才机制建设的图书，侧重介绍人才盘点的概念和操作工具。2018

年《人才盘点》第2版出版，侧重介绍战略性人才盘点。本书为《人才盘点》第3版，侧重介绍建设强有力的组织与人才管理机制，突出组织盘点。

房地产行业持续下行，替代的支柱型产业转向了新质生产力，靠资源和吃人口红利等快速发展的模式将不复存在，科技创新、人工智能＋是未来经济增长的核心驱动力。不管是央企、国企还是民营企业，进入到"练内功"的发展阶段，人的主观能动性起到越来越重要的作用，因此，建设强有力的组织成为必由之路。

创新之父克莱顿·克里斯坦森认为组织有三个发展阶段：初创企业依靠资源，然后进入流程机制建设阶段，不管什么行业的企业在第三个阶段组织发展的焦点是"创新"。敏捷组织是建设强有力组织的目标，也是组织创新的基础。任何组织机构在诞生和运转之后，都不是一成不变的，如同生物的机体一样，必须随着外部环境和内部条件的变化而不断地进行调整和变革，只有这样，才能成长、发展，成为强有力的组织。因此，一年一度的组织与人才盘点成为必然。

战略决定组织架构，组织架构要根据战略的变化而调整。进行组织盘点，第一，要分析组织架构核心价值链是否支撑战略。第二，盘点核心职能：财务部、运营管理部、人力资源部、数智部门四大战略性职能，各个职能是否发挥了各自的战略角色定位。例如，战略发展目标需要财务部定位业财融合、管理会计的角色，就要对比分析当下的财务部实际履行的角色，对财务部核心岗位的职责进行调整。第三，进行组织效能的盘点，盘点纵向的汇报层级数，盘点横向的职责跨度，并与行业标杆进行对比。第四，盘点领导班子。

在人才盘点方面，第3版重新梳理了人才盘点的体系，定义了潜力的评价指标体系，梳理了从战略到组织盘点到人才盘点再到人才战略（选用育留）的体系，并且站在CHO的角度，探讨了如何通过人才盘点撬动组织变革、借势建设强有力的组织。

本书是禾思咨询10年来在人才盘点领域实践经验的总结。特别感谢禾思咨询的客户，如越秀集团、国家能源集团、泸州老窖等，为本书的撰写提供了案例实践。

在本书写作的过程中，我和姜英男女士负责本书的撰写和审订，特别感谢禾思咨询合伙人夏勇军、程时旭和汪俊先生的支持和帮助，感谢禾思咨询总监刘蓓、李玉静、曹慧青女士，在内容架构、案例撰写、文字校订方面给予的巨大支持！

李常仓

2024 年 3 月 6 日于北京

目　录

推荐序一

推荐序二

前　言

第一部分　理论体系

第1章　构建强有力的组织　/2

提升组织的"抵抗力"　/2

组织与人才管理是企业一把手工程　/6

坚持组织升级和管理升级　/9

注重发展和培养高潜人才　/13

排兵布阵，让关键岗位上的高绩效人员轮动起来　/16

人力资源工作者要扮演业务合作伙伴的角色　/18

第2章　人才盘点四重门　/22

组织设计　/24

组织效能提升　/ 31

人才地图　/ 34

人才战略　/ 41

第 3 章　**人才盘点中的能力标准**　/ 47

战略思维　/ 49

勇于担当　/ 52

追求卓越　/ 54

人际敏锐　/ 56

赢取信任　/ 57

自我认知　/ 61

领导团队　/ 63

构建能力模型　/ 67

第 4 章　**组织盘点**　/ 74

盘组织　/ 76

盘班子　/ 100

小结：组织与人才双轮驱动业务发展　/ 107

第 5 章　**测评技术的应用**　/ 109

大五人格模型　/ 110

心理测验技术　/ 112

定制化问卷调研技术　/ 120

行为事件访谈技术　/ 128

第 6 章　**人才盘点的运营体系**　/ 135

影响人才盘点的几个因素　/ 136

人才盘点的四种模式　/ 137

人才盘点成功的关键　/ 139

各成员的角色及分工　/ 140

人才盘点操作流程　/ 142

第 7 章　培养杰出继任者　/ 165

让企业具备可持续发展的动力　/ 165

培养的针对性决定了培养的成效性　/ 171

混合式学习项目的设计　/ 185

第二部分　最佳实践

案例一　通用电气：Session C　/ 230

导入　/ 230

人才盘点的先驱　/ 231

融入公司战略与业务运营的确定流程　/ 232

Session C 人才盘点过程　/ 234

GE 人才盘点体系的"秘密"　/ 240

附录：Session C 的流程　/ 242

案例二　联想集团：OHPR　/ 245

人才理念　/ 245

人才盘点体系　/ 246

适应业务发展的人才标准　/ 247

人才评价　/ 249

组织与人才盘点的实施　/ 251

人才发展　/ 253

案例三　长安汽车：述能会　/ 258

长安汽车的转型之路　/ 258

人才盘点支持创新改革　/ 259

领导力素质模型引领人才方向　/ 260

述能会的应用与普及　/ 261

述能会帮助人才理念落地　/ 264

业务领导识人能力的提高　/ 265

人才梯队激发企业活力　/ 267

案例四　强生：以终为始的人才盘点　/ 268

以"终"为始　/ 268

人才评价讨论会　/ 270

关键岗位继任计划　/ 272

关键岗位评估　/ 274

人才培养与发展　/ 275

强生的成功经验　/ 276

案例五　IBM：人才盘点　/ 277

全球整合的人才管理　/ 277

人才盘点的核心流程　/ 279

采用的工具和方法　/ 282

IBM 的经验总结　/ 284

案例六　越秀集团：业务导向的人才盘点　/ 286

人才盘点是业务发展的诉求　/ 286

人才盘点 4.0 模式的演进　/ 288

越秀集团的经验总结　/ 293

参考文献　/ 297

第一部分

理论体系

Talent
Review

构建强有力的组织

2023 年 6 月，北京连续多天 40 摄氏度的高温，在海淀区西北部齐物潭湖旁边的高能环境大厦里，一场项目公司领导班子的人才盘点正在进行。在被盘点的 40 多人中，项目组做出了辞退多人、调整岗位近 10 人的决策，而且该决策立即被执行。

同一时间，在海淀区上地的科兴生物大楼里也正在进行对研发项目经理团队的人才盘点，盘点结束后，立即做出了人员调整。科兴生物为了提升自己在疫苗研发和生产领域的核心竞争力，正在投入巨资打造一支强有力的研发队伍。

提升组织的"抵抗力"

TCL 创始人、董事长李东生认为，当下在中国发展产业，一定要立足于挤压式竞争。没有什么产业是看到了机会、建成投产之后，市场的需求还依然充分的。你只有立足于挤压式竞争，有决心把对手挤掉，才能够成功。

挤压式竞争已经成为当下绝大多数行业的常态，在这种情况下，除了在技术上创新突破，企业必须采取强有力的措施进行组织与人才的管理。

过去企业进行组织变革往往是被动的，大多数情况都是威胁来了以后，逼着自己不得不进行组织变革。最近几年，"灰犀牛"一个一个地袭来，很多企业还没有来得及变革，就已经破产了。严酷的事实是，只有提前采取积极的组织与人才管理举措，使用强有力的管理手段，才能不断提升组织的"抵抗力"。在这一点上，越秀地产是房地产行业里的学习榜样。从

2016 年开始，越秀地产实施组织与人才盘点，首先是弥补关键岗位上人才数量的不足。从 2018 年开始，越秀地产率先在企业里推行三项制度改革，即推动中高层管理者能上能下、能进能出以及薪酬能增能减，并通过"鸿鹄计划"为组织输送了项目总经理、区域总经理岗位上的领军人才。近几年，在房地产股票表现不佳的背景下，在香港上市的越秀地产股票却一直保持着增长的态势。

纵观能够跨越产业周期而持续辉煌的全球顶尖公司，大多数都有这种经历：提前采取强有力的组织与人才干预措施，快速地把组织转变成一个强有力的组织。一旦"灰犀牛"来袭，这样的组织不仅能够抵抗这种压力，在局面稳定下来之后，还能够快速地恢复继续增长和发展的动力。

让我们一起回顾一下在 2006 ～ 2011 年，CEO 艾伦·穆拉利带领福特进行组织变革和成功度过 2008 年金融危机的历史！

福特汽车创立于 1903 年，凭借 1908 年发明的 T 型车、1913 年开发出的世界上第一条流水线，以及严格执行 8 小时工作制等一系列颠覆性创新，成为美国制造业的代表，至今仍是美国人引以为傲的"美国符号"。

2006 年年初的福特汽车，企业连续多年亏损，股价跌到了个位数，债务评级降到了垃圾级，接连两任 CEO 采取的改革措施不但没有成效，而且情况变得越来越糟。艾伦·穆拉利入主福特之前，当时的 CEO 是比尔·福特。这位福特家族的第四代掌门人，有责任心、使命感，也做出了一些非常有洞察力的决策，但是性格有些软弱的他很难杀伐决断，这也导致他的决策经常"不出集团总部"。

官僚主义和"大企业病"眼看就要拖死福特汽车，这时候，穆拉利进入了比尔·福特的视线。60 岁的艾伦·穆拉利发现自己又一次错失了波音 CEO 的位置（波音董事会选择了时任 3M 公司 CEO 的吉姆·麦克纳尼来担任 CEO）。在穆拉利接到比尔·福特的电话后，他慎重地评估了福特汽车当时的现状：还有足够的现金让福特汽车转危为安吗？还来得及对福特汽车做出改革吗？在得到肯定答复后，穆拉利制定了拯救福特汽车的战略方针：制造性能最好的汽车，具备盈利性增长，实施四项关键策略——绩效、产品、流程、领导者，其中最重要的是领导者。

穆拉利的到来没有受到福特高管的欢迎，因为有人觉得穆拉利阻挡了自己的升迁之路，有人觉得穆拉利是个外行，不配领导福特这样的企业。福特高管即便是出于礼貌，嘴上支持穆拉利的到任，但在行动上也是拖拖拉拉，不是真心支持。他们认为，穆拉利最终会屈服于福特汽车有毒的企业文化，否则就会出局。

但是，穆拉利一上台就给了这些高管一个下马威。他砍掉了大部分无效的会议，只留下一个集团层级的会议，即"业务计划审查"（BPR）会议。

真正的改革从 2006 年 9 月 28 日星期四开始。早上八点，福特高层主管聚集在总部的雷鸟会议室进行第一次 BPR 会议。穆拉利很惊讶地发现，许多高层领导的身后都站着助手，手上抱着厚厚的一叠文件，内容包含新上任的 CEO 可能对他们的老板提出的各式问题的解答。穆拉利说道："我很欢迎你们带着下属参加会议，但是这些人不准回答问题，因为在座各位高层领导才是负责人，应该知道管辖范围的大小事。如果今天你不知道答案，没有关系，下周再聚在一起讨论业务计划时，你应该知道答案。"

BPR 会议的管理原则：

- 以人为本、一视同仁。
- 有远见和洞察。
- 有明确的绩效目标。
- 一个计划：用事实和数据说话。
- 采用追根究底的态度。
- 尊重、倾听、互相协助与鼓励。
- 抗压力与信任流程。

BPR 会议包括三项内容：企业环境分析与机会、策略、计划，这三个要素环环相扣，缺一不可。第一个要素显示的是外界环境，它影响公司的策略；策略是计划的根本，由几项可测量的目标组成；计划将会反过来协助福特应对企业环境带来的挑战机会。

与会高层主管结结巴巴地完成了自己的汇报，尽管穆拉利再三警告，还是有些主管不以为然。穆拉利要求下次的 BPR 会议所有人都能准备简单、明确的报告，他最基本的要求是"诚实、负责"，他真的十分亲切，脸上总是挂着笑容，也不与人争辩。他选择倾听，在刚开始的几次 BPR 会上，他听到的根本就是一堆废话，但是他有一套检测废话的评价系统，并知道如何在适当的时机做出决策。

接下来轮到马克·舒兹（国际事务部的总裁），他询问能否让财务主管代替他汇报。"不行"，穆拉利告诉他，"我希望每个事业单位的领导者自己报告。"舒兹皱了一下眉头，因为他毫无准备，大家只能眼睁睁地看着他尽力不将这次报告搞砸。穆拉利听了几分钟之后，觉得够了。"好了"，他说。舒兹继续讲。穆拉利说："很好，可以停了。"舒兹继续讲。"好了"，穆拉利说。舒兹没有接收到穆拉利的暗示，其他主管看到穆拉利的表情越来越愤怒，但舒兹根本没有发觉。"好了"，穆拉利严厉地大声说。舒兹总算停止了，看了看周围，其他主管纷纷低下了头，假装在看自己的报告。这些高管很快了解到这位新 CEO 会用一些暗号提醒他们处于"危险"的程度。"好了"就是其中一个。第一次说"好了"表示：谢谢你！这部分已经够了，请继续讲其他部分。第二次说"好了"是指：你讲的内容很无趣，我不想听了。第三次说"好了"则是指：如果你不马上闭嘴，我会炒你鱿鱼！

至于"真的吗"也有三层含义。第一次说"真的吗"是指：如果是这样，那真的很有趣。第二次说"真的吗"是指：我认为你讲的都是废话。而第三次说"真的吗"表示：你要不要收回刚才的论点，否则你的工作岗位将不保。穆拉利温暖的笑容，其实带着任何人都无法阻挡的坚定。以往高层主管只会吹嘘自己的成功，而不去检视失败的原因，只要尽快地将自己的错误毁尸灭迹就好了，而现在，他们不得不诚实地面对现实。

有些老家伙等着穆拉利垮台，表面上支持穆拉利的改革计划，实则敷衍了事、拖延时间，认为穆拉利一定会屈服于福特长久以来的恶习。这些人以前只需要负责组织大方向的规划，根本不用管所辖单位的细节，因此对穆拉利的要求感到反感，只是穆拉利与以往领导者不同，他以身作则，对各单位琐碎的细节了若指掌，远比这些事业部的头头还要清楚。

会议室里有一块巨大的屏幕，所有数据和事实都会显示在上面。穆拉利要求高管用红、黄、绿三色标示出重要计划的进展情况。绿色代表进展顺利，红色代表没能按时完成任务，黄色则代表两者中间的状态。

开过四次会议后，所有计划仍然都被标示为绿色，穆拉利开始向团队发飙："我们今年会亏损 180 亿美元，究竟有没有进展不顺利的计划？"现场一片死寂。"福特汽车最大的问题是缺乏坦诚和透明"，穆拉利指出团队的问题并表达了他的期望。

北美公司总裁马克·菲尔茨第一个站了出来，他在新款福特锐界的那一栏标上了红色。锐界是福特汽车的明日之星，是公司首款真正意义的跨界车，说好的上市时间却做不到，所有人都觉得马克·菲尔茨这次无论如何都会丢掉工作。但是，穆拉利不但没有责怪菲尔茨，反而鼓掌为他的坦诚叫好，并调动公司的资源帮助菲尔茨解决这个问题。

随着不适应、不胜任的高管主动离职，穆拉利顺势提拔了一些有潜力的高管。到 2006 年年末，旧的游戏规则已经改变，而过去借助旧规则平步青云的人，要么已经离开，要么就得尽力适应新规则。

随后穆拉利又实施了"一个福特"的战略计划，使得福特顺利度过了2008 年的金融危机。

组织与人才管理是企业一把手工程

过去企业一把手往往把企业经营战略、投融资、业务模式放在第一位，在企业里进行战略决策和业务决策时，前提假设是组织和人才能够支撑该战略决策的落地，人员具备战略所需要的专业能力。事实上，在真正的管理学里，人就是全部。从战略制定到战略实施，组织和人才是战略目标实现的关键所在。因此，企业一把手需要把越来越多的时间放在组织与人才盘点上，以推动企业高质量的发展。

2021 年两化重组⊖和新中化集团成立后，前董事长、党组书记宁高宁

⊖　两化重组是指中国中化集团有限公司与中国化工集团有限公司实施联合重组，成立了中国中化控股有限责任公司。

认为，塑造一个坚强有力、引领驱动的组织是实现中国中化战略使命的根基。"所有鼓舞人心的语言和战略计划，一定要靠组织的落实和推动。我们是否可以塑造一个坚强有力、引领驱动的组织，这是一切工作的开始。集团这个组织会变成什么样？它是未来发展的动力还是阻力？作为个体，每个人生来不同，我们尊重每个人的风格、态度和看问题的方式。但当把个人放到一个组织里时，这个组织的文化、特点、性格是可以被塑造的，会形成属于这个组织的文化。今天我们希望中国中化各职能部门首先要在新形势下优化重塑自己的组织，变得更有活力、更有效率、更有系统，上面有使命，下面有动力。"宁高宁讲道。

复星国际董事长郭广昌在谈及组织和人才时，认为：组织、人才，绝对是一家企业最核心的资产，所有的事都需要对的人去实现，根据市场的发展变化，组织需要不断升级，人才要不断换仓。

什么是人才？能赢得比赛、能拿下冠军，结果导向，以结果论英雄，对人员任用要"秋后算账"。如何建设组织？要优胜劣汰，打造精英组织，敢于在人才上进行投资，吸引全球最好的人才。当关键岗位上的人出现问题时，及时调整、主动淘汰，一把手永远是人和组织的第一负责人。在进行组织建设时，要敢于、善于给高潜人才成长机会。

一家企业是否重视组织与人才盘点，可以试着回答以下问题。

- 公司是否对组织中的每个人都保持一致的高绩效标准？
- 公司是否愿意容忍一个平庸的部门经理，或容忍一个软弱的职能部门负责人？
- 公司是否具有清晰的招聘标准？招聘是在引进显著提升公司竞争力的人才，还是仅仅在填补空缺？
- 在核心关键岗位的人员任用上，公司能否做到"宁缺毋滥"？
- 公司的人才梯队是否健全？"腰部"力量如何？
- 公司是否提拔过"永远没有可能带来高绩效结果的人"？
- 公司每年是否对组织与人才梯队进行盘点？
- 公司甄选高潜人才的有效性如何？对于高潜人才，是否提供了足够的锻炼机会？

- 公司是否知道组织最大的薄弱点在哪里？直接采取措施解决，还是一直在拖延？
- 公司是否每年都盘点高管团队人员的质量？
- 公司关键业务部门的人均效率在行业里是否属于领先？最近几年人均效能有没有显著进步？

在我国一些企业里还存在着论资排辈的提拔模式，还存在着按照专业技能的强弱提拔管理者的现象。某能源企业在国内算是佼佼者，部门级管理者的平均年龄达到了 51 岁，处级管理者平均年龄达到了 47 岁，应届毕业生要在基层锻炼 10 年以上才有晋升的机会。有个性和成就动机强的员工，往往工作还没有满三年就离职了。

某大型油田企业，每年退休的职工达到了 3 000 多人，但是"90 后"职工占比不到 5%，人才梯队出现严重的断层，一方面存在大量的人员冗余，另一方面要进行业务转型，缺少大量高级专业人才、技术人才和管理人才。该企业每年招聘大学毕业生很少，招聘进来的大学生，三四年后看不到发展机会，也都慢慢流失了。

组织与人才管理是所有其他管理措施的前提。建班子、定战略、带队伍，建班子是第一位的。你拥有了最好的团队、最好的机制、最好的管理方法、最好的企业文化后，再来说业务战略或第二曲线的事情。但是很多企业的问题是，往往这个前提并不存在。

案例

汤姆森的高层投入

汤姆森是全球性媒体巨头，每年 6 月它都会召开年度人才盘点会，公司的 CEO、CFO 和人力资源的 SVP 组成 3 人小组会花上整整 8 天的时间听取高管层关于他们的最佳候选人的报告。他们所使用的表格并不多，但这个

3 人小组需要所有的数据都有实例支撑。例如，当谈到某个总监善于发掘人才时，说明他究竟培养了哪些人，又有多少人在他手上得到了升迁。

坚持组织升级和管理升级

当下中国的经济形势遇到了一些挑战，一些企业传出裁员的消息。另外，各个企业都缺少高级管理人才、高级技术人才及高级专业人才，这"三高"人才的行情水涨船高。面对这种人力资源倒挂的现象，关键在于如何快速地识别和培养"三高"人才。中国要实现技术创新和突破，离不开高级技术人才的培养和组织创新氛围的营造。

某通信设计院当前正在构建"一流信息基础设施数智化科技型企业"，而加快推进数智化转型，最为缺乏的是高级信息技术专家、高级产品技术和运营专家、高级技术领军人才，但是目前最大的挑战是：由于央企工资待遇的限制，很难从市场上招聘到这些人才，只能自己培养，但是仅仅依靠一年几场培训很难培养出这些人才。该通信设计院建立了技术人才职业发展通道和任职资格评审，但是每三年做一次评审，对于高潜技术人才的选拔和培养是远远不够的。对于干部的晋升，至少在一个岗位上要待够四五年，这对高潜后备干部的选拔和培养也是远远不够的。如果不对组织管理机制和人才管理方式进行变革，高潜人才的培养就太难了。

"万人计划"是一项支持培养国内高层次人才的计划。国家相关的人才计划，统筹国内国际两种人才资源，外引内育并重，全面推进我国高层次人才队伍建设。某集团新能源研究院引进了多位计划内人才，但是多年来技术创新成果不显著，通过人才盘点发现，阻碍高端人才发挥技术创新才能的关键是：组织机制和领导力水平。研究院下辖几个研究中心，研究中心的负责人都是各个领域的专家，他们都是由于科研成果相对突出而被提拔上来的。一方面，研究院赋予研究中心负责人过重的权力，经营权、财政权、人事权（人才的选用育留）三权集于一身。另一方面，研究中心负责人的领导力严重不足，导致各个中心的组织氛围差，没有技术创新的

"土壤"。

为快速培养"三高"人才，只能坚持组织升级与管理升级。升级的关键是：建设强有力的组织，提升人才管理水平。这一责任往往由最高管理者承担，如董事长、首席执行官（CEO）。最高管理者一定要懂经营，善于制定挑战性的经营目标，通过各种场合，把经营目标分解下去，把高绩效文化传导下去。其中最为关键的是，建立更高的期望，帮助或"逼着"下属找到达成挑战性目标的方法，要持续不断地灌输（推销）组织升级的期望。

优化升级组织架构和核心业务流程，营造高绩效的组织氛围

公司的组织架构和核心业务流程可能促进战略目标的实现，也可能阻碍战略目标的实现。组织架构和核心业务流程要不断进行优化与升级，否则就会产生"熵增"（组织会变得越来越僵化），组织会逐渐变得复杂，产生很厚的"部门墙"，阻碍战略目标的实现。因此，要定期对组织架构和核心业务流程进行疏通、优化和升级。

组织的汇报层级越多，越有可能产生信息阻塞，组织僵化的风险也越大。如果工作任务切分得过细，以及存在多头领导的情况，任职者的责任感和归属感就会减弱，相互推诿的现象增多，个人的绩效评估难度变大，决策机制和流程也会拉长，导致人们仅仅为了解决一个简单问题而浪费掉大量精力。

因此，一个内卷严重的官僚组织将组织内真正的人才"撵出去"的速度通常比招人的速度还要快。而且在内卷严重的官僚组织内，具有创新精神的人很难生存，也无法得到成长。如果实施战略需要组织培育创新人才和创新精神，就得优化组织的架构和核心业务流程，摆脱繁文缛节，对具有主动创新、主动担当的人给予更大的授权和行动自由度。

以下几条建议有助于营造高绩效的组织氛围。

- 尽可能简化组织结构，组织结构越扁平化，每个关键岗位的决策权越清晰，扯皮的事情就越少，岗位任职者的责任感和担当

精神就越强。

- 不断敲掉"部门墙"，破除组织内的障碍。要跟所有高管明确，高潜人才是公司的财产，不是某个部门或事业部的"私有财产"。
- 拉通事业部、部门进行人才盘点，鼓励高潜人才跨事业部、跨部门之间的流动。

加大对高绩效高潜人才的激励力度

加大对高绩效高潜人才的激励力度，这听起来是再正常不过的事情了。然而，现实情况是，大多数企业在将薪酬激励与高绩效高潜力结合起来方面做得很差。尽管很多企业都把"能上能下、能进能出、能增能减"写进战略规划报告，但目前大多数企业还是纸上谈兵，连最基本的一点都做不到：让绩效更好、更有发展潜力的人获得更高的报酬。如果做不到这一点，就会极大地打击高绩效高潜人才的积极性，因为他们的努力得不到相应的回报。

定期盘点中高层管理团队

作为董事长或 CEO，每年要审视形势和市场，然后通过对形势与市场的判断，审视每个重要岗位，思考对每个岗位的期望：这个岗位该如何推动我们的业务向前发展？现在的任职者离理想状态有多大的距离？他所负责的组织薄弱环节在哪里？是否擅长培养其他人？是否擅长凝聚团队？

管理升级，要定期盘点中高层管理团队，可以询问以下几个问题。

- 谁是我们的绩优者，如何使他们变得更加优秀？如何让他们发挥优势并提高他们的业务能力？
- 哪位高管或部门负责人对低绩效视而不见？哪些人对下属的发展重视不够？
- 我们最大的绩效问题在哪里？我们打算解决这些问题吗？（如

果你不能替代组织里的低绩效者，你就不能建设强大的组织。）

- 哪个事业部／部门有与达成业绩目标相匹配的、合理的人才与技能？在组织中，哪些人是可以被提升的，而哪些是不能够被提升的？

例如，在进行中高层管理团队组织与人才盘点时，我们要弄清楚在过去的一年里，每位高级经理人在提升经营业绩上采取了什么策略，做出了哪些改变。例如，有没有制定或实施新的竞争战略，有没有推出新产品，或者在经济低迷时有没有快速地削减成本。在实践中，企业可以采用"述能会"的方式对员工的能力进行评价，或者通过跟绩效明星比较，识别出其在绩效和能力上的差距。

进行人才盘点时，对于每位任职者，一定要抓住其绩效和能力上的"弱点"进行坦率、强硬的讨论；对于领导干部，一定要深入评价其业务能力和领导力水平，这是管理升级的关键。

做"熵减"的组织升级动作，保持组织的活力

每个组织都习惯于让任职者长期待在一个岗位上，自然而然就会形成组织的"熵增"，因此，每年都要做"熵减"的组织升级动作，才能保持组织的活力。在明确每位高管的绩效差距和发展需求后，就可以了解每位高管的发展潜力。必问的问题是：在未来一年，他继续任职的话，会进步多少？能不能带来绩效的显著改进？尤其是在一个岗位上任职了四五年，还被评为高潜的人员。如果答案是否定的，那么他不能被认为是高潜，最好调动一下岗位。

作为董事长或 CEO，一定要每年组织一次"组织与人才盘点"，根据业务战略目标的要求，对组织架构、权责关系、核心业务流程、部门定位等进行盘点，坚持"扁平化"和效率优先原则，对组织进行升级。当对组织与人才进行年度盘点时，董事长或 CEO 要亲自参与，坚持高绩效标准、坚持组织升级和管理升级，"逼迫"高管团队成员设定和实施更严格的绩效标准与能力标准，并且层层向下传递。除此之外，没有更简单的方法。

对企业的高层管理者来说，都不愿意得罪人，都想尽量避免冲突，这只会把组织引入平庸状态。相对而言，建设强有力的高绩效组织，需要"董事长或 CEO"做出强硬的决策，辞退、降职一些管理者，直接告诉一些低绩效者他们现在所处的位置（如在九宫格中的位置）。没有管理者喜欢传递坏信息，但是在优秀的企业、优秀的组织里，优秀管理者能够理解这样做的道理，这对组织的长远发展至关重要。因此，落实国家的"三项制度改革"（干部能上能下、员工能进能出、收入能增能减）势在必行。

一些人可能会反对这种"无情"的人才盘点，他们认为这会改变企业文化，影响员工的士气，甚至还会让公司惹上官司。但是我们的经验恰恰相反，高绩效的员工乐于接受挑战，实现更高目标。让组织氛围受影响的罪魁祸首是"容忍平庸人员的氛围"。企业内部的"小白兔""老好人"等平庸绩效者让组织的节奏放慢，传染给其他人，导致组织内"躺平"的人越来越多。

在完成组织和人才盘点后，需要制订接下来一年内采取的具体行动计划，加强组织和人才梯队建设。这些行动计划包括组织内的人员晋升计划、人员调整计划、招聘计划、解聘计划、培训计划等。这些行动计划为建设一个更高效、更具竞争力的组织奠定了基础。

注重发展和培养高潜人才

坚持组织升级和管理升级，是人才培养的关键所在，为每位高潜人才的成长提供土壤和动力。反过来，如果想尽快升级组织，就得快速培养人才，对人员进行人力资本管理，注重发展和培养高潜人才。把人当作一种使组织在激烈的竞争中生存、发展、始终充满生机与活力的特殊资源，刻意地发掘、科学地管理，并使之不断产生价值，这已成为当代人力资源管理思想的核心，即人力资源管理进入人力资本管理时代。

坚持组织升级和管理升级，就能孕育出高潜人才，这样的人才对企业而言已经不是简单的"资源"，而是一种"资本"。2006 年联想集团并购

IBM 电脑业务之初，最缺的是"国际化管理人才"，当时国内国际化管理人才也是欠缺的，从外部引进成本非常高，只能从内部培养。通过 OHRP（组织与人才盘点），甄选出具有国际化管理潜力的人才，通过轮岗、教练辅导和定制化培训，加速高潜人才的成长。

第一步，定义国际化管理人才的画像。

- 业绩突出，同时高度关注人际关系的建设。
- 具备很强的文化适应性和灵活性。
- 寻求流程和任务清晰化，同时能够有效应对模糊性和不确定性。
- 具有好奇心，对新事物学习和接受能力强。
- 自信果敢，略带强势的工作风格，同时保持谦逊。
- 主动思考问题的本质，目标和策略性思考能力强。
- 能够根据任务的难度和复杂程度，以及下属的个性特点灵活采取不同的领导方式。
- 具备一定商务英语听说交流能力。

第二步，设计轮岗。

接受高潜人才轮岗的组织必须满足 3 个条件：有清晰的关键绩效指标（KPI）；有高效运作的业务体系和流程；有高领导力的管理班子。联想集团根据业务发展需要，建立了培养国际化管理人才的 8 个经验教训模型：销售岗位、经营岗位（承担损益的岗位）、带领业务"起死回生"岗位、新市场岗位、国际外派岗位、人员管理岗位、跨区域/跨事业部的合作项目管理岗位、后端职能岗位（如财务、人力、供应链管理等），并定义每个经验教训模型（见表 1-1）。根据高潜人才的培养方向，选择合适的轮岗机会。

联想集团快速培养国际化管理人才的秘诀在于：设计有挑战性的、新鲜的项目或任务，匹配高潜人才与经验教训模型，让被培养对象"小步快跑式"地经历这些有挑战性的岗位。

第三步，辅助教练辅导和培训。

聘请外籍教练，一对一进行教练辅导。首先，采用 360 度访谈和心理测验，对被辅导对象本人，其上级、下级和平级进行行为访谈，同时辅助个性测验和价值观测验，了解其优劣势；其次，制订个人发展计划（IDP），落实为期半年的教练辅导。教练辅导的主题有：上下级沟通的角色扮演、跨文化沟通、团队建设、跨部门沟通等。

表 1-1　带领业务"起死回生"岗位经验教训模型

经验教训模型类别	主要经验与要求
带领业务"起死回生"岗位经验教训模型	● 变革管理 ● 经营环境诊断与分析 ● 战略聚焦 ● 快速果断决策（相信自己的直觉判断） ● 班子建设与激励 ● 做出艰难的人事决策（如替换关键岗位任职者） ● 赢得他人的尊重（而不是赢得他人的喜欢） ● 坚忍不拔的品格 ● 超级自信

统一设计和组织课堂培训，要求所有被培养对象完成课程的学习和考试。培训课程的主题有：哈佛商学院的 MBA 课程、高管论坛、文化/语言课程、战略发展课程、多元化领导力课程等。

把能力最强的人放在最重要的岗位上，把低绩效者边缘化或淘汰，给高潜人才"让道"。仅仅这样做还不够，关键在于让每位高潜人才始终接受挑战性任务和持续不断地学习。记住一点，千万不要让高潜人才长时间待在同一个岗位上，确保每位高潜人才每年都能学到新东西。因为潜力是一种工作状态，如果不能保证高潜人才始终处于适当的"不舒服"状态，其工作状态就会下降。

为每一位高潜人才安排一位教练，定期对其进行反馈辅导，这对高潜人才的成长发展是有益的。但是，这还远远不够，要促使高潜人才快速成长，赋予他们具有挑战性的任务、扩大岗位职责、参与战略性的项目等才是最佳的培养方式。

排兵布阵，让关键岗位上的高绩效人员轮动起来

达尔文曾经说过："能够生存下来的物种，既不是最强壮的，也不是最聪明的，而是最能够适应变化的。"企业的兴衰更迭非常快，能够成为"百年老店"的企业屈指可数。绝大多数企业都会因人而"生"，也因人而"死"。如何将依靠个人领导力驱动的组织进化为依靠组织领导力来驱动的组织，就成了企业"活下去"需要攻克的最大难题。

强有力的组织建设应加强部门、事业部负责人之间的轮动，一方面激发管理者持续面对挑战，另一方面考察这些管理者，"从赛马中识别千里马"，从中发现未来的领导者。华为的轮值制是值得学习和借鉴的一种方法。

从 2004 年开始，任正非希望通过一套自我优化的企业领导人轮值制，逐步摆脱对他本人的高度依赖，让驱动华为组织进化的这台发动机——组织领导力能够在他退休之后依然历久不衰、永葆活力。

华为的轮值制是指企业最高领导不是由一个人长期担任，而是核心团队中的几个人轮流兼任，任期通常为半年，轮值领导在任职期间领导 EMT（公司的最高经营管理团队，由联合创始人、CXO⊖ 等关键管理者组成）的日常运作，对公司的战略发展和组织建设负责。

华为 CEO 轮值制主要有以下核心价值：

- 培养接班人。只有接受重大决策实战的考验，才能快速提升高层的领导力。
- 甄选最佳"统帅"，"从赛马中识别千里马"，轮值期也是领导者的试用期，能够更加精准地判断候选人与 CEO 岗位的匹配度。
- 凝聚组织的合力。"轮值 +EMT"既规避了"一言堂"和"优势突出缺点也突出"的个人决策制弊端，同时也减少了滋生"山

⊖ CXO，英文全称 Chief X Officer，其中 Chief 表示首席，X 表示不同的职能领域，Officer 则表示主管或高级管理人员。换句话说，CXO 是一种拥有最高管理层职位，负责特定领域的决策制定、战略规划和业务拓展的职务。

头主义"的土壤，使得轮值成员优势互补，更好地群策群力。

大型企业如联想集团、越秀集团，对于管理者晋升、调薪、调岗等都是定期进行的（一年一次），而不是随机、零碎地做出人事决策。每年定期进行，可以从整个组织发展的角度考虑人事安排。此外，定期做出人员晋升、轮岗、薪酬调整等决策，可以让整个组织的人员安定下来，"消化"这些变化。当然，在实际当中，也会有一些突发的组织变化，需要做出应急的人事决策。

加强部门或事业部负责人之间的轮动，目的是确保管理者（公司的核心资源）在组织中得到最佳的使用，而不是要求每个部门或事业部最大限度地利用现有资源。将某部门负责人调到一个全新的部门，其实存在很大的任用风险，如不能胜任新部门的工作，或者导致一些部门员工的反对或抵触等。因此，在实施部门负责人之间轮动时，需要考虑人岗匹配、专业匹配等方面的因素，也需要充分考虑被轮动人员的意愿和态度。总之，在实施部门负责人之间轮动时，要特别谨慎。**特别需要提醒的是，被跨部门轮动的人员一定是绩效佼佼者，而不是绩效平庸者。**

通过部门或事业部负责人轮动，激发组织活力的典型代表是万科。万科集团的高管分为三个层面：战略层主要包括董事长和总裁两个角色，执行副总裁构成定方向、定规则的决策层，往下是事业群和业务单元负责人（副总裁或高级副总裁），属于经营执行层。城市总经理属于任务执行层。

万科内部有明确的中高层干部调动制度，上至执行副总裁、下至城市总经理，优秀的管理者一般 3～5 年必然会经历调动，这是培养干部领导能力、打破组织固化的重要手段。在 2000 年，万科对当时北京、上海的城市总经理进行对调，结果两人都不愿意，时任 CEO 的王石表示："经理人调动是公司人才培养制度的安排，制度既然制定，就得执行。"结果两位总经理离职，引起广泛震动，但最终并没有影响上海和北京的业绩增长，相反，毫不含糊的人力资源调配，给万科带来了新气象。

时间来到 2023 年新年伊始，万科又对 10 多位高层岗位进行了轮动，涉及区域总经理和城市总经理。万科一直以来坚持"战场出将领，业绩论英雄"的用人文化。例如，周嵘七年前因业绩表现突出，从万科深圳公司副总经理升任东莞公司总经理，带领的东莞公司屡创佳绩，综合成绩排名位列南方区域第一，深圳公司作为万科集团业务布局的重镇之一，业务类型复杂且极具挑战，需要能打硬仗、胜仗的将领去领导。万科东莞公司一直是南方区域的明星公司，由有长达 10 年总经理经验的李东接任。李东 3 年前因业绩优秀调往万科南方区域任副总，协助管理区域核心业务。近年来万科主张优秀管理者"下沉前线参战"，总部也是期待李东带领东莞公司继续创造佳绩。

在提拔和任用管理者时，仅仅基于能力和发展潜力而不是专业经验，或者仅仅基于专业经验而不是能力和发展潜力，都是有失偏颇的。最安全的方法是，先看专业经验，再结合能力和发展潜力，做出任用或提拔的决策。但是，如果在任用和提拔管理者方面，坚持过于保守的方法，对提升组织竞争力则帮助不大，对组织发展产生不了根本性的影响。人员的任用如同投资，风险和收益都在，风险越大收益越大，关键是做好前面的人才盘点。

合理的排兵布阵，让关键岗位上的高绩效人员在部门或事业部之间进行轮动，主要目的是激发组织活力，最大限度地开发人员的潜力。当然，我们也要看到其中存在的风险，毕竟企业核心目标在于经营，而不是成为培养高级管理人员的学校。作为一名高级管理者，持续待在一个部门，既有助于积累专业经验，又便于在部门内建立良好关系。但是"身在此山中，云深不知处"，公司需要寻求平衡，既要确保公司正常的运转，不能过度轮岗，也要确保高潜人才得到发展。

人力资源工作者要扮演业务合作伙伴的角色

在建设强有力的组织这项艰巨的任务中，人力资源工作者应该扮演什么角色？管理升级和组织升级离不开业务部门的负责人，以及公司高管领导的亲自参与。但是，每家企业都有大量"忙碌的管理者"，他们把所有的心思都放在完成业绩目标上，认为组织管理和人才盘点是人力资源部的事情，让他在上面投入精力被认为是纯粹"不干正事"。

ஃ 案例

美国银行的人才盘点让各级经理人都参与进来

美国银行的肯·刘易斯在接任董事长和CEO后，立即着手将该银行打造成全球最受推崇的公司之一。而且他知道，要想获得成功，就必须让自己的直接下属和关键领导人了解招聘、培养和留住顶级人才的重要性。因此，他不但自己主管人才管理流程，而且让业务单元领导人亲自负责实现各自单元的人才发展目标，同时要求他们不断调高标准。

让CEO及其高管团队为人才和领导力的发展承担唯一责任既不现实，又不可取。因为他们没有那么多的时间，也缺乏相关的专业知识。公司人力资源部门以及职能或区域人力资源主管都需要参与进来。公司人力资源部提供标准、工具和流程，职能或区域人力资源部负责确保本地的业务单元遵循规则并酌情调整。例如，公司人力资源团队为覆盖整个组织的人才管理数据库界定流程，并提供标准化的系列模板和工具。系统中的某些要素不得更改，如报告和信息的界面风格、汇总报告的时间、岗位更替图，以及评价标准。公司的人力资源部还负责在整个组织中执行刘易斯提出的领导力素质模型（该模型列出了领导人应该具备的行为和技能，应该发扬的价值观以及不被提倡的负面行为）。然后，各业务单元的人力资源工作人员会与各自组织内的领导人合作，在模型中补充一些技能或职能方面的能力要求。本地人力资源部也会帮助业务单元主管筹备人才盘点会，并在本地层面上对流程进行管理。

"应对"这些管理者，需要人力资源部出面，明确要求公司的高层管理者是组织与人才盘点的第一责任人，不仅要主持每年的人才盘点会议，还要亲自参与下属单位的人才盘点会议。高层管理者要对所管辖的组织和人才情况了如指掌，并就关键岗位任职者的个性特点、人岗匹配情况有深入的分析和洞察，经常与直接下属讨论其部门内人员的任用情况和业绩表现，就每位关键岗位任职者的发展潜力，跟班子成员展开讨论，听取其他人的意见。高层管理者要以身作则，亲自传达组织和人才管理的重要性。人力资源工作人员需要担任"播种机"和"宣传队"的角色，跟其他高管一起督促部门或事业部的负责人重视组织和人才盘点。

人力资源工作者要做到这一点，需要扮演好业务合作伙伴的角色。首先，需要通晓业务，能够深入分析业务战略和经营环境。战略选择不同，对领导力的要求不同。例如，追求业务增长和市场份额提升，与追求资产的快周转、提升净利润，这两种战略选择对领导力的要求是完全不同的，后者需要经营数据的分析能力和强势推动执行力，前者则需要强烈的事业心、敏锐的商业洞察力和战略突破力。

其次，人力资源工作者在内心要把人才盘点会看作组织的战略变革推动会，是"燃烧旧平台，通往新平台"的机会。人力资源部必须创造机会，让核心管理层（部门负责人及以上管理层）认识到组织升级和人才盘点的重要性，培养其组织管理和人才盘点的技能，想方设法让其亲自推动组织变革和人员的"排兵布阵"。

企业董事长或 CEO 一定不能忽视人力资源部的作用，要为人力资源部配备高素质人才，尤其是人力资源一把手，需要具备成为其他高管合作伙伴的能力。

🧑‍🤝‍🧑 案例

渣打银行的人才盘点

渣打银行在推行人才盘点体系之初，也存在着人才规划缺乏延续性，人才盘点各个环节质量无法保证，脱离业务发展，高层支持不足等方面的问题，聪明的人力资源团队通过整合人才评估，邀请高层引导战略人才规划会议，把人才盘点定位于帮助事业部发展，以及整合业务单元和集团人力资源规划等，使公司各层级管理者从人才盘点中获益，并对该项工作有了新的认知。渣打银行主席、前任 CEO 默文·戴维斯对人才盘点工作给予了如下评价："人才战略会议为我们提供了一个标准化的方式，通过这个流程，我们可以在讨论人才规划时更加着重于事实而不是主观判断。这个流程强调了我们挑选合适的人才，授权领导人并且在适当的时候帮助他们的必要性。对于让我们的高级领导人开始考虑关键的人才问题，使用简明的方式评估人才并让他们的工作更加卓有成效有很重要的意义。"

人才盘点四重门

人才不是核心竞争力，机制才是。

——张一鸣

中国过去的 40 多年是一个快速增长的时代、一个高速扩张的时代，也是一个充满机会的时代。从经济周期上看，当下我们正处于经济形态发生根本转变的时期，经济进入了高质量发展阶段，经济增长速度放缓，大多数行业和企业都需要把业务做精、做专，并进行长期积累，绝大多数企业进入了拼技术创新，拼组织核心能力的阶段。

我国目前正处于由工业化时代向数字化时代转型的时期，组织管理也需要由"层级制驱动"向"价值观驱动"转型。我们刚刚经历了工业化时代，目前大多数企业组织管理是"层级制"，其典型特征是"高效执行"，组织管理的驱动因素是"机制流程"。而数字化时代组织管理的典型特征是"敏捷性"，组织管理的驱动因素是"价值观和员工动机管理"。这种组织管理模式的转型，谷歌、奈飞、红帽、桥水基金、科氏集团等西方企业已经完成，中国企业如字节跳动、理想汽车、万科等正在前赴后继地实践上述组织模式的转变。只有构建敏捷组织才能更好地生存，这种转变同时对企业的组织管理和"排兵布阵"提出了更高的要求。

组织与人才盘点是战略执行的重要流程。以实现战略目标为导向来构建组织的管理流程和人才管理流程，首先要根据公司的战略要求，审视组织，推动组织建立正确的组织架构和管理模式；其次要进行人才盘点，识别高潜人才，制定和实施人才战略，打造组织核心竞争力。

根据组织与人才盘点的框架（见图 2-1），由业务战略到组织盘点和人才盘点，再到战略落地，主要解决以下问题。

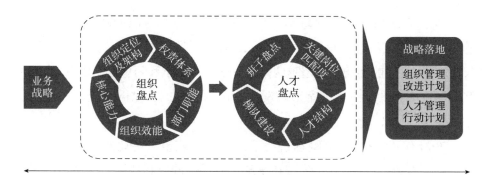

交互、持续和动态的流程

图 2-1　组织与人才盘点框架

（1）为支撑企业短期、中期、长期的业务发展目标，需要构建什么样的组织？需要打造什么样的组织核心竞争力？

（2）建设组织的核心竞争力，需要什么样的领导力？

（3）如何进行"排兵布阵"？

（4）如何识别高潜人才？如何加速高潜人才的成长？

系统解决以上四个问题，需要突破组织与人才盘点的四重门：组织设计、组织效能提升、人才地图、人才战略，如图 2-2 所示。

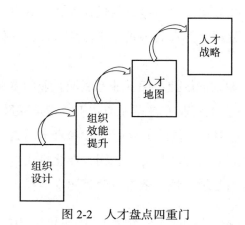

图 2-2　人才盘点四重门

组织设计

成立于 2012 年的字节跳动，是最早将人工智能应用于移动互联网场景的科技企业，经过 10 年的发展，2022 年的营收超过 800 亿美元，同比增长 30%[⊖]，息税前利润首次超越两家老牌巨头（腾讯和阿里巴巴），成为中国互联网巨头中的新王者。字节跳动作为国内顶尖的互联网企业，孵化出了今日头条、抖音等红极一时的产品。

2021 年 11 月，字节跳动进行了组织结构调整，将业务划分为 6 大板块，员工人数超过 11 万，分布在全球 150 多个国家和地区。从 2020 年起，字节跳动 CEO 梁汝波亲自负责集团人力资源和综合管理等工作，推动组织建设和人才发展。在梁汝波给内部同事的信中写道："我们始终根据业务需要来调整组织，不断推动组织结构优化和升级……为了使命驱动，始终创业，保持组织灵活高效，激发创造力……"

字节跳动组织建设的目标是：打造快速进化的创新组织，其关键在于核心价值观驱动，有机结合"人才管理""信息流动"两大子循环，并通过整合的数字化工具予以支撑。其中，人才管理循环提倡对员工实行基于信任的去层级化管理，并鼓励人才超越目标和持续成长；而信息流动循环则借助飞书平台，力求高效创造、分享、达成共识和沉淀信息。由此，通过使"善意能人（心怀善意的优秀人才）"抓取"自由信息"，企业使散落在组织内的每个个体以信息决策链条的最佳配置效率自主聚合，形成一个个自驱迭代的决策社群，并在其中竭尽潜能地碰撞、共创，带动新理念的衍化。

当然这种使命驱动的敏捷组织并非互联网企业的专属，美国科氏工业集团成立于 1918 年，主营业务是石油与化工，是全球最大的非上市公司，年销售额超过 500 亿美元。科氏工业集团 1999 年 6 月进入中国市场，在中国 8 个城市投资建立了沥青产品有限公司，在北京成立了沥青技术研发中心。其组织管理特点是敏捷性，依靠价值观驱动。科氏工业集团的价值观

[⊖] 资料来源：《华尔街日报》披露的字节跳动于 2023 年 10 月 2 日向公司员工发布的关于公司业绩及未来的规划报告。

是：努力探索和运用知识，主动地分享知识，并拥抱挑战性的流程……力行谦虚，知之则知之，不知则不知。

颠覆式创新之父、哈佛商学院教授克莱顿·克里斯坦森提出组织在不同发展阶段的关注点不同，初创期企业关注的是如何生存下来，高速发展期关注的是如何更好地运营组织，在成熟期组织发展的焦点是创新。克里斯坦森认为初创期企业活下来的关键是"资源"，如资金、渠道、大客户、人才和技术等，有收入和现金流。接下来进入高速发展时期，企业越来越复杂，划分部门和职级，增加流程和规则，以防出乱子。随着企业进入成熟期，价值创造的方式必须发生转变，成熟期组织发展的焦点只能是创新。尽管绝大多数企业不愿意面对这一点，因为企业进入成熟期以后很难有创新，组织本身有一种惯性：在组织内的人习惯了已有的流程和方法，很难有创新，外部有创新想法的人也很难融入进来。

克里斯坦森在《创新者的窘境》里提出组织管理的三个关键要素。

- 资源，包括人员、设备、技术、产品设计、品牌、信息、现金，以及与供应商、分销商、客户的关系。
- 流程，包括产品的开发流程、制造方式和采购流程、运营管理流程、预算流程等，以及员工晋升、薪酬制度、资源分配等制度。
- 决策价值观，是员工的优先决策标准，他们以此判断一份订单是否有吸引力，某个客户是否比另外一个客户更重要，某个新产品的想法是否有可行性或者不着边际。

企业在初创期，主要依靠资源确保企业的运转，比如依靠新产品、专利技术或有利的客户关系等维系企业的现金流。当然在企业的高速发展期和成熟期，资源也非常重要，比如雷军在小米快速发展时期，一直把招聘"牛人"作为自己的重要职责。复星集团董事长郭广昌不仅把大多数时间放在招聘人才上，连中基层新入职的员工，郭广昌都要亲自约上一起吃饭，聊一聊。

以流程为导向的层级制组织模式

以流程为导向的层级制是最为经典的组织模式，这类模式在中国企业中盛行已久。这种组织模式以层级制为主，通过固化流程、规则来大规模复制组织最佳实践，并借助从上至下的链条传递信息，确保行动方向的统一，从而稳定地创造价值。对于固化流程外的创新需求，因其通常难度高、涉及环节多，因此仍旧以自上而下的顶层介入来探索和推动。历史上第一个对形成层级制组织模式做出突出贡献的是"福特制"。福特先生有一个梦想：一分钟生产一辆汽车，让每个自食其力的美国人都开上一辆福特汽车。为了实现这个梦想，企业必须开展大规模生产，但在当时没有人能够做到这一点。福特说他是在芝加哥的屠宰厂找到了灵感，于是福特汽车厂诞生了世界上第一条流水生产线，实现了从"人找活"到"活找人"的转变。1913 年，福特汽车开始建立流水线，平均 12 小时 28 分钟生产一辆汽车；1920 年缩短为每分钟生产一辆汽车，1925 年又缩短为 10 秒钟生产一辆汽车，美国人从此步入汽车时代。自福特制之后，流程、流量、流速等问题开始得到人们的重视。

1999 年，华为在 IBM 的帮助下导入集成产品开发（IPD）流程。IBM专家要求华为研发人员对其业务流程"活动"进行分解，华为研发人员经过整理提交了 12 项"活动"，包括需求描述、概念形成、产品初步设计等。但 IBM 专家认为，这是 12 个"阶段"，而非"活动"，还要继续细分。随后，华为研发人员提交了 200 多项"活动"，但是 IBM 专家仍不满意，认为这还不是"活动"，而是"任务"，是对研发子任务的描述，还是没有细化到"活动"。于是，华为研发人员与 IBM 专家一起工作，花了很长时间对业务流程进行深入分析，最终识别出 2 000 多项"活动"，然后在此基础上再进行重新组合和再设计，最终产品研发周期被大幅缩短。

以流程为导向的层级制，通过明确的流程分工，降低了工作复杂度和协同需求，弱化了对员工能力的要求。但流程分工无法提升信息传递效率，时间差和信息流失等沟通成本造成的耗散难以避免。同时，详细的流程分工，容易导致员工缺乏大局观，只能做到局部最优而非全部最优。从风险上看，只对小部分有能力的核心员工进行授权和赋能，难以激发大部分非核心员工的活力，因而难以进行大规模的变革和创新，也更难应对未来的不确定性。从本质上讲，把员工当作"螺丝钉"而非"发动机"，很容易造成大多数员工不承担责任。

以决策价值观为导向的组织模式

以决策价值观为导向构建的组织，这类模式在中国企业中应用较少，但是代表着数字化时代企业组织模式的趋势。这种模式的基本假设为：员工人人都是"发动机"，而非"螺丝钉"。以流程为导向的层级制组织模式对人性的假设为"人性恶"，认为人本性偷懒、自私自利、多疑、猜忌、操弄等，需要进行严格管理。而以决策价值观为导向的组织模式对人性的假设为"人性善"，更多考虑的是不直接管理结果，而是通过塑造外部环境，激发员工的积极主动性，即追求事实、知识与真理，每个人从事自己天性合适的工作，心无旁骛，勇于担当，成人达己，从而自然地发挥个人的能动性。潜在的风险是对人的要求高，而且对管理者的领导力水平提出了更高要求。

构建敏捷组织

总而言之，企业成熟期如果提升创新性组织能力，需要构建扁平化敏捷组织，组织设计与管理把重点放在"资源"和"决策价值观"上，在有限的范围内构建和完善流程。如图 2-3 所示，资源和决策价值观的权重大，而流程所占权重小（圈的面积小）。

对于组织管理，张一鸣说道："我们只在有限的领域使用详细的流程制度，我们更愿意使用指导原则和价值观。我们宁可承担不一致的风险，也不要员工不动脑，成为机器人。我们告诉员工要做什么，而不是如何去做。"与此管理之道相对应的是字节跳动的核心价值观：追求极致、敢想敢为、开放谦逊（自我要小）、坦诚清晰（包括不要向上管理）、始终创业。信奉"和优秀的人做有挑战的事"，而这正是字节跳动吸引人才的最大磁石。字节跳动深知人才的重要性，因此除了利用雇主品牌吸引人才，也打造了一系列举措，激活组织和人才活力。

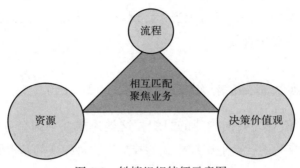

图 2-3　敏捷组织特征示意图

充分发挥决策价值观的作用，也就是充分发挥"保健因素"作用，在组织内构建"低权力距离"氛围，军队的组织建设经验可以借鉴。首先，军队中要求领导要"以身作则，共同奋斗"。每一次战役，指挥官都在前线侦察敌情，进攻时也是同士兵一起冲锋陷阵。其次，军队要求"官兵一致"，这里的"一致"并不是指大家的岗位职责一致，而是大家的工作条件一致。反观有的公司，设置了高管餐厅、高管车位、高管办公区，将组织中不同职级的等级感体现得淋漓尽致。

组织结构由管理体系和流程构成，展示了资源和权力如何在组织中分配和授权，如何行权与问责，组织结构还展示了组织的决策流程和协作机制，以及组织的信息和知识管理。组织结构存在并不是为了控制，而是为了服务客户，实现组织战略目标。

- 组织结构服从于商业战略。
- 组织结构随战略的变动而调整（组织结构要能够反应潜在的战略变化）。
- 组织结构是由核心业务流程支撑的。

2016 年的长安汽车面临着产品力下降的挑战，尽管 CS75 车型取得了不错的成绩，但是其他车型的竞争力严重不足，新能源汽车的几款产品在市场上毫无存在感，连重庆都没有"走出去"。产品经理都是由研究院各研究室的室主任兼任，各产品开发小组都是虚拟团队，组织赋予产品经理的授权不足，开发小组成员的工作动力、紧迫感不够。因为产品经理是虚拟的岗位，所以产品经理的画像不清晰，产品经理储备不足，后备人才成长不起来。此外，还面临着大批产品开发人员双倍薪酬、多倍薪酬被外部"挖角"的现象。长安汽车研究总院的组织架构，如图 2-4 所示。

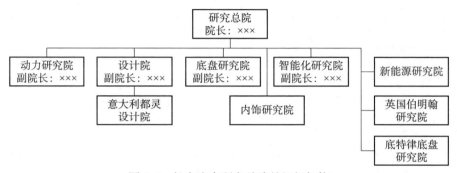

图 2-4　长安汽车研究总院的组织架构

2017 年，长安汽车开始进行组织变革，成立了产品一部、产品二部，设立了专门的产品经理岗位，制定了产品经理的画像，对内部产品开发人员展开竞聘上岗，挖掘有经营头脑、有用户需求洞察力、有团队领导力的高潜人才，并按照产品经理画像储备和培养人才。同时赋予产品经理经营决策权、人事权，对产品经理的岗位进行评估，对标行业标准，在长期激励方面实施"跟投制"，如果产品上市后销量好，项目组可以跟着分红。图 2-5 为长安汽车变革后的研究总院组织架构图。

构建敏捷组织，还需要加强四项关键工作：运营管理、组织管理、财务管理和信息化管理。

运营管理最为核心的职责是推动"战略执行"，从推动公司战略研讨，监督公司复盘策略和全年战略，到把控关键时间节点，推动公司整体朝着战略方向走。运营管理工作非常具体，包括针对行业、竞争对手的市场研究，做深度的数据分析，从数据中挖掘战略建议，组织中高层管理者进行战略研讨，并将研讨出来的战略目标进行拆解和推进落地等。负责运营的最高岗位是首席运营官（COO），必须对业务战略目标的落地负责，必须看懂市场，通晓经营，善于处理复杂问题。

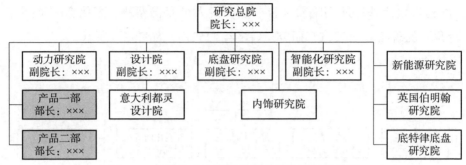

图 2-5 长安汽车变革后的研究总院组织架构图

组织管理就是定岗、定级、定编、定员、定激励。定岗即设计整体组织架构，包括岗位之间的关系，制定岗位原则和岗位清单。定级是指应该设计多少岗位层级，每个职级对应什么样的岗位。定编是指应该设定多少编制，让组织形成合理的梯队，这种梯队可以促进组织效率的提升，并结合业务战略打造组织核心能力。定员实质上是识人用人、排兵布阵。定激励主要是通过什么样的激励手段释放组织活力，以达到提升组织效率的目的。

财务管理的核心工作包括融资、预算、现金流管理和合规管理。大多数企业对财务部的定位不再是"账房先生"，而是财务管理会计。重点加强财务预算和经营分析，对公司经营决策提供支持。加强业财融合，强化财务对业务的牵引，挖掘利润空间，并强化资金管理，使资金的利用效率最大化。

数字化时代信息化管理非常关键，在华为"全球智慧金融峰会 2023"上，华为轮值董事长、首席财务官孟晚舟讲道："数字化和智能化转型是经济发展的新动力……越来越多的管理者开始制定数字化转型的蓝图，并围绕这个蓝图开展组织的建设，匹配相应的人才以及塑造企业内部的文化。"数智化部门需要对业务流程、业务系统、业务数据负责，将业务流程、信息数据与运营的组织、财务都打通。

组织效能提升

组织效能的提升要把握好四个原则：解决"剪刀差"，处理好前、中、后台的定位关系，根据效能规划各条线的编制，岗位职级扁平化。

原则一：解决"剪刀差"

贝壳前首席人力资源官郑云端认为应该"把组织当成一个产品来设计"。郑云端还提到大型企业的 CEO 应该把超过 50% 的时间放在组织管理上，之后才是业务。郑云端提出来的组织效能提升的首要原则，即"剪刀差"原理。

"剪刀差"是组织管理中最核心的矛盾，如果抓住这一矛盾，并且有效、妥善地解决了这一矛盾，就能解决组织效能的关键问题。所谓剪刀差，是指人工成本占收入的比例要逐步下降，而员工人均成本要逐步上升，形成剪刀差（见图 2-6）。

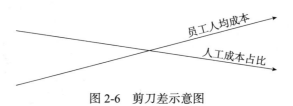

图 2-6　剪刀差示意图

近几年，滴滴打车 app 的出行业务遭受重创，商家、用户资源、市场份额已被其他竞争者瓜分。在这样的情况下，人员优化也就成为顺理成章的事情。优化的原则基本上是"3 个人干 5 个人的活，拿 4 个人的工资"。

滴滴将业务划分为三个核心板块：出行服务、物流配送和金融科技。此次人员优化比例为 20%，并提供 3 个月的补偿，但 2022 年年终奖将不再发放。首先被优化的是创新事业部 R-Lab，这个部门之前主要负责滴滴外卖业务。滴滴开展这项外卖业务的时候，很多人不是不看好，而是看不懂。滴滴网约车、两轮车、货运等出行业务的负责人都收到了人员优化的通知。

随着滴滴 app 的回归，滴滴 2023 年一季度实现营收 427.12 亿元，上年同期营收为 358.48 亿元，同比增长 19.1%。净亏损为 9.18 亿元，上年同期净亏损为 160.7 亿元，已有明显改善。[一]

如果公司的"人工成本占比"是持平的，或者说是逐年下降的，那么这是个好趋势。如果公司的"员工人均成本"逐年上升，就说明公司在人才吸引和保留上的竞争力逐步增强。然而，矛盾就会非常凸显，员工人均成本逐年上升，但是总人工成本的占比要逐年下降，如何解决这个矛盾呢？通常人们想到的方式是：加班加点、提升人才密度、组织和流程调整，或者通过数智化的手段来解决该矛盾。虽然这些方式都能起到暂时的效果，但都不是解决问题的根本办法。根本的解决方案是：高标准要求人，高绩效管理人，及时淘汰不胜任者，以及高回报留人。这需要公司进行系统的人才盘点，建立严格、强势的人才管理理念。图 2-7 为高标准、高绩效、高回报的定编原则。

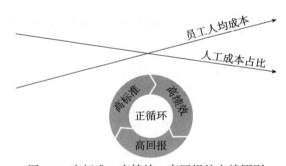

图 2-7　高标准、高绩效、高回报的定编原则

原则二：处理好前、中、后台的定位关系

提升组织效能的第二个原则是处理好总部（后台）、事业部 / 区域（中台）、作战单元（前台）的定位关系。组织的进化都是从单一产品到多元产品，从单一团队到职能体系、事业部体系，从以创业者为决策者的集中式计算到以首席运营官、首席财务官、首席人才官等为决策者的分布式计算。

一般来说，组织架构可以按照专业价值链、产品线、区域三种方式来构建。按照专业价值链构建的组织，在工业型组织中比较常见，分为研发、生产、销售、运营、财务、人力等。按照产品线构建的组织，通常会有第二曲线、第三曲线，让组织架构变得越来越复杂。而按照区域构建的组织，则是根据客户群体、客户需求不同而划分的组织架构，是为了更好地聚焦和服务客户。

产品的标准化程度越高，决策就会越向总部（后台）集中，像 OPPO、vivo 等企业就把区域销售全部交给了代理商，自己只把精力放在产品的研发上。产品的多样化程度越高，决策就越会向区域（中台）或者前台集中。越秀地产在营收未达到 1 000 亿元规模之前，总部对区域公司的投资拿地、产品设计都要插上一手。随着营收规模的扩大，区域公司规模越来越大，城市公司数量越来越多，整体工作效能反而越来越低。在 2022 年进行组织变革时，越秀地产采取了做强总部、做实区域公司、做小城市公司的方案。做强总部，就是把总部的运营管理、组织管理、财务管理、数智化管理做强；做实区域公司，是指把投资拿地、产品设计的决策权下放到区域公司；做小城市公司，是指在城市公司里主要安排负责"打仗"的人员，而专业职能人员主要在区域公司。

原则三：根据效能规划各条线的编制

组织效能提升的第三个原则是根据效能规划业务条线的编制，严格控制专业条线的编制。专业条线主导能力建设，专业人员所需要的最主要的能力是站在业务发展角度进行系统性专业诊断的能力，能够给出针对性的解决方案，并落地执行。对于专业人员的队伍建设，不应该是"金字塔形"的，而应是"纺锤形"的，要严格控制编制数量，采取精英战术。业务条线负责业绩实现，依据人效规划进行编制。例如，房地产公司采用人均销售面积指标，航空公司采用人座比（实际承运人数 / 可销售的飞机座位）等人效指标，对标行业标杆进行编制规划。

原则四：岗位职级扁平化

组织效能提升的第四个原则是岗位职级扁平化。在设计岗位职级时，应将初级员工到首席执行官的职级数量控制在 10 个以内，尽可能降低管理上的复杂程度，提高人岗匹配的灵活度。管理岗位的编制是关键，建议要严格控制。

一般大型集团公司的高管岗位分为三个层级：首席执行官（CEO）、高级副总裁（SVP）、副总裁（VP）。首席执行官负责战略的制定，管理整个组织，任命权在董事会。高级副总裁负责战略整合和战略执行，管理某个事业群或大的事业部，由董事会、首席执行官任命。副总裁负责战术执行，管理某个事业部或关键部门（或管理几个部门），由高级副总裁提名，首席执行官任命。综合一些国际化大公司的编制数据，企业副总裁及以上高管人员与全体员工的数量比例约为 1：100。

对于中基层管理岗位，一般企业会设置三个层级：总监、高级经理、经理。如果追求极致扁平化管理，可以设置两个层级或一个层级。在基层单位（如一个部门）内，从最基层员工到单位一把手的汇报层级要控制在 3～4 层之内。在管理幅度的设计方面，成熟业务团队小于 8 人要合并，大于 20 人要分拆，避免管理过度或缺失。而新业务团队小于 5 人要合并（一般情况下），12～15 人要分拆。

人才地图

建设强有力的组织关键一步是甄选高潜人才，建立人才地图。人才地图是根据人的发展潜力，结合组织建设的需求，对关键岗位任职者进行"排兵布阵"的全景图。

发展潜力这个词来自西方，我们在应用时经常把它理解成一种人格特质，如具有聪慧、学习敏锐等特质，就是具有发展潜力，其实这是一种误解。首先，潜力是一种出色的工作绩效状态，而不是一种能力或特质。其次，潜力对于一名员工而言，是其在超越当前岗位级别的层级上能否取得成功的可能性。有潜力的员工意味着可以被赋予更多的责任，在更高的岗位上担任领导。美国领导力协会对潜力的定义是：一位高潜力员工，拥有能力、努力工作、渴望提升和成功获得组织内更高、更关键岗位的可能性。

十字模型法

一般而言，我们采用十字模型法（见图 2-8）把潜力分为五类：高潜力、可提拔或有潜力、在原岗位发展、需要关注、不胜任当前岗位。高潜力是指员工未来可以晋升到两个及以上的岗位的潜力，高潜者是可以立即被提拔的人。可提拔或有潜力是指员工未来 0 ～ 3 年可以被提拔一个岗位层级的潜力。在原岗位发展的员工属于稳定的贡献者，符合岗位要求，有稳定的绩效输出，但是没有看到未来可以被提拔的可能性。需要关注是指员工工作状态在下滑，不能满足当前的岗位要求，打个比方，如同园区里某棵树 40% 的树叶已经掉落，还剩下 60% 的树叶是绿色的，被园区管理员在树上挂了一个 "需要关注" 的牌子，意思是正在抢救中。不胜任当前岗位是指该员工目前的工作状态阻碍了整体的工作绩效，不适合继续在岗位上任职。

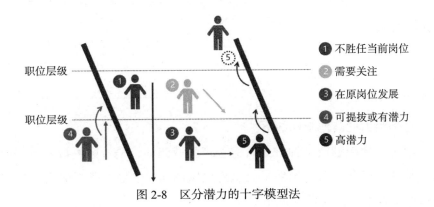

图 2-8　区分潜力的十字模型法

评估潜力的主要指标

评估潜力主要借助以下指标：绩效、能力或素质、其他指标。绩效业绩是近一年内取得的绩效结果（跟目标相比）。根据禾思咨询的研究，绩效是所有因素中对潜力预测最为重要的因素之一，占 25% ~ 30% 的比重。如果企业的绩效考核标准和考核结果不够客观，建议用过去一年取得的主要成就，对照绩效标准（见表 2-1）重新打分。

表 2-1   绩效标准

类型	评分标准	定义
绩效	超出期望	绩效的各项指标大部分都超过了目标值
	达到标准	绩效的各项指标基本上达到了目标值，个别指标超过目标值，个别指标略低于目标值
	未达标	绩效的各项指标大部分未达到目标值

能力或素质是过去一年在工作中的行为展现。这些能力或素质通常是素质模型里要求的，常用的评价方法是 360 度评估。通常我们把能力素质分为三个标准进行评价，如表 2-2 所示。

表 2-2   能力或素质评价标准

类型	评分标准	定义
能力或素质	高效行为	一贯表现超出期望的行为，其行为代表了公司战略对能力的要求，无论在常规还是较为复杂的环境下，整体表现都超出期望
	有效行为	频繁地表现出期望行为，整体表现和期望一致
	待发展	在大数场合下行为表现令人失望，在整体上和预期存在差距，需要进一步提高

评估潜力的其他指标如下：

（1）跨地域的流动性：是否愿意跨区域调动；是否愿意被外派。即使其他条件都符合，但是如果不愿意跨地域调动，恰好业务战略需要拓展国际市场，就不能进入高潜人才库。

（2）离职风险：H= 高；M= 中；L= 低。

（3）学历：是否为 985、211 毕业的学校；硕士、博士文凭有所加分。

（4）经验：有没有一些关键的经历？如新市场拓展、"扭转乾坤"的经历等。

（5）司龄：司龄是否超过 10 年？司龄越长辞退的成本越高。

（6）年龄：70 后、80 后、90 后、95 后？目前的趋势是年轻化，70 后的一般不考虑列为高潜。

（7）岗龄：在一个岗位需要待满多少年才有可能被提拔。

（8）潜力：保守策略，可提拔和高潜人员的占比少；进攻策略，可提拔和高潜人员的占比多。

（9）忠诚度：具有共同的价值观非常重要。

（10）成熟度：提拔到目标岗位需要的培养周期，周期越长则成熟度越低，可立即提拔者成熟度高。

九宫格法

区分潜力、评价潜力最常用的工具是九宫格。九宫格中的横轴是绩效，纵轴是能力。在判断潜力的时候，除了考虑绩效和能力，还要考虑很多其他指标（如上面提到的十项指标）。九个格子表示不同的潜力类型，如图 2-9 所示。

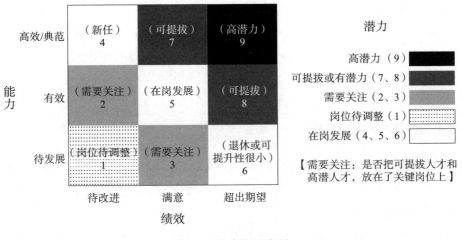

图 2-9　九宫格示意图

- 9格（黑色）：高潜力，具备未来可以提拔两个及以上的层级的潜力。处于第9格的人，属于帅才、将才，无论是品格、智慧、情商素质，还是领导力方面基本上都没有明显缺陷，而且没有人格上潜在的障碍。

- 7格和8格（深灰色）：可提拔，具备提拔一个岗位层级的潜力。处于8格的人可以立即被提拔，7格的人还需要1～3年的培养期。

- 6格（白色）：退休或可提升性很小，属于高绩效贡献者，因为年龄、个人的价值观等原因而失去提拔的可能性。

- 5格（白色）：在岗发展，属于稳定的绩效贡献者，但是还看不到能够得到提拔的可能性。

- 4格（白色）：新任，因为刚提拔或刚入职，暂时不评价潜力。

- 2格和3格（浅灰色）：需要关注，因为工作态度或工作绩效下滑，达不到岗位要求，所以需要关注。处于3格的人工作绩效一般，但工作能力或工作态度不足；2格的人工作态度或工作能力一般，但工作绩效差。

- 1格（波点）：岗位待调整，工作能力、工作态度和工作绩效都严重达不到岗位要求，而且阻碍或影响整体工作绩效的达成。

我们在应用九宫格人才地图时，重点关注的是高潜力和可提拔人才，实际上"需要关注"人员也非常重要，如果我们对需要关注的人员采取行动，帮助他们升到"在岗发展"一格中去，就可以改善组织绩效水平，构建高绩效组织。

组织结构式人才地图

在应用九宫格人才地图时容易忽略对潜力的衡量。因此，出现了组织结构式人才地图，采用更为直观的方式展现绩效、能力和潜力三个维度（见图2-10）。

扩展型九格图的优点是，对人的发展潜力状况一目了然（使用不同颜色来表示），而且它参照了岗位角色的要求。不足在于，各类人才的分布比例不容易计算，人才分类也比较困难。

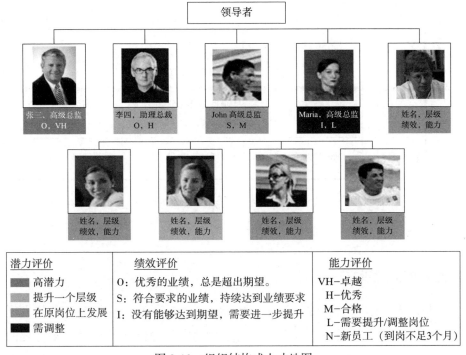

<table>
<tr><td>潜力评价</td><td>绩效评价</td><td>能力评价</td></tr>
</table>

潜力评价
■ 高潜力
■ 提升一个层级
■ 在原岗位上发展
■ 需调整

绩效评价
O：优秀的业绩，总是超出期望。
S：符合要求的业绩，持续达到业绩要求。
I：没有能够达到期望，需要进一步提升

能力评价
VH–卓越
H–优秀
M–合格
L–需要提升/调整岗位
N–新员工（到岗不足3个月）

图 2-10　组织结构式人才地图

整合型人才地图

九宫格和组织结构式人才地图共同存在的不足是，没有考虑到不同岗位类型的要求，也没有包含不同岗位层级人员的质量状况。如图 2-11 所示的整合型人才地图，可以用一张图来了解公司所有关键岗位人才的质量状况及未来发展状况。

在制定人才地图时，为了进一步区分人才，有些公司提出了一些其他标准。比如，通过评价离职风险，评价其敬业度；通过评价跨区域流动意愿，评价其发展自我的内驱力。为了避免有些领导采取"和稀泥"的人才评价态度，可以采取强制排序的方法区分人才，比如联想集团。

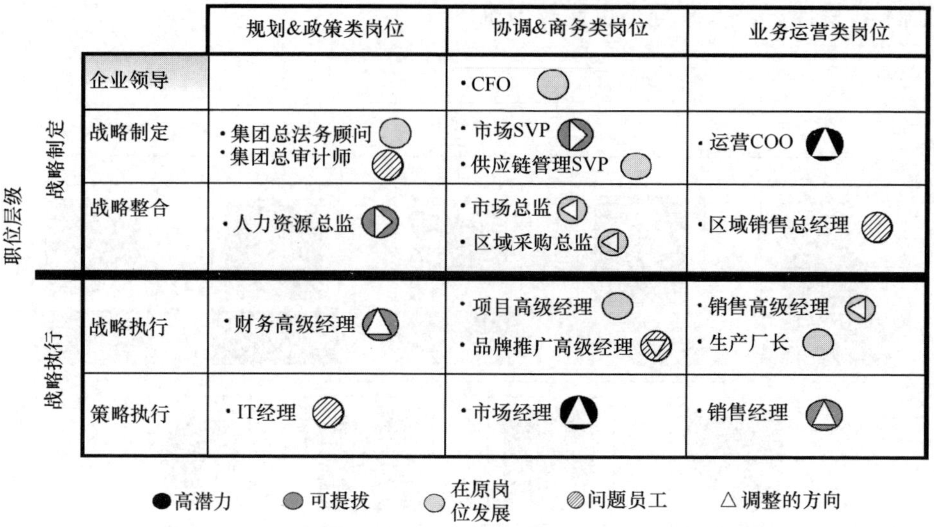

	规划&政策类岗位	协调&商务类岗位	业务运营类岗位
企业领导		·CFO ◐	
战略制定	·集团总法务顾问 ◔ ·集团总审计师 ◒	·市场SVP ◑ ·供应链管理SVP ◔	·运营COO ▲
战略整合	·人力资源总监 ◑	·市场总监 ◐ ·区域采购总监 ◐	·区域销售总经理 ◒
战略执行	·财务高级经理 ▲	·项目高级经理 ◔ ·品牌推广高级经理 ◒	·销售高级经理 ◑ ·生产厂长 ◔
策略执行	·IT经理 ◒	·市场经理 ▲	·销售经理 ▲

职位层级　战略制定　战略执行

●高潜力　◐可提拔　○在原岗位发展　◒问题员工　△调整的方向

图 2-11　整合型人才地图

如何用好人才地图

制定人才地图的目的是建立人才梯队，并针对高潜人才制订具体发展计划。对于甄选出来的高潜人才，安排关键岗位的继任计划是非常重要的一步。由于很多管理者把继任计划理解为"替补计划"，安排继任计划就是为自己找接替者，因此从内心深处就反对做继任计划。实际上，继任计划是针对性地培养未来的人才，它专注于高潜人才的授权和培养，使企业未来有人才可用。因为目的是培养人，因此，继任计划的人才库可以很大。

- 在安排继任计划时，候选人是人才地图里的"可提拔"和"高潜力"人才。如果自己部门里没有可重点培养的人才，管理者可以去其他部门或外部其他单位寻找，但必须确保对这些人才有深入的评价，而且候选人有意愿过来。如果对于人才组成有要求，比如女性候选人、少数民族或残疾人等，在安排继任计划时都要有所考虑。

- 继任计划一般最长安排三年左右的培养，分为当前不需要培养可以直接上任，需要一年的培养期，需要两到三年的培养期。到底需要多少年的培养期，主要依据候选人关键经历的缺失和需要哪些关键的角色转型。

- 角色转型包括纵向和横向的角色转型。纵向角色转型，比如从个人贡献者向团队管理者转型，由团队管理者向管理管理者转型等；横向角色转型，主要指跨专业或跨职能的转型，比如由审计到财务、由人力资源到营销的转型等。
- 关键经历包括价值链各个环节的工作历练，还包括对个人成长至关重要的工作经历，如管理团队、负责扭转乾坤业务、新市场开拓、负责一块业务的损益等。

关键岗位继任计划表如图 2-12 所示。

在任者	岗位	岗位（组织层面）	岗位（组织层面）	岗位（组织层面）	岗位（组织层面）	岗位（组织层面）	岗位（组织层面）
	姓名	姓名	姓名	姓名	姓名	姓名	姓名
现在可接任	姓名（目前职位）	姓名（目前职位）	姓名（目前职位）	姓名（目前职位）	姓名（目前职位）	姓名（目前职位）	姓名（目前职位）
	姓名（目前职位）	姓名（目前职位）	姓名（目前职位）	姓名（目前职位）	姓名（目前职位）	姓名（目前职位）	姓名（目前职位）
准备一年	姓名（目前职位）	姓名（目前职位）	姓名（目前职位）	姓名（目前职位）	姓名（目前职位）	姓名（目前职位）	姓名（目前职位）
	姓名（目前职位）	姓名（目前职位）	姓名（目前职位）	姓名（目前职位）	姓名（目前职位）	姓名（目前职位）	姓名（目前职位）
准备2~3年	姓名（目前职位）	姓名（目前职位）	姓名（目前职位）	姓名（目前职位）	姓名（目前职位）	姓名（目前职位）	姓名（目前职位）
	姓名（目前职位）	姓名（目前职位）	姓名（目前职位）	姓名（目前职位）	姓名（目前职位）	姓名（目前职位）	姓名（目前职位）

本事业部　　其他事业部　　公司外人员

图 2-12　关键岗位继任计划表

人才战略

宁高宁先生说过"人才 70% 靠选，30% 靠培养"。在构建敏捷组织，打造组织的核心竞争力和创新能力的过程中，人才战略总体指导思想是从人力资本管理角度进行人才的选用育留。对于用人要有经济性思考，企业希望用人得到最好的投资回报率（ROI），很多公司把人力成本看成消耗成本。从人力资本管理的角度来看，关键是制定好选用育留的策略，让公司获取最高的投资回报率。

选人：从组织升级的角度进行思考

《重新定义公司：谷歌是如何运营的》一书中谈到谷歌的高管最重要的事情是"招聘"，而不是"通过制定巧妙的战略及创造协同机会，在竞争日渐激烈的市场中实现增长"。对于篮球、足球俱乐部的总经理来说，最重要的职责是进行选秀、招募或购买最有潜力的运动员，他们明白，再有效的战略也无法替代人才，这一规则不仅适用于竞技场，在商业职场也同样适用。

招聘人员时，要把人的"天赋"放在第一位。即使没有合适的位置，也可以先"因人设岗"，以免错过行业内具有发展天赋的人才。如担任公司某特殊项目或领域的高级顾问，或分配到特别需要帮助的部门、事业部担任内部顾问。一旦时机成熟，再替换部门或事业部内关键岗位上的人。

从外部招聘人员时，一定要从组织升级的角度看问题，宁缺毋滥，或者直接替换更高能量级的人员。在招聘一些能力和资质一般的人员"填补"空缺岗位时，从人工成本的角度看，肯定比雇用高能量级的人才要划算得多，但是这种做法会极大地影响组织的升级和优化。如果单纯从削减人工成本的角度考虑问题，我们肯定需要自问一下：砍掉这个空缺岗位会不会带来影响，也许这样更能节约成本。

字节跳动招聘的原则：找到最合适的人，而学历、相关经历、职务级别都不那么重要。该公司在招聘时对人才的能力要求是：超强的学习能力、视野开阔、心智成熟。在招聘人才时，就要考虑如何提高组织人才的密度问题。在2015年以前，字节跳动尚处于业务发展的早期，张一鸣招人、用人的逻辑在于弥补业务的短板。早期前台的招聘他都亲自参与。在这一时期，一群能力远超公司发展阶段的人才加入了公司，如负责广告业务的"财神爷"合伙人张利东；人力资源（HR）负责人华巍；技术负责人杨震原；现任今日头条的负责人陈林，抖音的 CEO 张楠等。2016 年以后，公司更多考虑的是基于新战略的分支。2016 年，柳甄的加入标志着字节跳动国际化业务战略的启动。2018 年，谷文栋的加盟助力公司发展金融战略，他加盟字节跳动之前曾任宜信大数据创新中心副总。

招聘到"天赋异禀"的人，需要变革招聘方式。第一，要重视校园招聘，把校园招聘定位上升到公司的战略高度，务必由公司高级副总裁级别的人亲自负责。第二，开展专业的招聘面试工作，制定人才标准，开发专业的面试题库，并培训考核面试官。各层级管理者都要掌握公司的面试标准，掌握行为事件访谈技术和案例面试技术。第三，正确使用心理测验。招聘时进行认知能力测验是必要的，不管应聘者的年龄大小或招聘的岗位高低，智力水平和大脑反应速度都是"天赋异禀"的重要因素之一。个性测验选取特质类试题，并以迫选方式作答，可以有效地回避应聘者作假。第四，对于管培生或关键性岗位的招聘，建议使用"评价中心技术"，即采用"角色扮演""案例分析"等工作模拟测试技术。

⋈ 案例

加拿大皇家银行（RBC）如何定义关键岗位

在 RBC，人力资源部通过对组织中的成功领导者进行访谈，确定了他们取得成功的关键岗位经验，并对这些经验进行分类。例如，"与市场团队在智利挖掘市场机会并开拓市场"被定义为"创业"经验，"分管一个资深员工"被定义为"变化工作职责范围"，而"领导一个跨团队项目"被放到了"领导跨职能团队"和"变化工作职责范围"当中。针对每一类经验，RBC 明确了所针对的能力提升期望。例如，对于"创业"经验，主要是培养管理者更好地处理外部压力、管理风险以及向下描绘并传递发展方向。而在"领导跨职能团队"经验，主要培养管理者多元包容、团队领导和非权力影响力方面的素质。这些个人的发展经验被归类后分为以下 10 类（见表 2-3）。

表 2-3   加拿大皇家银行对关键岗位的分类

发展型岗位／任务	定义
创业	创造一项新的业务
领导跨职能团队	与不同的跨职能人员一起工作
变化工作职责范围	承担更大的岗位职责、业绩目标或者增加下属人数
兼并收购	参与兼并收购
与关键领导者工作	与成功的领导者一起工作或接受辅导
解决问题	解决棘手的业务问题或者项目
从失败或错误中学习	从决策或行动产生的错误中学习
负责业务结果	对影响业务的决策的结果负责
管理不熟悉的领域	在不熟悉的业务领域担任管理者
推动变革	为组织培养与引入新的观念、事物

用人：让每位高潜人才始终都有成长的机会

对于高潜人才的任用始终是一个难题。如图 2-13 所示，提拔过快，容易导致高潜人才的焦虑，如果让一位高潜人才长期待在一个岗位上，容易导致其"厌倦"，因为岗位职责缺乏挑战而懈怠。一般而言，高潜人才在一个岗位上 2 ～ 3 年就可以提拔。记住一点，千万不要让高潜人才长时间待在同一个岗位上，确保每位高潜人才每年都能学到新东西。

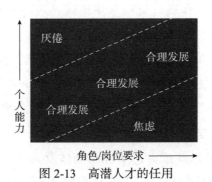

图 2-13   高潜人才的任用

岗位任用的原则是：把能力最强的人放在最重要的岗位上，把低绩效者边缘化或淘汰，给高潜人才"让道"。仅仅这样做还不够，重要的是让每位高潜人才始终接受挑战性任务和持续不断地学习。

育人：遵循 721 法则

关于人才培养战略，核心原则是：第一，70% 的能力是通过岗位实践锻炼培养的。基于业务战略确定岗位的角色定位，梳理每个角色下面的典型工作任务（关键工作经历），通过岗位实践和关键岗位经历培养人才。将军是打出来的，领导干部是历练出来的。第二，20% 的能力是通过辅导反馈得来的，为高潜人才配备导师，制订辅导和自我发展计划，促进其成长。第三，10% 的能力是通过课堂培训得来的。人才培养策略 721 法则如图 2-14 所示。

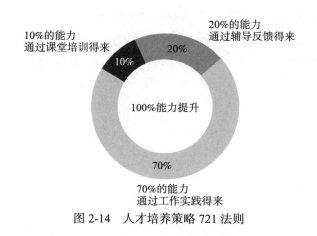

10%的能力
通过课堂培训得来

20%的能力
通过辅导反馈得来

10%

20%

100%能力提升

70%

70%的能力
通过工作实践得来

图 2-14　人才培养策略 721 法则

留人：高潜人才的回报要保持足够高的天花板

对于高潜人才的回报要保持足够高的天花板，确保组织在任何时候都能够吸引创造超级价值的顶级人才加入公司。

张一鸣说："我想期权不是最关键的，期权无非是有可能获得超额的回报，有可能财务自由。所以我认为重点是要把激励放到提高年终奖的比例上，所以我们跟公司内部说，希望非常突出的人有机会能够拿到 100 个月的年终奖。"

薪酬激励战略的重要原则是公平合理地按照岗位级别评定和绩效评估确定薪酬，务必避免各种形式的溢价，如熟人溢价、资历溢价、学历溢价、新人溢价。按照岗位级别定薪，岗位级别代表他在这个专业领域内的稳定产出。业务管理者可以在定岗位级别上有决策权，但在定薪酬上尽可能不让业务管理者参与，确定薪酬还是一件非常专业的事情，人力资源工作者会根据岗位级别综合当前这个阶段市场上的供求关系、竞争激烈程度给出薪酬。

奈飞公司提出按照员工的价值付薪酬：市场需求和薪酬调研无法帮助企业测算出员工在未来将带给公司的价值，因此如果想要找到真正心仪的人才，必须抛开所谓的预算，按照实际的市场情况支付薪水。如果你能找到你所发现的最优秀的人，给他们开出最高的薪水，最终你会发现，他们为业务增长带来的价值往往是大大超出他们的薪水的。

打造高效创新和低权力距离的团队氛围，告诉员工做什么，千万不要告诉员工如何做，以激发员工的成就感和相互协作的精神，这是至关重要的。

人才盘点中的能力标准

"通用电气（GE）的衰落，并不是因为创新者开发出了更优质的喷气发动机或风力涡轮机，也不是安然公司那样彻头彻尾的欺诈，而是一个过于复杂的企业管理不善的典型案例。"《华尔街日报》的两位记者托马斯·格里塔和泰德·曼恩在《熄灯：傲慢、妄想和通用电气的没落》一书中写道。

通用电气作为美国工业时代的象征，目前一分为三，GE金融、GE医疗已独立出来，而经过瘦身后的通用电气则将专注于航空制造业务。在过去的40年里，从市值突破6 000亿美元到2020年营收不足800亿美元，全球大型企业中最引人注目的增长和衰退，都来自通用电气。根据《熄灯》一书的分析，通用电气的衰败归结为两点：第一，从战略上看，过于依赖金融而忽略产品研发和生产等赚钱慢的生意，错过了数字化转型的窗口期；第二，从识人用人方面看，杰夫·伊梅尔特过于任人唯亲而不是任人唯贤。再结合伊梅尔特写的一书《如坐针毡：我与通用电气的风雨16年》，他认为自己掌舵通用电气16年来每一天都"如坐针毡"，个人认为，可以推断：杰克·韦尔奇或许选错了接班人，伊梅尔特的战略眼光和自信果敢的魄力都不足，不足以执掌通用电气这么庞大的集团。相较而言，吉姆·麦克纳尼（离开GE后先后负责3M和波音公司，都取得了卓越的成就）或许是更合适的人选。

《孙子兵法》提到为将者，"智、信、仁、勇、严"，把智力排在第一位。股神巴菲特投资企业，财务指标和领导者的素质是他关注的两大重点，其中，诚信是第一位的，其次是智力和精力，如果领导者没有诚信，其智力和精力越高，所带来的风险反而越大。

诸葛亮在中国是家喻户晓的人物，在大家心目中诸葛亮是"智慧"的象征，但从专业的角度来评估其潜力却未必如此。从品格角度来分析，根据《出师表》的描述，诸葛亮对刘备的忠诚可见一斑。《后出师表》中"鞠躬尽瘁，死而后已"的描述，体现了诸葛亮的敬业精神和志向远大，坚忍不拔，矢志不渝。六次北伐，是为了恢复汉室的远大目标，用现在的话说，诸葛亮具有企业家精神。《晋书·宣帝纪》评价诸葛亮"多谋而少决"，意思是指不够果敢，关键时刻的魄力和冒险精神不够。北伐期间，要以弱胜强，如果用常规打法，几无胜算，魏延曾建议诸葛亮出奇制胜，而诸葛亮不愿意冒风险。

再详细分析一下诸葛亮的战略思维。《隆中对》是历史上一场著名的面试，诸葛亮对当时的天下形势进行了 SWOT 分析，对三分天下的展望显示了他的远见卓识，诸葛亮的分析能力和洞察趋势的能力很强。《晋书·宣帝纪》记载，司马懿对诸葛亮的评价："亮志大而不见机，多谋而少决，好兵而无权，虽提卒十万，已堕吾画中，破之必矣。"这里的"好兵"是指诸葛亮喜欢打仗，而"权"是指诸葛亮不善于权衡和把握时机，也就是灵活应变和审时度势的能力不够，把握战机的能力不足。陈寿在《三国志·蜀志·诸葛亮传》中对诸葛亮的评价："然连年动众，未能成功。"陈寿对诸葛亮能力的剖析："盖应变将略，非其所长欤。"这与司马懿的评价是一致的。毛泽东在评《古文辞类纂》中苏洵《权书·项籍》时写道："其始误于隆中对，千里之遥而二分兵力。其终则关羽、刘备、诸葛三分兵力，安得不败？"可见，诸葛亮虽然智商很高，但其战略思维能力却一般。

诸葛亮的识人用人能力、人才梯队建设能力和凝聚团队的能力就很一般了，诸葛亮重用刘备认为不可重用的马谡，选择姜维作为自己的接班人，排挤能人魏延，导致"蜀中无大将，廖化作先锋"。刘备对诸葛亮说过："马谡言过其实，不可大用，君其察之。"而诸葛亮却"犹谓不然，以谡为参军，每引见谈论，自昼达夜。"结果证明刘备是对的。

对人的能力评价自古以来就是一件难事，识人用人是人才盘点的关键难点。大多数管理者还经常陷入识人用人的误区。第一个误区是"人人都认为自己是识人高手"，年龄越大越觉得自己是识人高手。有一项心理学研究表明，很多人都是凭自己的第一印象识人，刚接触时的第一秒钟就决定了对一个人的评价，后面的接触和了解都在证明自己的判断。第二个误区是"晕轮效应"，评价他人时常常以偏概全，很难对一个人的全面能力做出科学评价。

科学地识人用人，一要掌握能力标准，二要使用科学的评价技术。本章重点介绍 7 项常用能力标准，以及如何构建组织和关键岗位的能力标准。

战略思维

谷歌把雇用聪明人作为首要原则，用创意精英来定义人才。谷歌认为聪明人博学多识，要比那些资质稍逊的人更容易做出成绩。但是招聘时，不能太过于看重知识，而要重视未开发的智慧。谷歌招聘面试时必问的面试题：请举一个专业术语，使用非专业人士听得懂的语言解释清楚该"专业术语"。要很好地回答这个问题，需要洞察这个专业术语的本质，然后进行形象化的类比，具备这种思维能力的人，往往才能做出突破性的创新。

麦肯锡在面试应聘者时主要考察：把客户的经营管理问题拿来，看看这名应聘者是否具备找出解决问题答案的聪明才智。作为麦肯锡的顾问，必须具有敏锐的思考力，首先要喜欢思考问题。这一点非常不容易，因为大多数人一旦真要他开动脑筋，很快就举白旗投降。"思考问题"是要消耗一定精力和时间的，因此思考意愿低的人通常是从来就不喜欢思考问题的人。一家大型煤炭企业做人才盘点，绝大多数的干部都是按部就班地执行工作，企业崇尚的是"吃苦耐劳、责任心、执行力和安全"，因此 80% 的干部对跟自己岗位无关的事情漠不关心，更谈不上思考了。

宁高宁先生在谈到领导干部必须具备的十大能力时，首推系统思考能力。所谓系统思考能力是指 OGSM，即设定长期目标（Objective）和短期目标（Goal），制定针对性的策略（Strategy），并管理好、运营好策略的执行，也就是说做好测量（Measurement）。这里的系统思考能力就是"战略思维能力"。系统思考能力的基础是分析思维和概念思维。

分析思维是最常见的一种思维形式，因果推理、找出背后的原因等都属于分析思维。通常我们评价候选人时，要看他思考问题的深度，能否迅速抓到问题的本质，看透、看明白。一般而言，很多人自从参加工作以后，分析思维能力下降很快，不乏很多部门的一把手在分析问题时都习惯按照一个维度进行分析、推理，不到 20% 的人能够熟练地从两个维度或三个维度交叉分析问题，以洞察问题的本质。最近在一家汽车公司做人才盘点时，其中一个题目是分析"官方降价和促销"两种方式的利弊，参加讨论的人很多是公司的高层管理者，让人大跌眼镜的是，大部分人要不站在营销的角度去分析，要不站在品牌的角度去分析，却很少有人能够同时站在财务税收、营销、品牌等多个角度去分析利弊。

概念思维是归纳总结、洞察趋势和规律的一种思维形式。SWOT 分析中，O 代表的是一种洞察机会的能力，这就属于概念思维。不管是对商业机会的敏锐性、关键问题的判断力，还是对未来的前瞻性，都是中高层岗位管理者的关键能力。华为对基层人员的要求是具备理解问题的能力，对中层人员的要求是具备执行力，对高层管理人员的要求是具备判断力。随着工作环境的变化，很多问题变得日益模糊多变，信息技术的发展呈现指数级增长，即使是基层的专业技术岗位，也需要非凡的智慧和创意思维，也需要概念思维。

思维品质是进行分析思维和概念思维时的反应速度和效果。我们在进行人才评价时更加看重的是思维品质，尤其是在招聘大学生时，方法主要是通过面试或者述能会。思维品质的主要考察点主要有以下几个方面。

- 主动在思考问题。如果是在朗诵准备好的稿子，用大量篇幅讲述众所周知的原理，而没有自己的观点和看法，说明其很少在工作中主动思考问题。
- 每分钟传递信息量的大小。如果重复的语句多，无用的废话多，使用概念解释概念，则传递的信息量就会大大降低。如果传递的信息量少，评价者也很容易走神或精神不集中。
- 抓住问题的根本原因，观点之间逻辑清晰。大目标下套小目标，环环相扣，重点突出。

- 在讲述具体事例时，不是泛泛而谈。比如，在讲述解决人际冲突、绩效辅导或离职面谈时，能够把当时对话的过程一五一十地讲述出来。如果是讲述一项技术问题的解决，能够把技术难题的关键点是什么，以及解决关键技术点的思考过程详细讲述出来。

战略思维的本质是目标——手段思维。

战略思维的三项子能力：战略分析、战略洞察（明确方向和目标）和战略决策（战术选择和时机把握）。这三项子能力有先后顺序且缺一不可。也就是我们所说的系统性思考能力。

战略思维能力不是中高层管理者独享的能力，即使是前台人员也需要战略思维。对于一名前台人员而言，首先需要进行战略分析，分析自己的职责，优势是可以通过平时的快递、会议室的管理接触高层，不足是岗位定位低，接触不到业务。然后进行战略洞察，制定目标：一个月内让每位高管记住自己的姓名。在战略决策方面，记住每位高管的姓名、办公室位置，一旦有快递到来，直接送到该高管的办公室；留心每天每个会议室都是哪位高管预定的，提前做好提醒工作。

我们可以根据表 3-1 对战略思维能力进行评分。

表 3-1　战略思维能力评分标准

分值	描述
1 分	思维紊乱，仅能列举事实，有很少或很浅的分析
2 分	逻辑清晰，解决重复发生的问题。深入思考不够，能发现问题但找不到"病根"
3 分	喜欢深入、多角度思考问题，有观点，一眼洞察本质，围绕战略目标做事
4 分	系统性思考问题，洞察趋势、机会，目标明确，判断精准
5 分	具有远见卓识，有出其不意的大格局、长远战略布局能力

在评价时，得分达到 3 分，算是进入高潜人才的门槛值。大部分人的得分在 2 分或 2～3 分的水平。

勇于担当

勇气和魄力是当下中国企业经营管理者最为缺乏的一种能力。在一些企业中，"犯错误"的成本很高，敢于冒险的人越来越少。我们在给这些企业提供人才盘点服务时，发现在领导身上最为欠缺的就是"担当"精神。宁高宁先生提到管理者需要具备的能力时，认为勇于担当是企业家精神的核心，他谈道："企业和风险是连在一起的，任何企业的经营都会有风险，所以说担当精神或者叫冒险精神，或者说敢于尝试的探索精神是必须的，否则就没有企业家。"

在华为的干部任用标准里，勇于担当被视为十分重要的品质。首先，公司反对"明哲保身，怕得罪人"，认为很多管理者，私下里什么事情都清楚，什么事情都讲得头头是道，但就是不敢站出来说话、反馈问题，或者不敢去推动，因为他们怕得罪周边，怕得罪上级，还怕得罪下属。这种管理者是不太可能推动问题解决和组织持续改进的。其次，公司反对"不敢淘汰懒惰、懈怠员工，不敢拉开差距"，搞"平均主义者"。管理者对下属的行为表现最为清楚，面对不思进取的员工（尤其是对老员工，其中有些还是自己的老领导或老同事），拉不下面子去处理，这其实是对那些高绩效者、优秀者的不尊重。

《孙子兵法》把"勇"作为领军人才的五大能力之一。电视剧《亮剑》很好地解释了什么叫"勇"：古代剑客们在与对手狭路相逢时，无论对手有多么强大，就算对方是天下第一剑客，明知不敌，都要亮出自己的宝剑。即使倒在对手的剑下，也虽败犹荣，这就是亮剑精神……一句话，狭路相逢勇者胜，亮剑精神，就是我们这支部队的军魂！剑锋所指，所向披靡！

《红楼梦》里刘姥姥三进大观园，也体现了刘姥姥的勇气。刘姥姥是在家中光景十分窘迫的时候想起了王家这么一个七拐八绕才攀得上的亲戚。可是奈何女儿女婿脸皮薄，磨不开面子，刘姥姥主动请缨进大观园去攀亲戚、讨饭吃。以刘姥姥一家穷困潦倒的生活地位，进大观园，认亲戚，受人冷眼或者吃闭门羹都是可以预料到的，可刘姥姥还是义无反顾地迈出了这一步，去求人，这份勇气的确不是常人能有的，至少她的女儿女婿就做不到。除此之外，这还体现了刘姥姥有勇有谋、察言观色、深谙人情世故的能力。

《财富》杂志有一篇文章的标题是《CEO 为什么失败》，文章作者认为许多 CEO 失败的原因是缺乏情感力量，要么没有勇气及时直面人际冲突，要么没有勇气接受他人的挑战，要么没有勇气倾听多个渠道的声音，从而诊断公司的问题所在。伊梅尔特就是缺乏这种勇气和魄力，导致自己用人上任人唯亲。

柳传志在评价华为时谈道："任正非、华为确实走出一条非常独特的道路，这点我觉得我走不了，这点是他的强项。但就是因为像联想走的这个路——把高科技成果产业化的路，是一条走十里就安营扎寨休息，看好了地形再走的路，这是一种风险性小，但时间要比较长的道路。"柳传志认为，联想的"贸工技"路线更稳妥、更妥当一些。但华为确实是把技术放在了前头，并敢于大胆地投入去做，结果确实也获得了很大的成功。柳传志说，"任正非的这个胆量和气魄是我所没有的"。在看了任正非《我的父亲和母亲》一文后，柳传志颇为感怀，他专门写文章谈了自己和任正非的交往，也稍微提到了联想和自己，"联想发展到今天的三十年中，经过的风险无其数，尤其在早期还有一定的政策风险，我自谓是个敢担当的人，而在联想结出胜利果实时，我也以为自己是个舍得让利的人，这对联想能发展到今天也许有一定的影响"。通过柳传志和任正非的对比，带给我们的启示是，在高科技这条道路上，一味地求稳是行不通的，无论是创新还是突破，都需要有冒险精神。在历史进程的关键时刻，事比钱重要，有人求财、有人求名，有人为理想奋不顾身，在百年未有之大变局时代，勇于担当的气魄对当下的创业者、职业经理人而言尤为重要。

我们可以根据表 3-2 对勇于担当进行评分。

表 3-2　勇于担当评分标准

分值	描述
1 分	明哲保身，怕得罪人。遇到风险，"退避三舍"
2 分	自觉工作，有工作自信，但在领导面前不敢发表不同意见
3 分	从容面对风险和压力，敢于批评他人，敢于承担一定风险
4 分	气场很强，不怒自威，直接说狠话，敢做敢当，善于掌控复杂局面
5 分	大无畏精神，做出需要个人承担很大风险的决策；面对"火炕"无所畏惧

追求卓越

凡是领导者，必胸怀大志、艰苦奋斗；凡是领导者，必喜欢权力。在选拔领导干部时，有理想、有野心、有拼搏精神是必要条件，安于现状、不思进取者必须淘汰。

成就动机和权力动机是个人深层次蕴含的能量，每个人都有成就动机和权力动机，但是每个人的水平高低不一样。心理学上对于成就动机和权力动机是天生的还是后天培养的，至今没有科学结论，但有一点是肯定的，天生或遗传的占绝大部分，婴幼儿时期的家庭环境对领导者的动机有重要影响。

成就动机影响一个人是否怀有梦想，是否成就一番事业。高成就动机的人能够吃苦耐劳、坚忍不拔，喜欢竞争。一般水平的成就动机表现出责任心和上进心，高成就动机表现出创业精神和企业家精神，中国改革开放后第一代企业家如任正非、张瑞敏、王石等，中生代企业家如雷军、马化腾等，他们显著的特征是高成就动机。特别高的成就动机表现为改变世界的想法和企业家精神。

领导者的选拔和培养通常比较注重成就动机，对于权力动机则忽略了很多。如果只有高成就动机，权力动机很低的话，则不可能成为真正的领导者，最多只是一位专家或冒险家。权力动机的根本内涵是"支配和控制他人行为"愿望的强烈程度，它是产生领导力的基础。高权力动机的人能够从控制和影响他人的过程中得到自我实现。换句话说，权力动机是"对当领导者的兴趣"的强弱程度。经常会遇到一些管理者在说话、做事时"偏软"，遇到一些复杂问题时犹豫不决，碰到他人的质疑时开始退缩，缺乏魄力，这实际上是权力动机不足的外在表现。

甄选中层及以下岗位的高潜人才时，高成就动机和高权力动机是必要条件。经常容易混淆的是内驱力和外驱力，成就动机和权力动机都是内驱力，自发的、源生的动力，而外驱力主要受薪酬或工作环境驱动。

对于高层管理者而言，需要重点考察的是"能否驾驭自己的成就动机和权力动机"，如果到了高层岗位，任由自己内在的成就动机驱使的话，则事事亲力亲为，且"注重进攻、疏于防守"；如果任由权力动机驱使的话，则容易搞个人崇拜和内部权力争斗，或利用权力搞内部政治，给组织带来巨大伤害。因此，在进行高层管理者盘点时，重点考查管理者驾驭自己成就动机和权力动机的水平。

还有一种重要的领导动机是亲和动机，是对与他人建立情感关系的关注。亲和动机越高，越在乎与他人的情感关系。亲和动机驱使个人关心、关注与他人之间的关系。对于中基层岗位而言，一般或较高的亲和动机是有益的，但对于高层岗位而言，较低的亲和动机对建设组织是非常必要的。受过高亲和动机的驱使，管理者很难做到公平公正，且在面临人际困境时容易陷入情感纠结，无法做出明智的决断。谁都不希望得罪人，但对高层管理者而言，一定的人际勇气是必须的。因此，在进行高层岗位的人才盘点时，需要关注候选人不能有太高的亲和动机，否则会带来任职上的风险。

因为领导动机都是潜意识的，所以平时我们意识不到，只有在放松时才出现在我们的"白日梦"中。对于领导动机的测量，一般的人格测验大部分测量的都是"三种动机的价值观"，直接测量领导动机的方式是采取"投射测验"，这是一种看图讲故事的方法，然后经过受过专业训练的心理学家进行解码，对照常模后得出三种动机的得分。（详见第 5 章。）

采用行为观察的评价方法，我们可以按照表 3-3 对追求卓越进行评分。

表 3-3　追求卓越评分标准

分值	描述
1 分	不思进取，被动做事，怕吃苦，好逸恶劳
2 分	按要求执行，对结果负责，不定期需要他人的督促
3 分	自我驱动，追求持续改进，好胜心强，不甘落后
4 分	主动设定挑战性目标，对打硬仗感到兴奋，坚忍不拔
5 分	有远大抱负，志向高远，毅力超常

人际敏锐

人际敏锐对于领导者而言越来越重要，我们希望看到一位善于洞悉他人需要、充满人格魅力、能够激发他人动力的领导者。从人才盘点和测评的角度来看，人际敏锐的子能力有：情绪的自我意识、同理心、洞悉人性。

情绪的自我意识是人际能力的基础，它在调节和激发他人思维、情感和行为中扮演着重要角色。情绪的自我意识包括两个方面的含义：第一是对自己情绪的意识，如对自己的害怕、悲伤、内疚、羞耻、尴尬、嫉妒、自豪等的意识；第二是能够意识到自己的言谈举止对他人情绪带来的影响。解决复杂人际问题的关键在于细节的控制，即对自己和他人细微情绪变化的洞察。在解决复杂人际问题的过程中，被评价者对自己和他人的情绪刻画得越细致，对话过程讲述得越生动，说明其情绪的自我意识能力越强。

同理心是理解他人感受的能力，是同情心的前提。首先是换位思考，站在对方的位置上看问题，其次是理解对方的谈话内容和体会对方的情绪。尊重和注重倾听他人是展现同理心的前提。在评价一个人的同理心的水平时，关键的行为有：用心聆听，设身处地从对方的角度看问题，洞悉他人的细微情绪变化，以及展示自己的同理心。

在进行人才盘点时，我们发现管理者的识人水平跟其领导力水平直接相关，如果管理者不关注人，对下属的评价一般只看工作经验和工作是否努力，结果会发现其领导力水平很低，包括一些具有很多年管理经验的管理者。

洞悉人性是指洞悉人的动机、人格特质和思维观念，从多个维度看人的能力。一般人会认为，心理学科班出身的硕士、博士一定都善于洞悉人性，其实不然。随着人生阅历的增加，洞悉人性的水平逐步升高，但是我们也曾遇到过很多50多岁的管理者，其看人的水平很低。

识别一个人是否有经验、是否具备某项专业技能，这是最容易的。甄别思维能力的强与弱会难一些，但是基本上也不会太费劲。区分内在动机的强弱更难一些，成就动机的强弱相对好区分一些，但区分权力动机的强弱难一些。更难的是甄别人格特质和价值观念，一是因为维度比较多且非常复杂，二是因为人格特质受环境变化的影响，表现形式复杂多样，区分起来就更为困难。

善于洞悉人性的管理者会长年花时间思考人的问题，他们注意察言观色，注意倾听，在跟下属沟通过程中，说和听的时间基本上是平衡的。他们在评价下属时，不是凭空地评头论足，而是有理有据，在言语中透露出对人才的热爱和关注。在做人才盘点和做出判断时保持审慎态度，不轻易下结论。他们经常调整对人的看法，当有新的证据出现时，不会固守原来的评价。同时，他们还善于洞悉人性，对欣赏的人知其弱点，对不欣赏的人知其优点。不善于洞悉人性的管理者，在评价下属时经常说的一句话是"不用我说，你们也应该知道自己的优缺点"。他们认为自己知道的别人也应该知道。

我们可以根据表 3-4 对人际敏锐进行评分。

表 3-4　人际敏锐评分标准

分值	描述
1 分	看不懂人际情景，在简单人际交往情景中得罪人而不自知
2 分	理解简单人际场景中他人的想法和情绪状态，但不能判断他人意图
3 分	敏锐捕捉他人的言外之意，善于倾听和具有同理心，辩证看待人性的善与恶
4 分	分析他人的性格特点，善于解释他人的复杂行为，擅长识人
5 分	从人性、成长经历、原生家庭等方面洞悉他人的本性，擅长预测他人行为

赢取信任

谷歌有一道著名的机场面试题：你跟同事一起乘坐飞机出差，到达机场后，机场通知所乘坐的航班延误 6 个小时，你将不得不跟同事在机场度过这 6 个小时。你打算如何度过这 6 个小时？这道面试题主要考察应聘者是有意识地、开心地与同事交流沟通，还是有意识地拿 iPad 或手机当挡箭牌，在这 6 个小时里都不与同事沟通。谷歌要招聘的人，能够在任何时候与任何人都"相谈甚欢"。

赢取他人信任首先是靠谱。靠谱的人不会"满嘴跑火车",有一说一。靠谱的人守信,说到做到。不靠谱的人,轻易承诺,过后就忘。靠谱的人言行一致,不靠谱的人说一套做一套。普通人靠谱容易,领导者做到靠谱很难。作为 CEO,提前设定的工作计划,可能会被突如其来的市场变化、客户高层拜访等打乱,对内部人员或朋友就经常"放鸽子"。

其次是厚道。为人处世很真诚、透明,从不藏着掖着。厚道是一种对他人利益的尊重。有人说"老实"是一个贬义词,是不成熟、低情商的表现。从心理学上讲,这是两个概念,是两种不同的心理品质,不成熟或低情商的主要表现是,意识不到自己的言行会给他人造成什么样的影响,导致莽撞或情绪失控。做到可信,时时刻刻讲实话,大事小事都实事求是,以及高精度的真诚至关重要。

拉尔夫·哈特年轻时是个推销员,向小商店推销计算器。他没有受过专业训练,直接拿着样机就入行了。他按路线走着,到了第一家店,紧张得根本不敢进去。天色已晚,他决定明早重新开始。但第二天,他还是很紧张,一个也没有卖出去。最后当商店快关门时,他走向一位店主,可人家对他不感兴趣。哈特在书中这样写道:

我说:"你能不能看一眼我们的产品?"然后店主开始发问了,而我一直在说:"我不清楚,在我弄清楚后会告诉你的。"最后,店主答应买我的计算器了。我一脸疑惑,不明白为什么他最后动心了。他回答说:"像你这么诚实的推销员卖的一定是好产品。"这是我人生中的一件大事,它教给我一个永生难忘的道理——做人要诚实,要讲真话。

厚道的心理机制是,总觉得自己欠别人的,经常会记住他人给自己的帮助,"受人滴水之恩,必当涌泉相报"是对厚道之人最好的写照。这样的人感恩的意识重,如果欠了别人的东西,总着急还。真诚、厚道的人绝大多数团队合作意识都比较强。

赢取信任还有一种行为表现是"善良",人的善良表现在对地位不如自己的人的态度,尊重地位低的人,面对学识、岗位、专业显著不如自己的人表现出谦卑。

只有心胸开阔、不"以自我为中心"的人，才有可能赢取他人的信任。做到这一点的人，需要具备以下几个方面的特征：

第一，信任。信任是一项重要的心理品质，该品质形成于 0～3 岁，如果人从小所处的环境是安全的，例如，半夜睡醒有人照顾，排便后马上有人收拾，而且父母很少吵架，营造出温馨和谐的家庭氛围等，在这样的生长环境下，容易培养信任的品格。信任的对立面是多疑，即不相信他人。在进行高层岗位的人才盘点时，多疑是一个重要的"脱轨因素"，需要重点关注。多疑的表现是，经常始终不一、言行不一致，今天说好的事情，明天就改变了。这样的人经常给员工制造意外，对于自己不遵守承诺会找出一堆客观理由。

第二，胸怀或格局。俗话说"财散人聚"，作为领导者，是否把他人的想法和需求看得比较重，显示了个人的胸怀或格局。胸怀或格局高的本质是，把他人的利益或集体的利益置于个人利益之上，思利及人。胸怀或格局的对立面是自私、自我中心。是否具有胸怀或格局，与能否控制和驾驭自己的领导动机直接相关。大家知道泰坦尼克号的沉没，我认为其根本原因是船长的格局太小。当时泰坦尼克号船长爱德华·约翰·史密斯已经 62 岁，他从 37 岁开始当船长，57 岁时成为世界第一邮轮的船长，可以说从经验和资历上讲，史密斯作为泰坦尼克号的船长都当之无愧。但是正是由于他的资历和经验，史密斯过高地估计了自己的能力。根据他的判断，泰坦尼克号使用了最先进的技术和军舰级钢材，还特制了隔离间以防止沉没，世人都认为泰坦尼克号不会沉没，为此史密斯船长也认为泰坦尼克号不会沉没，因此忽略了冰山的威胁。但是这一点并不是最致命的，最致命的是史密斯船长马上要退休了，他想实现个人的理想："在泰坦尼克号首航时打破跨大西洋最短航行记录，成为真正的世界第一船长，他将因此而获得一笔丰厚的奖金，然后荣归故里，返回欧洲退休。"为了实现这一目标，他选择了一条更短的路线（忽略了冰山的威胁），为了节省空间和减轻重量，只带了 20 只而不是 52 只救生艇。史密斯船长的自大、自私最后葬送了泰坦尼克号。

在进行高管岗位的人才盘点时，需要考察道德水平。哈佛大学心理学家劳伦斯·科尔伯格（Lawrence Kohlberg）提出了道德发展阶段论，把道德水平分为三个阶段：前世俗水平、世俗水平和后世俗水平。

第一阶段，前世俗阶段。在这个道德发展水平上，人们做事的原则是对自己有利，这种道德水平在幼小的孩子身上表现明显：做了坏事，只要不被抓到，就什么问题也没有。撒谎、作恶等，只要自己认为没有被发现，他们心理上就认为自己真的没有做过什么。其实，我们曾经遇到不少的管理者还处于这个水平。从人才选拔的角度看，处于该阶段的人是存在道德缺陷的，不管其能力多么强，都是不能被接受的，即使是最基层的岗位。

第二阶段，世俗阶段。按照世俗道德标准做事的阶段。在这个道德发展水平上，人们遵纪守法，遵从社会习俗，努力维护社会的和谐稳定，一般人的道德发展到这个水平就停止了。处于这个阶段的人认为，只要我遵守了公司的规定和国家的法律就没有问题，经常游走于法律、规则边缘的模糊地带。事实上，大部分人都处于这个水平。

第三阶段，后世俗阶段，即超越世俗道德标准的阶段。在这个道德发展水平上，人们开始考虑到底什么是正义，如果道德和法律不正义，他们就不会遵从，身体力行"己所不欲勿施于人"，把"诸恶莫做、众善奉行"内化为自己的道德原则。

道德内化是一个重要概念。道德内化的人不想做坏事，一旦做了坏事，有强烈的内疚感甚至负罪感。由酒鬼继父抚养长大的克林顿通过竞选让选民相信一个叫作"希望"的地方（这是他在阿肯色州的出生地，是一个非常神奇的地方），他在1992年成功竞选为总统。克林顿拥有智慧、魅力和建立共识的能力，这些足以让他成为美国历史上最伟大的总统。但克林顿有一样是欠缺的，那就是所有伟大的领导者都具备的道德原则（未达到后世俗阶段），因此发生了实习生莱温斯基事件。对于大企业CXO岗位的任职者，要求具备后世俗阶段的道德水平其实不算高。根据禾思咨询的人才盘点实践，国有企业整体道德水平高于私营企业，这或许跟国企不断实施党的教育有关系。道德水平越高，任用风险越低。

对于高尚品格，领导力大师阿比盖尔·亚当斯（Abigail Adams）在她写给儿子的信中说道"伟大品格不是在宁静的生活中形成的",她忠告儿子"强大思想的习惯是在与困难的斗争中熔炼出来的,巨大的困难催生伟大的品格"。

我们可以根据表 3-5 对赢取信任进行评分。

表 3-5 赢取信任评分标准

分值	描述
1 分	自私,待人冷漠,经常言而无信。对地位不如自己的人颐指气使
2 分	知礼仪、懂尊重,遵守社会公约
3 分	厚道,信任,有感恩之心。待人如沐春风
4 分	君子之风,一言九鼎,为人处世方面有格局,不为诱惑所动
5 分	公而忘私,道德模范,为人处世方面是他人模仿的标杆

自我认知

在希腊福基斯市的帕那索斯山下有一座著名的神庙——德尔菲神庙。它兴建于公元前 9 世纪,传说太阳神阿波罗在杀死大蟒皮同之后,亲自在这里为自己修建了神庙,被人们称为"地球的肚脐"。后来这里成了古希腊诸神向求签的凡人传达神谕的场所。传世的德尔菲神谕大约有 600 条,在当时都被视为神的声音。在大约 1 100 年的时间里,这里一直是西方世界最神秘的地方。而它给我们现代人留下的最重要的遗产,大概就是刻在阿波罗神庙墙上的那两句由传说中的"七贤"一起写下的箴言:认识你自己。

心理学家卡尔·罗杰斯后来提出,自我认知是心理健康、个人成长以及了解和接受他人能力的先决条件。心理学家布劳威尔(Brouwer)提出,所有个人的成长与变化都是以自我认知为先导的。

"自我认知的功能为自我洞察力奠定基础,没有自我洞察力就不会有个人的成长。自我洞察力是一种'哦,我现在明白了'的感觉,它必须有意识或无意识地先于行为的改变。自我洞察力——真实、真正地洞见自己的真面目——只有在困难的情况下才能达到,有时甚至是在真正的精神痛苦中达到。但这是成长的基石。因此,自我反思是自我洞察力的准备,是自我理解的种子破土而出,并逐渐绽放出自我改变的行为。"

除非我们知道自己拥有什么水平的能力，否则我们无法改善自己或发展新的能力。大量的经验证据表明，有自我认知的人更健康，在管理和领导岗位上表现更好。任正非喜欢形象地把"自我批判"比喻为鸡毛掸子。"为什么要强调自我批判？我们倡导自我批判，但不提倡相互批评，因为批评不好把握尺度，如果批判火药味很浓，就容易造成队伍之间的矛盾。而自己批判自己呢，人们不会对自己下猛力，对自己都会手下留情。即使用鸡毛掸子轻轻打一下，也比不打好，多打几年，你就会百炼成钢了"。

关于自我批判，任正非有两次讲话标题几乎一样。一次是 2008 年 9 月 2 日在核心网络产品线表彰大会上的讲话，标题为《从泥坑里爬起来的人就是圣人》，另一次是 2018 年 1 月 17 日在"烧不死的鸟是凤凰，在自我批判中成长"专题仪式上的讲话，标题为《从泥坑中爬起来的是圣人》。

所不同的是，2008 年做自我批判是为了生存，是为了认真听清客户的需求，是为了用生命的微光点燃团队的士气，是为了不掉入前进道路上遍布的泥坑陷阱中。而 2018 年做自我批判是为了创造一个伟大的时代，是为了成为一个伟大的战士，是为了开动"航母"，是为了践行人生的"摩尔定律"。不管是为了生存，还是为了发展，企业的管理者都会发现，要形成自我批判的风气是非常困难的，要内化为一种组织能力更难。所以任正非说："我们还能向前走多远，取决于我们还能继续坚持自我批判多久。沉舟侧畔千帆过，病树前头万木春。人类探索真理的道路是否定、肯定、再否定，不断反思、自我改进和扬弃的过程，自我批判的精神代代相传，新生力量发自内心地认同并实践自我批判，就保证了我们未来的持续进步。"

可能很多人不会把"认知自己"当作一回事。在面试或绩效面谈时，我们发现很多人在极力掩饰自己，当问及自己的劣势时，很多人谈及的劣势有：对他人要求太高、工作太多、对团队关注太少、自己承担的太多而授权不够等，这些也可以说是优势。很少有人真正地面对自己，他们对自己的认知甚至少于对下属的认知。所谓自我认知是对自身情绪、优势、劣势、个人需求和内驱力的深刻洞悉和一种诚实的态度。一个清醒认识自己的人，知道自己追求的是什么，以及为什么要追求。在遇到一个薪水丰厚的工作机会时，他可以坚决拒绝，因为这份工作不符合自己的原则或长远目标。

我们可以根据表 3-6 对自我认知进行评分。

表 3-6　自我认知评分标准

分值	描述
1 分	自我封闭，盲目自大，听不进别人意见
2 分	从知识、经验和技能认知自己的优劣势，与他人交换知识经验
3 分	从个性、价值观角度认知自己的优劣势，倾听不同意见，有好奇心
4 分	善于自嘲，主动寻求负面反馈
5 分	善于自我否定、深入自我反思，追求自我更新

领导团队

领导团队的内在驱动力是"权力"，历史上对"个人权力"的看法褒贬不一。权力具有稳定的个人特征，是在评估个人领导团队的能力时需要首先关注的因素。在中国文化的影响下，我们非常重视个人的"成就动机"，强调"有理想、事业心、努力奋斗"等，对于带有个人主义的"权力"，则不怎么重视。

许多美国商业领袖和学者提出了一个有说服力的观点：权力本身并不是消极的，实际上对领导团队的成功至关重要。利用权力本身并不是负面的，它是个人领导力的来源。决定个人的权力欲走向善恶的因素是个人的品德。个人的权力欲，是驱动个人调动资源、带动团队实现高绩效的力量。

领导力大师沃伦·本尼斯采访了 90 名在各行各业都是佼佼者的领导者，发现这些人的共同特征：让跟随者感到他们自己很强大。这些知名的领导者本身就很有影响力，他们利用自己的影响力帮助下属或跟随者取得成功。研究组织权力方面的专家罗莎白·坎特指出，拥有强大权力欲的人能够为下属指明方向，并为下属提供更多的资源。因此，企业中的员工更愿意跟随"有权力"的老板。权力欲强的人，可以：

- 善于处理复杂的人际冲突。
- 善于识人用人、排兵布阵。

- 敢于批准超出预算的支出。
- 在战略规划会议上敢于做出重大战略决策。
- 善于接触到高层决策者。
- 善于与高层决策者保持定期、频繁的联系。

权力欲强的人主动塑造和影响周围的环境，而权力欲弱的人则被周围环境所影响。从影响、控制、支配他人意愿的程度与其领导力水平正相关，但前提条件是，个人必须具备"赢取信任"的能力，或者说以利他、帮助他人成功为前提条件。

与团队成员建立积极的人际关系是衡量团队管理者领导力水平的第二个关键因素。大量的研究表明，积极的人际关系在团队管理中是创造积极能量的关键。当团队成员体验到积极的互动时，即使只是暂时的接触，他们也会得到精神的提升、活力的补充。积极的人际关系创造积极的能量。团队内积极的人际关系有助于员工将精力专注于工作任务，使员工很少被焦虑、沮丧或不确定的情绪所干扰。积极的人际关系促进团队成员之间的合作，那些阻碍个人绩效的事情，如冲突、分歧、困惑和模棱两可、无效竞争、愤怒或个人冒犯等，将被最小化。

在纠正下属的不当行为，不得不给出负面反馈时，非常考验个人构建积极的人际关系的能力。团队领导者要展现积极的情感和相互尊重，并避免讨好下属，因为作为团队领导者并不是为了"被喜欢"。以下几个方面的原则有助于构建积极的人际关系。

- 言行一致。口头传递的信息和想法，要与自己的感受一致。如果嘴上说没什么，但是面部表情把自己出卖了，会让他人觉得不真诚。
- 尽可能客观描述，不做个人性的评价。例如，"事情是这样的，这是我个人看到的"，而不是"你在这里做得对与错"。
- 问题导向而不是人际导向。例如，"我们聚焦解决这个问题"，而不是"因为你才有这个问题"。
- 主动承担责任。通过使用"我"，主动承担其中的责任。

在作为主教练赢得了前所未有的第七个 NBA 冠军后，菲尔·杰克逊被问及他是如何激励职业篮球运动员的，他回答："我不是直接激励我的球员。你不能直接激励某个人；你所能做的就是提供一个激励的环境，球员们会激励自己。"

管理者倾向于把员工绩效表现不佳的原因归结于员工不够努力，这种归因往往过于简单。管理者在处理表现不佳的员工时，必须先问自己一个问题："这是一个能力问题还是工作态度问题？"这个问题的答案对管理者和下属的关系有着深远的影响。研究表明，当管理者发现员工缺乏动力时，他们往往会施加更多的压力。然而，构建激励性的工作环境，才是管理者激励下属的正确解决之道。盖洛普提出构建激励性工作环境的 12 个方面，简称"Q12"，把管理者如何激励员工、如何构建激励性的工作环境说得很清楚。它包括以下 12 个方面。

- Q1. 我知道对我的工作要求。
- Q2. 我有做好我的工作所需要的材料和设备。
- Q3. 在工作中，我每天都有机会做我最擅长做的事。
- Q4. 在过去的七天里，我因工作出色而受到表扬。
- Q5. 我觉得我的主管或同事关心我的个人情况。
- Q6. 工作单位有人鼓励我的发展。
- Q7. 在工作中，我觉得我的意见受到重视。
- Q8. 公司的使命 / 目标使我觉得我的工作重要。
- Q9. 我的同事们致力于高质量的工作。
- Q10. 我在工作单位有一个最要好的朋友。
- Q11. 在过去的六个月内，工作单位有人和我谈及我的进步。
- Q12. 过去一年里，我在工作中有机会学习和成长。

最后是凝聚团队。团队建设的四个水平或层次，代表了团队管理者的领导力水平：职业共同体、利益共同体、事业共同体和命运共同体。

第一个阶段是职业共同体，团队成员主要是为了获得薪酬，工作的目的是养家糊口。在这个阶段，如果团队成员不能从上级那里获得满意的心理感受，只要条件合适，他也不会离职，还会与公司保持着一种经济交换的关系。而当团队成员在团队内出现冲突的时候，他倾向于从非正式组织获得同情和支持，例如，从跟自己谈得来的伙伴那里获得。

第二个阶段是利益共同体，顾名思义，利益共同体是靠利益来维系的。我国不少企业的团队管理都处于这种状态。俗话说："财散人聚，财聚人散。"很多企业都考虑让骨干持股和员工持股，希望通过这样的方式来激发他们的组织承诺。坦率地说，把一个团队的凝聚力完全建立在利益的基础上，这个组织的未来发展一般会有问题。当没有利益可以给大家的时候，团队的凝聚力就会瞬间消散。道理特别简单，就是团队成员的组织承诺都是以利益为基础的。

第三个阶段是事业共同体，是基于共同的理想和抱负而组建起来的团队。团队管理者为了实现组织的目标，号召或激励大家为了这个共同目标而奋斗。事业共同体的建立，首先需要让员工认同组织的发展目标，并把实现该目标作为自己的事业，让员工摆脱简单的利益羁绊。当然，并不是说让员工不看重利益，在员工眼里，利益和事业是交织在一起的。

第四个阶段是命运共同体。例如，军队中的团队，就是一种命运共同体。一场仗打下来，是死是活，都在一起。不与上级争功、不与同级争宠、不与下级争利，"胜则举杯同庆，败则拼死相救"。

当我们看一个团队管理者的领导力水平时，评估一下他所带领的这个团队处于哪个阶段就可以了。我们可以根据表 3-7 对团队领导能力进行评分。

表 3-7　团队领导能力评分标准

分值	描述
1 分	只关注事，不关注人，团队比较涣散
2 分	指导团队做事，会分派任务，属于职业共同体，跟团队成员之间没有情感联结
3 分	采取授权、关心、认可等方式激励团队，建立团队成员之间的积极关系
4 分	善于识人用人，善于用"目标管人"，构建事业共同体
5 分	愿景型领导，打造有战斗力的团队，构建命运共同体

构建能力模型

历史上第一个领导力模型是《孙子兵法》提出的，为将者需要具备"智信仁勇严"。这里特别强调了"智"的作用，带兵打仗要有谋略，还需要具备识人用人、排兵布阵的能力。"信"是建立下属的信任。爱兵如子是"仁"。"勇"是指作战勇猛、敢于担当，以及勇于自我批评。"严"是指纪律严明，对自己和下属要求严格。

哈佛大学教授戴维·麦克利兰在 1973 年发表的《测量胜任素质而非智力》一文中正式提出了"素质"的概念。他认为人的工作绩效由一些更根本、更潜在的因素决定，这些因素能够更好地预测人在特定岗位上的工作绩效，这些"能区分在特定的工作岗位和组织环境中绩效水平的个人特征"就是"素质"（Competence）。

之后，在人力资源领域掀起一股构建岗位能力模型的浪潮，以及基于岗位能力模型的人才选用育留革命。最早建立能力模型并将其用于人才盘点的是通用电气公司的杰克·韦尔奇。1981 年杰克·韦尔奇上任时，通用电气公司仍是一个奉行科学管理理论的组织。科学管理的基本思想是由森严的组织等级来决定组织中的职责层次以及每个人的位置，视员工为完成既定任务的"工具"。员工没把心放在该放的地方，却忙于向上司们"买好"，信奉"阳奉阴违"的处世哲学，形式主义非常严重，领导层扮演着"检查和批准"的角色。在此情况下，韦尔奇开始对公司的战略发展方向进行调整：确立了"数一数二"的业务战略，推进组织扁平化，促进速度与授权；倡导无边界思维，开展群策群力活动，促进员工的主动参与。

在这样的背景下，韦尔奇提出了 4E+1P 的领导力模型，即内驱力（Energy）、执行力（Execute）、激励团队（Energize）、决策力（Edge）和充满激情（Passion）。韦尔奇主要基于自己的管理经验，先提出了 4E，后来又增加了一个"充满激情"。该模型提出来的原理跟《孙子兵法》的"智、信、仁、勇、严"如出一辙，都属于"经验总结"。

通过科学的方法构建起来的能力模型，还要追溯到 IBM 郭士纳任 CEO 的时代。1992 年 IBM 遇到了严重危机，亏损严重，处于崩溃的边缘，当时各大媒体对于 IBM 遇到的情况进行了报道，其中包括以严肃著称的《经济学家》杂志：在一个以迅疾的科技变革为推动力的并不断涌起小型和微型公司的行业中，一家拥有像 IBM 这样规模的公司——尽管它组织完善——能够迅速应变竞争环境吗？还有，IBM 能从急剧下滑的电脑主机市场转向从诸如电脑服务和软件等这些扩张中的市场份额中赚取利润吗？这两个问题的答案或许是不。郭士纳上任前，IBM 亏损达 50 亿美元；1993 年，郭士纳接掌公司时，IBM 这个计算机制造业的龙头企业已经开始走下坡路，正面临着被"肢解"的危险。

与当时的情况相对应，IBM 的管理层也是官僚主义严重且缺乏客户意识的，而且各自为政。郭士纳在《谁说大象不能跳舞》一书中总结他当时看到的情况。

- 组织性的麻痹 / 官僚。
- 令人厌恶的内部竞争。
- 缺乏客户意识。
- 没有结果。
- 对 IBM 的事业没有激情（对未来没有信心）。
- 没有绩效目标考核或坦率的绩效面谈。

郭士纳认为，计算机行业正处于一次根本变革的火山口，在未来的 10 年中，顾客将逐渐看重那些能够提供整体解决方案的公司，信息技术产业也将变成以服务为主导的产业，而不是以技术为主导的产业。与此同时，郭士纳也制定了公司的关键战略决策：一切以客户为导向，把 IBM 转变为一家以市场为驱动力的公司，而不是一家关注内部的、以流程为驱动力的公司。

郭士纳接手正在挣扎中的 IBM，并确定了业务整合的战略。

- 整合市场、客户和产品线。
- IT 技术（尤其是网络）对市场变革的影响逐步增强。
- 从跨国企业到真正的国际化。

• 从销售产品到销售解决方案。

为了落实以上战略，郭士纳邀请合益集团进行文化变革和领导者变革。合益集团的顾问采用了战略解读、行为事件访谈技术，以及结合领导力的测评，构建了 IBM 历史上第一个领导力模型。

第一，通过高层访谈，解读公司的业务发展战略，以及如何重塑公司的文化价值观。提取了三个未来制胜的核心因素：客户、竞争、速度。制定了三个核心领导者角色：取得市场成功（Focus to Win）、激发团队（Mobilize to Execute）、塑造组织能力（Sustain Momentum）。

第二，围绕这三个领导者角色，从全球挑选绩效优异的 17 名管理者进行行为事件访谈，并对这 17 名管理者进行领导动机、价值观、领导风格、组织氛围的测评，研究他们不同于一般管理者的领导行为。

第三，参照素质词典，对行为事件访谈资料进行解码，找出每个领导者角色下的关键能力。图 3-1 为 1994 年 IBM 构建的领导力模型。

图 3-1　1994 年 IBM 构建的领导力模型

在郭士纳任期内，IBM 的营业额持续增长，从 1993 年郭士纳上任第一年的 627 亿美元，增长到 2000 年的 884 亿美元。股票从 1993 年每股 50 美元，增长到 2000 年每股 450 美元。到了 2002 年，世界进入随需而变的时代，电子商务兴起，IBM 迎来了新的 CEO 彭明盛，时任 IBM 组织与人才管理的 VP 唐娜·莱利说道："我们面对的世界变了，我们的业务模式已经发生了相应的改变，但是我们的领导力还停留在过去。"

因此，IBM 又邀请合益集团的顾问重新定义领导力模型。首先通过访谈 SVP 级人员，对公司的战略进行解读，确定新时期领导者的角色：致力于客户成功者（Dedication to every Client's Success）、创新引领者（Innovation that Matters）、信任和勇于担当者（Trust and Personal Responsibility）。然后，选取 20 多位高绩效的领导者进行深入的行为事件访谈和领导力测评，提取每个角色的能力项。图 3-2 为 IBM 新时期的领导力模型。

图 3-2   IBM 新时期的领导力模型

2000 年以后，中国很多企业开始建立自己的领导力模型，干部管理转向了组织与人才管理。有典型借鉴意义的案例主要有 2005 年华为学习 IBM 构建了自己的领导力模型，2008 年华润集团构建了多元化企业的领导力模型。

2005 年华为正在实施全球化，跨国业务在战略和执行两个方面很难协同，存在对市场环境的变化反应慢、较难执行对客户端到端的交付等问题。华为学习 IBM，邀请了合益集团同一个咨询团队（给 IBM 构建领导力模型的咨询团队），构建华为的领导力模型。首先合益集团对高管团队进行访谈，深入理解华为当时的业务战略：客户导向的创新、低成本运营，以及与所选择的供应商友好相处。然后对领导干部的角色进行定位：客户服务能力打造者、组织能力建设者、个人能力精进者，并在此基础上构建了领导力模型。图 3-3 为 2006 年华为领导力模型。

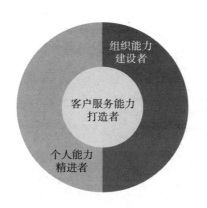

客户服务能力打造者
·为客户创造价值
·与客户成为伙伴

组织能力建设者
·愿景型领导
·建设组织能力
·协作影响力

个人能力精进者
·结果导向
·组织承诺
·战略思维
·人际敏锐

图 3-3 2006 年华为领导力模型

2008 年，华润集团下属很多成员企业正面临转型：从做生意到做企业的转型；从做企业到做行业的转型；从追逐短期盈利到追逐长远企业价值的转型；从传统的做生意模式到全价值链增值的创新模式转型。华润集团的战略目标是在主营行业里成为行业的领先者。成为行业领先者与成功经营一个企业有着本质的不同，它需要构建培养领军人才的平台。华润集团跟咨询公司合作构建了面向未来市场竞争的领导力模型。通过高层访谈和战略解读，确定了未来领导者的画像：第一，赢得市场领先，对已经进入的行业，实现持续性的健康成长，盈利增长伴随着营业额的增长而增长。第二，引领价值导向，在组织内创造优秀的企业文化，传承和推广华润的企业文化。第三，创造组织优势，培养人才，凝聚团队。根据这三个角色定位，采用目标行为事件访谈技术，对来自各个成员企业的绩优领导者 30 人进行访谈，构建了华润集团的领导力模型（见图 3-4）。

综上所述，构建能力模型的基本原理为：解读公司战略和文化价值观，确定目标岗位任职者的角色定位；然后，依据此角色要求，选取绩优管理者 10 ～ 15 名，进行行为事件访谈。

IBM 和华为在构建关键岗位角色模型的实践中，摸索出了 STROBE 角色模型，管理岗位任职者需要具备以下五个方面的角色。

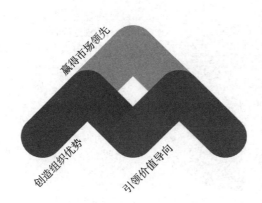

赢得市场领先
·为客户创造价值
·战略性思维
·主动应变
创造组织优势
·塑造组织能力
·领导团队
·跨团队合作
引领价值导向
·正直坦诚
·追求卓越

图 3-4　2008 年华润集团领导力模型

- 战略规划者（Strategy）：理解公司战略，对市场机会敏锐，制定所负责单元的战略，然后沟通与达成共识。
- 团队领导者（Team）：识人、用人和培养人，凝聚团队和建设高绩效团队。
- 资源整合者（Resources）：规划资源，制定获取资源的策略，并主动培育和拓展资源，采取策略整合资源。
- 目标执行者（Operation）：主动承担指标责任，协调、监控各个运营活动，强势推动经营目标的达成。
- 商业环境营造者（Business Environment）：以战略性客户关系为核心，全面关注商业环境的各利益相关方，打造良好营商环境。

综合能力模型构建的经验，常用的还有两个角色。

- 文化传承者：以身作则，担当公司文化价值观方面的楷模。
- 个人精进者：持续自我学习成长，追求个人理想和抱负。

每一个角色都应该对应一定的能力项，以便进行评估测量与提升。参照禾思咨询的素质词典，结合笔者多年的咨询经验，禾思咨询制定了每个角色的能力标准，如表 3-8 所示。

表 3-8　支撑角色的能力标准

角色	核心能力
战略规划者	战略思维、商业洞察、应对复杂多变、决策力
团队领导者	激发团队、发展他人、人际敏锐
资源整合者	人际网络、协调资源
目标执行者	勇于担当、计划与组织、拥抱挑战
商业环境营造者	团队合作、服务客户
文化传承者	诚信正直、关怀包容
个人精进者	追求卓越、学习敏锐、开放创新

组织盘点

> 方向可以大致正确，组织必须充满
> 活力。
>
> ——任正非

W公司深耕房地产行业21年，在全国26个重点城市布局了房地产开发项目。随着行业日益成熟，行业整体增速放缓，甚至在有些城市出现了下滑的趋势，W公司明确了战略方向从"高周转"向"提质增效"转型。然而，这项转型困难重重，因为缺少战略执行能力，业务进展不顺，半年后迟迟没有大的起色。因此，W公司对组织和人才进行了深度盘点，力求找出问题所在，在组织能力和人才队伍方面实现双重突破。

通过组织盘点，发现问题如下：

W公司的年度目标非常清晰，每位高管班子成员都对该年度的业绩目标了然于胸，但普遍觉得该目标过于具有挑战性，尚未找到破局路线，甚至对战略转型产生了抵触情绪。此外，组织对战略目标的分解与执行不一致，未把战略目标分解至部门级管理者，各部门都依据自己的理解进行"布朗运动"，从而制约了战略执行的时效性。

经过多年发展，公司的组织架构健全，但几个关键部门（成本招采部、营销部）的定位跟战略转型的方向却并不一致。例如，成本招采部作为本次转型的关键，承担着理顺整个集团成本管理体系，加强战略供应商管理，通过对成本结构进行优化来实现提质增效的责任。但该部门过往对各区域高度授权而管控不足，采购量小且频发。集团在对一线采购需求和供应商缺乏了解的情况下，强制采取了"一刀切"的降本目标却没有指导路径，一线公司怨声载道，觉得是形式主义，仅为降本而降本。

为了加快对市场的响应速度，集团大力推行"项目总"模式，以期每个房地产开发项目的负责人能成为真正的经营者，对项目的进度、质量、成本、销量等进行全面的管理。然而项目总经理普遍反映责权不对等，且未与激励机制挂钩，考核机制不明。

此外，团队变动频繁，成员来自不同的业界标杆企业，还带有过去的印记，目前是一个"利益共同体"，团队文化尚未形成。虽然已有"战斗文化"的倡导，但没有落实到具体制度和行为上，停留在口号阶段。

通过人才盘点，发现问题如下：

高管班子方面：高管班子人数太多，副总经理岗位设置太多；班子一把手缺乏魄力，导致班子比较涣散，没有整合在一起；而且经过盘点发现，1/3 的班子成员人岗严重不匹配。

关键人才层面：部门负责人缺岗和人岗不匹配的情况比较严重。营销部门负责人暂缺，由公司副总兼任；领军型人才缺乏，成本招采部的负责人不能满足岗位要求，缺乏能操大盘的项目总。

随着公司的战略转型，现有的人才标准与业务要求不匹配，部分模块在人才模型方面尚未达成一致。

经过激烈讨论，W 公司制订的组织与人才能力提升计划如下。

（1）调整班子成员的配置，补充领军型的一把手。

（2）调整组织结构：对两个核心业务部门进行重新定位（营销部、成本招采部）。

（3）由运营管理部牵头负责明确项目总的定位、权责及考核激励机制。

（4）优化目标–考核–激励机制：召开战略解码会议，优化目标–考核–激励机制，签订个人绩效承诺（PBC）。

（5）抓组织与人才盘点结果的落实，一把手协同 HR 负责人监督行动计划的落实。

以上案例还原了一个完整的组织与人才盘点过程，整个盘点遵循从"战略"到"组织"再到"人才"的过程，自上而下层层分解。

组织盘点上承战略，下接人才，需要兼顾未来发展和当前现状的平衡。

同时，组织内部各因素交互影响，呈现出组织管理的复杂性。

盘组织

著名科幻作家刘慈欣有一本小说叫作《流浪地球》，末日将至，人类为什么选择带着地球流浪，而不是构建一个全新的地球生态系统？20 世纪，科学家们曾经在美国亚利桑那州图森市做过类似尝试，人造了一个封闭生态系统及生态箱，占地 1.3 万平方米，命名为"生物圈 2 号"。该系统模拟了地球生态系统中具有代表性的区域，包括沙漠、沼泽、荆棘丛、雨林、热带草原，甚至是海洋。同时为了模拟地球的生态环境，圈内共引入了约 4 000 个物种，包括软体、节肢、鱼类、两栖、爬行、鸟类、哺乳等动物，藻类、苔藓、蕨类、裸子和被子等植物，细菌、病毒、真菌、放线菌等微生物。为了保证多样性，这些物种分别来自大洋洲、非洲、南美洲、北美洲等。

但随着时间的推移，事情并没有大家想象的那样顺利。"生物圈 2 号"首先面临的是食物问题，农业系统生产了全数组员近 83% 的食物，包括不同种类的谷物与水果。但因第一年实验期间缺乏经验，8 名组员均处于长期饥饿的状态，体重显著下降，直到第二年食物产量增加，8 名组员的体重才逐渐恢复。其次就是氧气浓度问题，在实验期间，生物圈内的氧气浓度以每月 0.5% 的速率不断下降，直到内部大气成分与海拔超过 1 200 米的地区相似，最终氧气浓度降至危险水平，部分实验员出现生理不良反应，因此管理团队不得不于 1993 年 1 月从外界泵入纯氧。与此同时，"生物圈 2 号"的内部生态环境发生了许多改变，大量的授粉昆虫灭绝，一种热带蚂蚁与蟑螂大量繁殖，成为优势物种，并担负部分授粉的责任；又因二氧化碳浓度升高，部分热带雨林区的先驱物种快速成长，导致其枝干支撑力薄弱，变得容易坍塌。

"生物圈 2 号"的失败，就在于低估了系统的复杂性。人类不是造物主，很难凭借人力构造出一个全新的生态系统。无论是自然界的生态系统还是企业等人类社会组织，组织设计都是一项复杂的系统工程，难点不仅在于影响组织的变量多，存在很大的不确定性，更在于各变量之间相互发生联系，继而衍生出更多的变化。组织是如此复杂，对组织的盘点从何入手？

找问题：三个视角

可以把组织盘点类比成人的体检，回顾去医院检查的过程，首先去做一些常规检查，比如身高、体重、血压、血常规、心电图等，看看各项指标是否有异常。如有异常，就针对异常指标进行更深入的理化检查、PET-CT、核磁共振（MRI）等。这就意味着一次体检要分成两个阶段：通过常规性指标聚焦组织的核心症结，再通过更精密的技术手段对核心问题进行深入探查。这样做既节约诊断资源，又聚焦关键问题。禾思咨询的组织盘点工具箱也是同理，分为找问题与探根因两个阶段。在找问题阶段，视角要尽量开阔，避免遗漏，可以从三个视角来找问题：看未来、看外部和看内部（见图 4-1）。

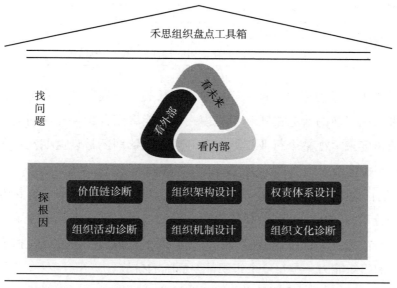

图 4-1　禾思咨询组织盘点工具箱

第一，看未来：看的是对客户需求和行业趋势的洞察，基于此洞察构建的战略是否形成闭环，业务模式能否实现盈利，能否形成差异化的核心竞争力。

如表4-1所示，在经济上行时，对业务模式和组织模式都没有过多的要求，企业只需要在风口上采取反应型战略，根据现实的变化快速调整业务方向和组织即可。而在经济下行时，才知道哪些人在"裸泳"，没有盈利性的业务模式都是泡沫，浮华散尽，就如同"郁金香效应"，这时企业就要采取防御型战略或探索型战略，或是在既有的产业领域内提升效率，或是提升组织的学习能力和研发能力，抢占有前景的新赛道。

表 4-1　战略分类与组织能力要求（迈尔斯和斯诺）

战略	组织能力要求
探索型战略	● 学习导向；灵活、机动、分权的结构 ● 强大的研究开发能力
防御型战略	● 效率导向；集权和严格的成本控制 ● 强调生产效率和降低管理费用 ● 严格的监督；很少向员工授权
分析型战略	● 效率和学习相平衡，在进行严格的成本控制的同时保持灵活性和适应性
反应型战略	● 没有明确的组织形式 ● 根据现实的变化，组织特征可能会急剧改变

看未来就像使用望远镜一样，要从更长的经济周期视角看组织，只有从未来回视当前的业务模式和组织模式，才能看到自身存在的问题。要从行业的角度来审视整个行业是处于上升期、成熟期还是衰退期？行业内是否存在颠覆性变量？

当前，我们正处于工业4.0时代，智慧工厂、智慧矿山、智慧电厂都对传统劳动力产生了强烈的替代作用，因此，组织管理模式也需要随之改变。能否前置性地识别出这些趋势，积极调整组织模式，构建支撑未来业务发展的组织能力，是每一个组织都要面临的挑战。

第二，看外部：看的是竞争对手，从企业层面进行对标学习，规避组织认知的盲区。

从这个视角找问题，企业首先要回答的问题是"跟谁对标"。盲目地照搬照抄是危险的。例如，一家有历史包袱的国有物业资产管理公司和一家新成立的物业资产管理公司之间存在很大差异，国有企业既要解决历史问题，又要参与市场化竞争，这样选择对标对象显然不太合适。企业只有选择在业务类型、体量规模、发展阶段、管理模式等方面相似度高的企业作为标杆，筛选同源数据，才能做到口径统一，保障真实性。即便在同一个行业中，不同企业自身的核心能力也有差异性，实际进行对标时，可针对拟提升的能力，选择不同企业内部具有代表性的部门进行对标。例如，在物业资产管理行业，如果想加强资产运营能力建设，就可以选择万达商管、华润置地的招商中心和运营中心进行重点对标；如果想加强前端资产盘活能力建设，就可以选择有代表性的产业园公司的投资中心进行重点对标。

对标的时候到底在对什么？对标的一个关键点是组织效能。在降本增效的当前，如果你去跟公司的股东、董事长、CEO 谈组织效能，谈总人工成本，他一定是有兴趣的。有代表性的组织效能指标，如人均收入、人均利润、人均费率、人力投入产出率、技术人均效能等，这些都是公司股东最为关注的。对标的另一个关键点是竞争对手在组织提质增效方面采取的新举措。这些举措更多地反映在软性的内部管理过程中，比如阿米巴制、精简总部机构、加大区域授权等，同时也反映在内部管理指标上，如年龄结构、专业结构、经验复合度、人才厚度、关键岗位离职率、敬业度、关键人才培训覆盖率、管理幅度等。在人才梯队建设上，需要重点关注竞争对手采取的一系列外引内培策略，如果你的竞争对手在面向 985、211 等高校大量招聘研发、技术、销售、管理等方面的人员，通过内部培养项目，实现团队年龄结构逐步年轻化、专业结构逐步高端化，就需要引起你的注意了，考虑是否应该采取应对策略，以确保在人才争夺战中不落后。

第三，看内部：看企业的发展沿革，可以深入理解组织的基因，这些基因解释了当前组织从何而来，也在一定程度上预测了组织将去向何处。

　　对一家企业而言，一旦摒弃了自身基因来讨论问题是很可怕的事情。要深入了解企业的发展沿革需要开展几项工作。首先，分析相关文件资料，了解企业管理的客观情况及运营状况（即"官方"要求如何做）；其次，通过对关键人员的访谈，了解当前真实的现状（即"民间"实际如何做）；最后，结合组织能力在线调研数据，综合分析组织在各组织能力中的实际表现。有关组织能力的访谈、调研结果与现有的管理制度交叉验证，既可以检查企业管理制度的落实情况，也可以看出企业在哪些方面存在缺失。

　　组织能力调研对组织盘点的开展起着关键支撑作用，因为组织管理不同于财务管理，常常缺少有效的数据来判断当前的真实情况。组织能力调研可以将组织能力进行详细拆分，通过定量结果分析反映组织当前的真实情况，常见的组织能力调研维度如下：

- 战略：战略清晰、战略执行。
- 使命愿景：使命愿景。
- 文化：价值驱动、创新、外部导向。
- 组织：角色清晰、权责清晰、目标明确、任职标准。
- 机制：协作机制、激励机制、效率机制、发展机制。
- 人才：人才管理、人才数量、人才质量、人才结构、领导力。

组织能力调研题目如下（部分）：

- 我所在单位制定了详细、明确的中长期战略规划与目标。
- 我所在单位的战略清晰明确地定义了"在哪里赢"和"具体打法"。
- 我所在单位将中长期战略规划转化为年度运营目标和计划。
- 管理层使员工个人目标与中长期战略规划保持一致。
- 我所在单位的组织架构和岗位设置科学合理。
- 我所在单位的组织架构分工明确、职责清晰。
- 我所在单位根据运营计划或指标严格评审各部门的业务绩效。

- 我所在单位为员工个人设定了具有挑战性但通过努力可以实现的目标。
- 我所在单位的各项工作都有明确的目标和对结果的定义。

另外，看内部可以让企业在制订解决方案的时候，把内部现状作为基线，帮助确立组织建设的优先级，避免"眉毛胡子一把抓"。

看未来和看外部会给组织带来非常理想化的目标和方向，而组织管理的现状决定了达到该目标的速度。组织建设是一项长期工作，为了阶段性庆祝成功以提振信心，通常会基于组织建设速度设置 1.0 模式和 2.0 模式。例如，一家国有物业资产管理公司，受历史条件的影响，承接的物业都是"老破小散"，资产的历史问题多，在组织建设时对问题资产不能采取一刀切的方式，只能在发展中逐步解决问题。在物业管理的初创期，采取 1.0 模式，实现对现有资产的盘清及运营，加强招商中心和运营中心建设。在物业管理的成熟期，则可以采取 2.0 模式，形成规模化和商业化的运营管理，加强投资中心和品牌中心建设。

探根因：六种诊断工具

组织问题的解决手段多种多样，有的通过架构调整，有的通过制度调整，有的通过文化建设，有的通过关键管理层汰换，不一而足。

在解决组织问题之前，我们先来了解一下可以从哪些角度分析一个组织。为了便于更深入地研究组织，基于开放系统理论，学者们研发出了不同的组织模型（见表 4-2），例如，我们熟知的麦肯锡 7S 模型、加尔布雷斯星型模型、韦斯伯德六盒模型、伯克 - 利特温模型等。每个模型都将组织拆分为不同的维度，尝试从不同的角度去看组织，所有的组织模型都是不完整的，难免有盲人摸象之嫌，但还是有一定参考作用的。这些模型在战略（目的）、组织架构（结构）、文化（共同价值观）、机制 4 个维度上高度相似，意味着无论从何种视角来看组织，这 4 个维度都不可或缺。

表 4-2 常见组织模型及维度

模型	维度
麦肯锡 7S 模型	战略、系统、结构、风格、共同价值观、人员、技术
加尔布雷斯星型模型	战略、结构、人员、奖励、流程
韦斯伯德六盒模型	目的、结构、奖励、有益的机制、关系、领导力
伯克 - 利特温模型	外部环境、战略和使命、领导力、组织文化、结构、任务要求、管理实践、工作单位气氛、个人需求和价值观、动力、个人和组织绩效（附加反馈循环）

　　在实战中，我们使用这些维度进行组织盘点的时候，尚存在不清晰的地方：如何从战略到组织架构，有了组织架构就是组织的全部吗？我们认为，在不同业务类型的企业进行组织盘点时，需要考虑到业务因素，因此，我们建议增加**价值链诊断**、**权责体系设计**和**组织活动诊断**。

　　战略（目的）维度在"找问题：三个视角"中已经论述，下面我们就从价值链诊断、组织架构设计、权责体系设计、组织活动诊断、组织机制设计和组织文化诊断六个维度，看一下如何对组织进行诊断。

　　· 价值链诊断

　　很多组织诊断都会发现如下问题：为什么业务出现重大战略变化时，组织不能快速适配调整？随着企业越来越大，为什么突发问题越来越多，跨部门协作效率越来越低，大家互相扯皮，谁都不愿意去干？

　　要回答这些问题，需要基于企业的业务模式，对价值链进行梳理。

　　价值链分析的概念是由迈克尔·波特提出的，价值链分析方法通过对输入、转换与输出一系列活动序列的集合，反映业务和价值创造的过程。直观上看，价值链和组织架构存在着对应关系，可以推导出部门设置和主要职能；价值链再往下分解，可以进一步推导出二级部门设置和相关职能。

　　价值链是组织盘点与设计的发动机，在梳理和重塑价值链的过程中，或是涉及组织架构的调整，或是涉及部门定位的升级，继而传动到对内部权责的划分，对激励考核和企业文化建设提出更高的要求。

例如，对于汽车行业，在燃油机时代，业务趋于稳定，一家汽车主机厂的核心价值链通常如下（见图 4-2）。2000 ～ 2010 年，中国汽车市场处于快速成长期，汽车处于供小于求的状况，当时价值链的核心是生产制造环节。

图 4-2　燃油机时代的主机厂核心价值链

新能源汽车的逐步兴起，改变了延续百年的传统汽车价值链，其中有两个环节受冲击最大：一个是研发设计环节，汽车的动力系统发生了本质性的颠覆，动力电池成为产业链中极为重要的零部件。在新能源汽车行业的产业链上，数以万计的零部件亟待被重新定义并开发，迫使主机厂的内部研发部门不得不改变研发领域，从传统的燃油动力系统向新能源动力系统转型，然而这样还不够快，只有通过生态合作的方式，邀请更多生态伙伴共建产业链，才能缩短研发的成本和周期。

另一个是分销售后环节，大量造车新势力涌入行业，它们没有投入巨额资金在各地建设 4S 店，而是采取了更敏捷、更具客户导向的方式，建设自有的用户中心，关注用户体验，对客户的需求快速响应，甚至直接上门为客户补胎、更换电池。这种体贴入微的客户运营模式，促使使用传统销售模式的企业不得不转型，以直达用户，提升服务品质。

新能源时代的主机厂核心价值链如图 4-3 所示。

图 4-3　新能源时代的主机厂核心价值链

价值链的改变也促使组织升级，比较燃油机时代和新能源时代的组织架构（见图 4-4 和图 4-5），就会发现两者存在着巨大的差异。

燃油机时代的组织架构，在研发端，专业部门各自独立，以接力式的方式完成研发。而新能源时代的组织架构，则强调围绕单一产品组建的矩阵式架构，以用户为中心，同时大幅缩短了开发时间，将产品策划、采购、研发和品牌推广职能有效整合。新能源时代的组织架构，在客户端，设立了更多的部门，例如，用户发展部、用户运营部、服务基础设施建设部，这意味着投入了更多的人力、物力资源在用户运营、服务质量以及服务的硬件建设上。

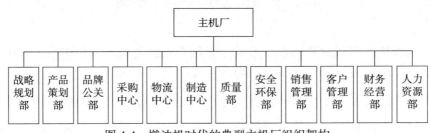

图 4-4　燃油机时代的典型主机厂组织架构

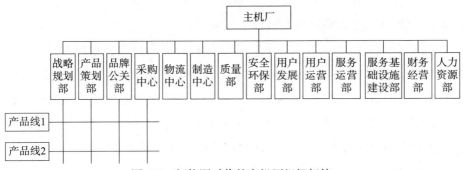

图 4-5　新能源时代的主机厂组织架构

在传统领域，也可以进行价值链重构和组织升级。越秀集团是广州市的一家国有企业，为了改变对传统农贸市场"脏乱差"的固有印象，满足人民对美好生活的向往，该集团重新塑造了农贸市场价值链，从传统的"招租—收租"模式升级到"品牌定位—项目拓展—项目建设—招商—运营"模式。升级后的农贸市场，不仅有生鲜购物，还有亲子社交、瑜伽馆、咖啡馆、绿色公益等多元化场景，让更多人回归线下，重拾城市烟火气。

相应地,该集团的组织架构也发生了调整,重新组建了投拓中心、工程部和市场运营中心。投拓中心作为公司的大脑部门,负责进行市场调查,在深入实地考察了大量标杆的农贸市场项目后,结合自身特点,形成了有浓厚老广特色的"东川新街市"产品线。为了不断提升市场的管理水平,工程部和市场运营中心输出了标准化工程设计手册和解释运营管理手册,并严格监督管理,让客户从基础设施和服务上都有良好的体验。

·. 组织架构设计

组织架构是组织建设必不可缺的组成部分,起到类似人体骨骼的作用。组织架构设计本质上是对业务流程的分解与组合:先把需要组织完成的复杂工作按照业务流程尽可能分解成最小单元,再考虑通过何种方式将这些最小单元组合起来。不同的分解与组合方式,就是不同的组织架构。表 4-3 为不同类型组织架构的特点。

表 4-3 不同类型组织架构的特点

分析维度	职能型架构	矩阵型架构	网络型架构
分工方式	通过投入分工	通过投入和产出分工	通过知识分工
决策权	高度集中	共享	高度分散
协调机制	层级制的监管、计划和实施	双重汇报关系	跨职能团队的非权力影响力
资源利用率	极高	中等	高
时间利用率	低	中等	极高
反应能力	弱	强	极强
适合的环境	稳定的环境	具有不同需求的复杂环境	变化频繁的环境

组织架构始于泰勒的科学管理理论。在传统工业化时代,组织注重股东价值、精英领导力,多为职能型架构。因为具有较强的稳定性,很多肩负民生工程的企业采取职能型组织架构。这种类型组织架构的特点是:

- 组织层级多。
- 高度专业化分工(部门、岗位清晰明确界定)。

- 决策权集中在中高层。
- 标准化的作业流程、规定及审批。
- 中层贯彻公司决策，监督执行，传达信息。

职能型组织架构的不足在于：

- 公司决策不够敏捷，反应速度慢。
- 权力集中于高层，员工需要逐层汇报。
- 遇到危机时，需要跨部门协作，导致进展缓慢。
- 公司内部不鼓励创新，鼓励安分守己。

在全球化时代和工业 3.0 时代，组织注重客户价值和团队创新力打造，多采用矩阵型架构。这种类型组织架构的特点是：

- 具有灵活性，针对不同任务可自由组建团队。
- 在专家资源稀缺的情况下，专家的技能被统筹用在需要的地方。
- 注重产品或地区差异。

矩阵型组织架构的不足在于：

- 实施困难，组织设计的难度高。
- 监督困难 / 责任重复，考核机制设计的难度高。
- 协调的工作量大。
- 增加组织内部互动成本。

市场竞争激烈或在多区域、多产品线经营的企业常采取矩阵型组织架构。相比职能型组织，矩阵型组织的设计更为复杂，如上文提到的燃油机主机厂向新能源的转型，除了组织架构，还需要兼顾背后的协作模式和考核机制，才能更好地调动资源。

禾思咨询合作的一家信息科技公司，在全国化的过程中也遇到过类似挑战。该公司主营业务是为发电企业提供一体化的信息化解决方案，在成立初期，区域和产品线各自探索。初具规模后，在全国化的过程中，需要调整组织架构,从职能型组织向矩阵型组织转型,强化系统作战能力,以应对行业的激烈竞争。公司主要强化两项能力:第一项是以客户为导向的能力,加强区域自主经营管理能力,提升经营效率与效益;第二项是产品竞争力,提升产品标准化和复合型解决方案设计的能力,加强交付项目的过程和质量管理。

该公司对组织架构进行了如下调整。

第一,做"实"区域,根据业务所在区域及管理半径,暂设 8 个区域业务中心,完善售前、销售、交付的全业务链,将相关岗位人员全部落位到区域,实现业务闭环管理。

第二,做"强"产品线,为了解决产品开发"各自为政"的问题,聚焦 3 个关键行业成立产品一部、产品二部和产品三部,各自负责该行业内产品的技术开发、产品标准化制定、解决方案设计,与区域业务中心共担业绩指标。同时为了发挥专业合力作用,成立产品与科技管理部、解决方案部、资源共享部。产品与科技管理部负责搭建产品管理体系,规划产品及相关知识产权的申请、管理和维护。解决方案部负责统筹跨产品线解决方案的设计,协调平台其他产品及相关资源。资源共享部负责专业能力培训,资质认定与能力评审,职级晋升考核,专家资源建设及配置,实现资源共享最大化。

第三,提升后台运营支持能力,调整区域和产品线,重构之前的汇报关系。每一位员工身处区域,同时接受区域和产品线的考核。这种双线管理的模式,如果情况好,就能互相协作;如果情况不好,就会出现相互推诿的问题。为了避免小团队间的"谷仓效应",成立了两个协调部门——市场计划部和项目管理部。市场计划部负责搭建销售管理体系,考核区域业绩完成情况,既考核区域总业绩目标达成率,也考核区域内不同产品的销售达成率,兼顾产品线的发展。为了将产品线指标以最低争议的方式拆分至各区域,市场计划部需要具备很强的市场分析能力,积极探索市场机会,分析竞争对手,规划市场布局,制定的指标才能得到各区域的认可。项目管理部负责搭建项目管理体系,落实和考核项目管理、实施交付标准化,同时为了实现交付标准化的目标,也要协调专业资源,为区域提供相应的支持。这两个部门起到"拧麻花"一样的作用，把区域和产品线牢牢绑定在一起，使其共担业绩和风险，成为一个战壕里亲密无间的战友。

工业 4.0 时代即将到来，这个时代充满了模糊不确定性，其中个性化制造将成为主要特点，组织架构也多为网络型架构。例如，基于平台化的特种作战部队，在组织架构方面表现出以下特点。

- 清晰的使命和任务。
- 对环境能够敏捷反应（高度授权）。
- 不同种类的精英 / 人才 + 后台。
- 团队内部紧密合作和高度默契。
- 团队内松散耦合（信息共享）。

市场化网络型组织主要聚焦于充分发挥人的作用和主动性，主要特征是形成强有力的平台。平台的类型如下。

- 业务平台：研发、供应链、采购、物流、售后服务。
- 技术平台：电脑、服务器、数据、安全、带宽、用户画像。
- 职能平台：人力资源、财务、战略与运营、公关、政府关系。
- 平台外围：生态伙伴和盟友 。

网络型组织架构的不足：缺乏深层次的专业职能分工，各群体间协调相对困难，尤其在责任分配方面须谨慎并清晰明确。如果采取网络型组织架构，能否取得成功，主要看领军人物（至关重要），清楚的内部核算机制，共同的使命、愿景和价值观这三个关键因素。

· 权责体系设计

如果说组织架构是组织的"骨骼"，权责体系就更像是组织的"肌肉"。中国企业处于从职能型组织向矩阵型、网络型组织过渡的过程中，决策权从集中到分散，经常暴露出很多共性问题。我们常常看到，在一家千人以上规模的公司里，一件简单的事情要十几个人审批，哪怕是区域公司买办公用品、外出出差都需要集团审批，导致越高层的管理者审批事项越多，有的领导者一年要审批上万条流程。如何提高决策效率？我们认为企业的权责体系设计要遵守以下 3 项原则。

第一，权责对等原则：每一个管理层级、部门、岗位的责任、权力和激励都要对应。如果权力小于责任，员工就会缺乏动力，组织活力也没有完全被激发。

本章伊始的案例中，项目总的权责不对等是普遍存在的管理痛点。为了提升市场敏捷度，很多公司以项目组为最小单元推行阿米巴经营模式。实际工作中，项目总的角色定位常常是模糊的，公司给了要求和期许，但是没给"名分"，项目总做的还是工程经理的工作，没有承担起项目经营统筹的角色。另外，决策权受限制，例如，采购权、用人权、考核权等，项目组作为临时组织，员工的编制落在专业职能部门，一旦有其他工作就返回原部门。如果没有双线考核权，员工的归属感和项目的稳定性都得不到保障。在项目重大事件的决策上，项目总话语权不足，各个专业部门仅提出一堆问题却不给出解决方案，导致项目进度无限拖延。

项目总经营模式落地是一项系统工程，需根据组织实际情况（如项目总储备度、专业后台支撑力）逐步落实。在项目总能力支撑不足的情况下，建议分两个阶段落实：运营型项目总、经营型项目总。在推行项目总模式的初期，分管领导需要主动担当，以老带新，逐步培养内部项目总，同步建立项目总模式的制度支撑体系，如对项目直管人员的岗位调整权和人才评价权，对矩阵式管理人员的人才盘点的建议权等。

正如硬币的两面，不可否认的是，不受约束的权力对组织是一场灾难，像安然和世通这些企业的破产表明，如果高管人员不受约束地追求个人利益，就会导致巨型企业的"崩溃"。人性如此，相同诉求的人聚在一起，基于自身的诉求很容易形成内部非正式组织。如果权力大于责任，就存在寻租空间。

第二，管办分离原则：不能既当运动员，又当裁判员。执行和监督分离，保证监督机构起到应有的作用。

尤其是集团公司与分公司、子公司之间，应该如何做好定位？集团公司做什么？分公司、子公司做什么？经常有分公司、子公司反馈：业务体量快速增长，但是集团公司的管控却层层加码，分公司、子公司被缚住了手脚，既施展不开，又疲于应对。因此，组织需要明确集团公司的定位，说清楚究竟是支持为主，还是管控为主；减少集团公司的本位主义，在不用权势压制的情况下多听听真实的声音，避免"只出制度、只讲要求、只要表格"，发挥区域或分公司、子公司的主观能动性；加强沟通，集团公司要从管控思维向支持思维转型，以赋能姿态指导区域或分公司、子公司的工作，进一步支持帮助分公司、子公司发展起来。

在权力下放的过程中，既要授权，又不能撒手不管，还要给予必要的资源支持。授权和支持力度常常受到业务多元化程度、跨区域经营程度、管理标准化程度以及信息化程度等因素的影响。以常见的信息化领域中集团公司和分公司、子公司的权责划分为例，信息化系统建设是一项基础性工作，投入大见效慢，系统选型相对复杂且需要仔细论证，否则很容易出现信息孤岛，因此需要以集团集中管理为主。在信息化系统建设的过程中，集团公司统筹底层设施和数据库建设，负责规划集团整体的信息化建设，制定统一的 IT 管理制度、投资计划与预算标准，统筹协调分公司、子公司 IT 建设需求。但这并不意味着分公司、子公司只能被动接受集团公司开发的系统，分公司、子公司作为系统的实际使用者，为了保证系统的有效性，需要积极提出各自的信息化建设需求，参与和支持集团信息化规划。同时，分公司、子公司也拥有制定本公司 IT 系统建设计划与预算、管理个性化应用系统建设项目、负责各自的 IT 资产采购管理的权限。

第三，事前决策大于事后决策原则：把过去的管理经验沉淀成决策模型，决策前经过充分调研分析，面对不同的场景快速响应决策。

传统的决策往往是事后决策，需要层层向上传递信息，由上面的人做决策，如果被否定了还要重新上报方案再走一遍审批流程，极度浪费时间。如果把过去的管理经验沉淀成决策模型，大家知道要做出一个妥善的决策需要收集哪些数据和信息，从哪些角度分析问题，在正式决策会议前要做哪些前期工作，无形中也优化了工作方法，沉淀了组织智慧，提升了业务的专业性。

另外，利用好经营分析会，也是实现事前决策的重要一环。找差距、找问题、打胜仗是经营分析会永远不变的目的。好的经营分析会不是说会议组织得多么完备，而是要有数据化的目标与扎实的分析过程，最终在行动计划上达成共识并跟进。好的经营分析会要根据远景战略目标、当年经营计划，结合公司的经营实际，制定组织的业绩目标和预算目标。各部门负责人在参加经营分析会前，需要做大量的分析工作，对比历史、对比预算、对比行业进行分析，构建出各部门的业务预测模型。在会上，经过深入的分析和讨论，明确出经营计划的重点以及阶段性的重点工作。这些决策与重点工作，就是进行事前决策的重要依据。

实际工作中，经营分析会要牢牢围绕三大核心主题：上一仗是否打胜了，如果打胜了，关键动作是否可以提炼出来，变成组织能力？上一仗如果打败了，原因是什么，如果再打一次，该如何打胜？下一仗的目标、行动是什么？在开下一次会议时，要分析目标是否达成，上一次达成共识的行动是不是有效、到位，不断调整和优化。

组织活动诊断

调整组织架构和权责体系需要投入大量的时间和精力，"伤筋动骨"。但对很多企业来说，短期内还没有到必须对组织架构和权责体系进行调整的地步，有时进行局部的组织改进即可实现组织绩效的改进，这时就需要进行组织活动诊断，即在现有架构和权责分配体系下，诊断独立组织单元内的职责完成度如何。这时出现的问题既有生产关系（组织架构、权责体系、机制）的原因，也有生产力（人员能力、企业文化）的原因。常见的问题如下。

（1）**部门定位过低**：通常来讲，对业务部门的定位分为利润中心和成本中心两类，对专业职能部门的定位分为"方向盘""红绿灯"和"加油站"三类。"方向盘"是指把控公司战略和发展方向的方向性职能，"红绿灯"是指把控企业运营的法律、规范、政策方面的红线性职能，"加油站"是指加强经营专业与职能专业能力的赋能和指导职能。受限于组织的历史沿革、组织内部的认知和能力问题，一些关键部门的定位常常无法达到业务发展的要求。

比较典型的是运营部，在职能型组织中，运营部主要负责计划管控和数据整理方面的工作。近年来各企业强调提质增效，对精益运营提出了更高的要求，运营部的定位提升为对整个公司全盘的、经营导向进行管控。很多公司的运营部资深人员相对较少，基本不了解一线情况，对各部门的协同、资源整合的能力相对较弱。在项目层面，运营部也缺乏对项目的有效管控手段，对存在的问题没有及时预警，缺乏风险的提示与前瞻性的建议，体系性建设相对滞后。很多公司的领导班子都迫切需要一个专业的运营部来担任总参谋的角色，统筹全局进行战略制定、经营分析和组织绩效考核。

（2）**部门定位过偏**：这类问题的存在，一方面是因为工作不闭环，缺失PDCA（Plan, Do, Check, Action；计划，实施，检查，处理）的某个环节；另一方面是因为组织的认知惯性，没有围绕主业价值链支撑业务发展。

近年来，企业对合规工作日益关注，然而合规工作需要兼顾严谨性与时效性，不能矫枉过正，偏离了部门设定的初衷。正如业务部门的反馈："我们也知道需要规避风险，但不能只是告诉我们这个东西是错的，应该在业务和合规之间建立一条通道，给出解决方案，或者在事前告诉我们这个有风险。"有价值的合规风控体系，能够基于事前决策的原则，提前将法规文件标准化，有的公司会针对自己的业务特点，梳理出管理类、设计类、工程类、材料类、营销类的标准合同模板，既能保留合规的严谨性，又能缩短合同审批周期。随着合规工作的逐步成熟，合规部门需要提前识别出关键风险点，实现内控检查全面覆盖，构建全方位的风险管理体系。除了常规性专项审计，有些公司甚至做到了基于大数据的动态风险审计，真正做到跟业务背对背开展工作，为经营决策提供有力参考。

（3）**管理幅度过大**：还有一类问题是部门管理者的能力比较强，能者多劳，导致部门承担的职责比较杂乱，管理幅度过大，工作开展像蜻蜓点水，面面俱到但是不精。

一家物业公司的招商部，因为业务能力突出且与客户直接接触，在与其他部门跨职能协作时，尤其协作事项涉及与客户沟通时，公司领导常常让招商部负责。久而久之，招商部变成了从招商、签合同、入场、正式营业到运营的全过程管理部门，承担着前、中、后台多项工作，工作过负荷，甚至新物业的整合工作也需要招商部投入相当大的精力去做前期准备。在这种情况下，部门人员忙于日常事务，真正从事招商工作的人员和时间少之又少，以至于对于招商策略的思考和规划严重不足，内部调研显示，80% 的员工认为部门的招商方式与理念落后于竞争对手。面对刺眼的数据，公司领导对该部门的非核心职责进行了剥离，把前后台分开，重点聚焦招商管理工作。

组织机制设计

在企业诊断中这一类问题也非常高频：为什么部门负责人很难评价下级工作业绩的好与坏，有功劳大家争，有责任没人担？为什么有些人工作量很大，干也干不完，而有些人却整天无所事事？为什么在岗人员十分迷茫，不知道未来的职业发展怎么走？

每一种组织架构都有优点也有缺点，选择了组织架构后，这些问题都是组织管理必须面对的，需要通过机制和文化建设弥补架构的缺点。通常需要加强三大机制建设。

（1）考核机制：通过正式、清晰的绩效目标分解落实责任，营造业绩导向的氛围。

绩效管理的专业工具很多，PBC、OKR（目标和关键成果）等不一而足。回归到绩效考核的本质，应以公司整体业务目标为起点，逐层分解，对每一位员工创造的业务价值和管理价值进行考核。实际工作中，绩效考核指标常常与业务目标结合得不够紧密，如下就是一家公司的绩效考核指标设计逻辑。

年度绩效得分 = 60% × 部门绩效得分 + 40% × 综合素质评价得分

其中，综合素质评价得分 = 分管领导打分 × 30% + 公司其他班子成员打分 × 20% + 同级打分 × 30% + 直接下属打分 × 20%。

这种考核对各部门采取了相同的考核方式，看似公平，实则绩效考核评分标准宽泛，不能反映部门特点，对关键业务节点、成果等标准的设置不够具体，并没有对价值创造的过程进行针对性考核。反映出运营部的管理职责缺失，由各部门自行设定考核指标，缺乏统筹管理和明确的标准。

为了清晰界定各部门的绩效目标，华为使用了责任利润这一概念，针对区域销售组织、产品线、技术服务系统、制造系统等部门设计了复杂且严密的责任利润核算方法，体现出每个部门创造的独特价值，同时通过"吃水线"对经营亏损单元进行预警。

（2）激励机制：尊重员工的需求，通过针对性的方法与管理体系，将员工对组织及工作的承诺最大化。

马斯洛的需求层次理论告诉我们，每个员工都有自己的诉求，有的关注薪酬回报，有的关注岗位晋升，有的关注个人价值实现。如何更好地激发员工？公司需要洞察员工的诉求，灵活运用物质与精神、短期与长期激励方式的组合，唤起员工的工作动力。在实际操作中，还要注意如下两个方面。

一方面是激励的强度。除了薪酬外，可以设立一些额外的奖项，对日常考核未覆盖的工作进行激励，比如专项奖、荣誉奖。但如果专项奖的分摊人员多，人均分配下来金额比较少，员工就会觉得缺乏吸引力。还有的奖项覆盖面窄，乍看就是给某部门的人设计的，员工就缺少参与的热情。

另一方面是激励兑现的及时性。很多长期激励项目周期比较长，激励强度还是有的，但要拿到激励也不容易，要跟很长的时间，最后可能就没有了，这是很多员工积极性不高的原因。

（3）发展机制：规划职业发展路径，明确各层级的任职条件及晋升要求，提供职业和发展机会来激励员工。

成熟企业都有自己的任职资格体系，用以指引员工的职业发展路径。发展路径最常见的问题是管理序列和专业技术序列双通道运行不畅，很多公司的晋升路径只有管理序列，逼着专业人才必须走管理路线，造成了人才浪费。

禾思咨询曾帮助一家国内领先的科研机构设计青年科学家的发展路径，该科研机构的员工均来自国内外顶尖名校，普遍拥有博士学位，这群科技人才对科研满怀热情，目的纯粹，不擅长也不喜欢做管理工作。科技人才有自身独有的特性，以一般经营性单位的用人模式管理科技人才，势必会影响其工作状态，阻碍科研的顺利进行。过往科技人才的职业通道一直不畅，各层级科技人才的任职条件及晋升要求不明确，从未有内部人才晋升至公司级专家的先例，很多员工甚至觉得专业通道是一条断头路，不得不转去管理序列。我们根据科技人才的特点，提出有科学家特色的人才标准，出台专业技术序列晋升制度，畅通科技人才的成长通道，鼓励有科学家精神、专业水平高、科研能力强的专业人士挑战技术新高度和专业技术极限，在产品开发、技术解决方案中担当引领角色。

·组织文化诊断

公司的愿景是指未来很长一个时期内提出的高目标，主要作用是让员工看到差距，加倍努力工作。公司的使命是指在这里工作的意义和价值，希望能够吸引一批志同道合的人，能够得到一批利益相关者的认同，有助于人才保留。而公司的文化价值观是指一套大多数人都认同的做事方法，一套标准的思维模式，有助于降低沟通的成本。

- 这家公司或部门吸引你在这里工作的原因是什么？
- 你认为公司近期的战略方向与公司使命愿景之间的关系如何？
- 有没有形成一套"约定俗成"的做事模式？这套做事模式与公司的战略要求是否一致？

通过组织内部员工对以上问题的回答，我们可以分析出目前的团队对成员来说是一个"团伙"还是一个"团队"？维系团队成员之间关系的纽带是什么？是职业共同体、利益共同体、事业共同体还是命运共同体？在不同的共同体里面，成员和组织的命运关系是不一样的，所以凝聚的方法也是不同的。我们可以应用四个共同体模型（见图4-6）去评估企业文化的凝聚力。

在**职业共同体**中，员工主要是为了获得薪酬，工作的目的是养家糊口。在这个阶段，员工即使不能从他的直接上级那里获得满意的心理感受，只要工作条件合适，他也不会离职，还会与组织保持着一种经济交换的关系。组织的大部分成员加入的都是一个职业共同体。

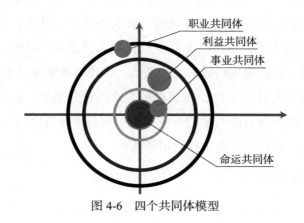

图 4-6   四个共同体模型

比职业共同体更进一步的是**利益共同体**。顾名思义，利益共同体是靠利益来维系的。很多企业目前都处于这种状态。老板们也流行一句话：财散人聚，财聚人散。很多企业都考虑让骨干和员工持股，希望通过这样的方式来激发骨干和员工的组织承诺。

事业共同体是第三种合作关系类型。如果你不理解事业共同体的样貌，看看身边由年轻人组建的创业企业，有不少都是基于单纯的理想，创业团队就属于事业共同体。其实，很多企业在最开始的阶段，都是一种事业共同体的状态。不仅是创业企业，就算是成熟企业，其内部也会存在着很多以事业为第一目标的小团队，大家聚在一起就是想做成一件事，这样的团队也可以说是一个事业共同体。

第四种合作关系类型叫作**命运共同体**，军队中的团队就是一种命运共同体。一场仗打下来，不论是死是活，都在一起。"胜则举杯相庆，败则拼死相救"，当取得成功的时候，不管谁胜利了，都是我们的胜利，大家一起庆祝；当在逆境时则拼死相救，不抛弃不放弃队友。

蜜雪冰城的企业文化就是典型的命运共同体式文化。公司的价值观是"真人真心真产品，不走捷径不骗人"，经营理念是"近者悦，远者来；以奋斗者为本，以顾客为中心"。在价值观中，真心是第一位的，公司老板明确表示："做企业就是做人，做真实的人、实在的人。人与人之间，伙伴与伙伴之间，应该是平等的、友爱的。"在企业文化的感召下，蜜雪冰城很多底层员工在公司里也能得到长期的锤炼和成长，公司也给员工提供很多外出学习的机会。久而久之，公司和员工之间形成了良性互动，员工相信组织，愿意脚踏实地，践行"三现主义"（现实、现场、现物）。在命运共同体的基础上才有经营理念的落地，"近者悦，远者来"，员工喜悦，顾客喜悦，加盟商喜悦，蜜雪冰城目前成为全国门店最多的茶饮品牌，该企业的IP 形象"雪王"也成为街头巷尾随处可见的卡通形象。

关于文化价值观的盘点，一方面看有没有形成稳定系统一致的价值观，另一方面看文化价值观是阻碍战略还是促进战略的落地。关于价值观是否从"口号"真正转化为员工的行为，主要的影响因素包括高管的言行、公司的业务决策以及管理工具的配套。

组织盘点的两个前置问题

·组织盘点，盘的到底是什么

组织非常复杂，想要穷尽对组织各维度的盘点，从投入产出的角度是极为不划算的，对组织的盘点一定要有所取舍。组织盘点应聚焦于组织能力的盘点，建设强有力的高绩效组织。

什么是组织能力？美国学者 C.K. 普拉哈拉德（C.K.Prahalad）和加里·哈默（Gary Hamel）认为：组织能力或核心竞争力首先应该有助于公司进入不同的市场，它应成为公司扩大经营的能力基础。《第一性原理》对组织能力的定义是：对创造公司最终产品和服务的顾客价值巨大，它的贡献在于实现顾客最为关注的、核心的、根本的利益，而不仅仅是一些普通的、短期的好处。张维迎教授对组织能力的定义是：偷不去、买不来、拆不开、带不走和流不掉；而别人知道你怎么干，但是他还干不来。

组织能力就是企业核心竞争力的 DNA，它有以下几个特质。

- 它是独特的，每一家企业都有不同的组织能力。
- 不同的组织能力，也将局限或强化企业在不同层面的表现。
- 组织能力既然可称为企业的 DNA，它自然是源于企业的内部。

朗讯科技（Lucent Technologies）曾经是美国金融市场上最受欢迎的公司之一。它出身名门，一直注重发展宽带和移动因特网基础设施，以及通信软件、半导体和光电子设备等，1996 年正式在纽约交易所上市，第二年其销售额就高达 263.61 亿美元，居全球五百强企业的第 117 位。漂亮的业绩让投资者对朗讯科技非常赞赏，到 1999 年 12 月，其股价超过 84 美元，市值高达 2 640 亿美元。

时值信息技术革命的第一个高峰期，为了更快速地推出产品、获取市场，朗讯科技确定了以收购来扩展业务范围的战略。本身的收入加上金融市场得来的融资，让朗讯科技手头资金充裕，因此收购战略实施起来似乎完全没有障碍。就在上市当年，朗讯科技就出手收购了灵捷网络（Agile Network），从而进入智能数据交换领域。随后的三年时间里，朗讯科技的收购堪称"疯狂"，它一共进行了 35 次收购，主要对象是在数字网络方面有新技术或研发出新产品的公司。2000 年，整个朗讯公司旗下的员工多达 16 万人，公司的业务从有线网的接入、传输，到通信软件，到无线网交换、机站、终端技术，再到微电子芯片制造等无所不包。然而好景不长，2000 年年初朗讯科技公布了获利预警，当年的第一季度，公司就出现了亏损。

实际上，危机从 1999 年就露出了苗头，当时，过快的收购使公司账面销售总额飞快增加，同时也给公司财务带来了巨大压力；数目庞大的员工队伍，也给公司带来大量冗员，并增加了人工成本；新收入旗下的业务则并非都能达到很好的市场增长预期，而且由于业务范围过宽，公司并不能确定哪些是市场真正需要的，以至于产品策略上出现偏差。另外，由于需要回报给投资者像样的业绩，公司为旗下各子公司制定了高得不太现实的业绩指标，为了完成这些目标，一些员工不得不采取非正常手段，如给客户提供超过常规的巨大折扣，承诺回收客户无法售出的设备，向运营商提供贷款支持等。这些手段虽保证了业绩指标的完成，却也给公司埋下了危险的隐忧，就在 1999 年，在账面收入增加 20％的同时，朗讯科技的应收账款也增加了一倍，接近 100 亿美元，最终导致公司有大量外债无法收回。

自 2000 年起，虽然朗讯科技使用了更换高层管理者、分拆业务、出售工厂、裁员、引入新的合作者等方式，力求挽回败局，但都见效不大，到 2006 年朗讯科技与阿尔卡特（Alcatel）合并时，其营收也不到 100 亿美元，昔日电讯业巨人，似乎已成"明日黄花"。

通过阿尔卡特–朗讯的故事我们发现，拥有关键资源并不等于拥有实际的核心竞争力，尽管朗讯有贝尔实验室、大量的核心知识产权，以及技术人才，最后避免不了被阿尔卡特收购的命运。

组织能力的打造和调整需要的时间长，涵盖的人数多，这也造成了约束企业成功更大的瓶颈是"组织能力"。当企业快速成长时，需要加强组织能力的打造，当企业外部环境变化时，需要重视组织能力的再造，而再造的难度高于打造。当战略发生变化时，组织能力需要随之调整。

组织能力的调整往往比战略调整难度大，战略调整的是计划、组织架构或业务流程，以及资源投放的策略。而组织能力调整，调整的是人以及人的思维模式。战略调整一般为 3 ～ 6 个月，而组织能力的调整和建设，则需要 2 ～ 3 年。

∴战略与组织：先有鸡还是先有蛋

很多人在做组织盘点前会有疑惑：战略和组织到底是什么关系？一定要把战略目标及路径完全明确下来，才能进行组织盘点吗？其实不然。正如任正非所说："方向要大致正确，组织必须充满活力。"这意味着，战略的明确度达到 80 分就可以进行组织盘点了，没必要达到 100 分再进行盘点，否则容易贻误战机。尤其在当前的市场环境下，能看准产业和技术方向，战略的明确度达到 80 分就已经非常困难了。就如同华为当年从固网切入无线业务，现在看来所选方向大致正确，实际挑战重重：华为当时只有固网的研发能力，没有想到无线的技术门槛那么高，很多关键技术问题迟迟解决不了，但是既然选定了路径，就以此为方向进行组织能力的建设。

从另一个角度来看，企业也需要给组织能力的成长预留一些空间。组织的成长会促进战略的成长，甚至给业务发展带来更多的可能。禾思咨询曾服务一家城市更新集团，2020年，整个行业处于调整期，政策端要求城市更新工作降速提质，这家公司坚定地认为城市更新仍是发展方向，提前布局产业发展能力，从城市规划视角解读项目，有效处理与片区经济发展、历史景观、生态环境间关系，让合作伙伴看到了更多的机会。

　　在VUCA时代，战略与组织呈现交替成长的状态，螺旋上升。

组织盘点问题清单

　　组织盘点应重点关注的是：从战略到运营、再到组织职责划分是否合理？对现在的组织结构的评价如何？组织效能和组织竞争力如何？未来组织结构调整的建议是什么？

　　组织盘点常见问题清单如下。

- 公司年度战略重点、所负责业务是怎样承接的？如何分解到各个部门？
- 所负责业务内关键业务流程的设计是否合理（各个部门的设置、职责划分是否合理）？
- 对当前组织结构的总体评价：在落实战略重点上，有哪些突出的亮点？又有哪些突出的局限性？
- 人效状况如何？人员的工作饱和度如何？管理者的数量是否太多？是否存在可有可无的岗位？
- 所辖业务的班子整体能力如何？横向比较，部门干部的整体能力如何？
- 所辖业务的文化是否支撑公司的战略重点？有哪些出入？

盘班子

面对日益激烈的市场竞争，创新和变革是企业进步的动力，其中领导班子发挥了关键作用。领导班子的眼界决定了公司的境界，因此，领导班子的盘点和领导班子建设日益成为组织发展的关键活动之一。

根据禾思咨询的人才盘点数据统计，企业内的"将帅人才"严重不足，不到1%，不得不通过班子建设来弥补这种不足。面对越来越难做的生意，连最聪明能干的企业一把手都感叹越来越看不清未来的方向了，靠一个聪明绝顶的领导者包打天下的时代已经过去，组织需要建设卓有成效的领导班子。

尤其是一些创业公司，在公司的初创期，在创始人团队人才和社会积累都不足的情况下，创始人的眼界决定了公司的上限。同时，在公司组织设计的过程中，创始人的领导力展现无余，如何平衡内部的诉求，资源与权力如何去划分，也非常考验班子的领导力和配合度。上文的组织盘点既是一门科学，又是一种艺术，艺术的部分，就需要领导力去平衡。

战略执行：问题出在前三排

在很多企业召开大型会议时，前三排座位一般都是为领导班子准备的，所以有一句口头禅叫"问题出在前三排"，其实指的就是问题出在领导班子内部。

国内一家老牌知名车企，在燃油车方面做得风生水起，面对新能源汽车新势力"蔚小理"的竞争，不得不在新能源汽车方面加大投入，派出了自己培养多年的一位大将张新（化名）挂帅新能源汽车事业部，从外部引进了技术、产品、营销、智能化方面的5名专业管理人才组成了领导班子。三年过去了，该项目进展缓慢，战略目标的50%都没有完成，由燃油车平台转型为电车的几款车型销量惨淡，而且整个事业部士气涣散，思想不统一，"山头林立"。

通过领导班子盘点发现以下问题。

班子目标不明确。每位班子成员都了解目标，但是每个人的理解深度不同，紧迫感也不同，都认为战略目标挑战性太大，不可能完成。

班子内缺乏核心领导。班子成员认为张新缺乏决策魄力和果断性，影响力不够，对于班子成员之间的分歧和争吵，张新在其中扮演"和稀泥"的角色。

班子间的搭配不到位。单独看每一个人，都是行业内的大咖，专业上都没有问题，都受自己原有经历的影响，都不愿意改变自己。班子之间的搭配度，专业上是互补的，但是相互之间不是互相借鉴和补位，而是互相看不上，抱怨多。班子内的氛围一般，大家保持着表面上的一团和气，每个人的主动变革和学习突破意识不够，"吃老本"现象严重。

张新向董事会提出了重新组建领导班子的建议，认为从外部引进的这些专业管理人员对公司文化认同度不够，缺乏敬业精神。董事会考虑到新能源汽车业务是未来发展的战略核心，在听取咨询公司意见后，果断把张新换掉了，重新派了一位决策果断、有强大影响力和突破力的领导。在接下来的一年，新能源汽车事业部把过去损失的时间全部追了回来，班子里存在的问题全部迎刃而解。截至 2022 年，该事业部推出了市场上多款月销过万的车型。

进入领导班子的人员往往都是企业中最能干、最有领导力的一群人，或者是一群长期辅佐、忠心耿耿的老臣子。他们性格各异，个个手握重兵，要聚在一起放下自我，以大局为重，通力合作、共创未来，谈何容易！根据禾思咨询的组织与人才盘点数据，80% 的领导班子建设都不太成功。

卓有成效的领导班子都是相似的，失败低效的领导班子各有各的不幸。有些领导班子的成员之间钩心斗角，一把手带头打击其中的班子成员；有的"同床异梦"，貌合神离；有的朝夕相处，视而不见；有的却是相敬如宾，各扫门前雪。那么如何盘点领导班子呢？

班子盘点常见维度

∵ 战略目标是否明确，思想是否统一

盘点班子的第一件事情是让班子成员思考：公司最高层如何明确公司的战略目标，怎样把班子的目标与公司战略目标紧紧相扣。接下来是统一思想，保持班子成员行动的一致性，朝着一个共同的方向努力，在重大问

题上采取一致性行动。每个人都分管不同的重大事件，确保班子成员在更高层面上达成共识，确保真正的一致性。

卓有成效的领导班子其目标有两个特点：明确，具有挑战性。没有明确目标的，就不叫班子，而是一盘散沙的一群人。有了明确的目标，才能把班子成员聚在一起，使他们相互之间产生利益上的依赖。此外，目标具有挑战性，才能鼓舞或调动班子成员的理想和斗志，班子才有战斗力。

这一维度盘点的关键点是"有没有战略共识"，即就以下问题有没有达成一致的理解。

- 有没有清晰的战略？
- 战略目标有没有得到分解？
- 核心班子成员对战略的理解是什么？
- 核心班子成员对战略目标的认知是否一致？

在实际操作中，我们可以通过与一把手和核心班子成员深度访谈的方式进行盘点，访谈时需要关注以下内容。

- 班子成员在谈及战略时，涉及哪些重要话题，如业务模式、目标客户、区域市场、增长速度等？
- 哪些重要的战略话题是很多班子成员忽略的？
- 在同一战略主题下，有几种不同的观点？产生这些不同观点的原因是什么？是对市场的判断不同，对内部能力的理解不同，还是其他原因？
- 一把手和班子成员在谈自己对战略的理解时，整体的心态、立场、情绪状态如何？

根据禾思咨询的人才盘点数据研究，大多数班子都有明确的目标，关键是大家对目标的内化和协同要一致。现实情况往往是都知道目标在哪里，但是很难落实到行动上。某地产公司地铁上盖（TOD）事业部，在2020年制定了翻两番的战略目标，目标是明确的，每位班子成员都清楚地知道战略目标，但是都认为该目标不可能实现，认为是公司总部领导下达了不切实际的目标。发现问题后，事业部总经理召开了战略解码会议，通过SWOT 分析和战略共创的方法，制定实现战略目标的路径，并分解为四大必须打赢的"战役"，每位班子成员负责其中一场"战役"，从而在年末成功实现了战略目标。

·· 班子结构是否稳定

班子成员的数量不宜过多，且只有在分工合理的情况下，才能确保班子成员聚焦在重要的事情上，使班子的配合达到成功高效。

很多领导班子成员抱怨会议的效率低，到后来找借口不愿意参加班子的会议。如果班子太大，会议的安排没有章法，讨论的问题都是一些鸡毛蒜皮的小事，久而久之班子成员就会觉得会议没有价值。一般班子成员控制在 3 ～ 6 人为宜，当班子成员超过 8 人时，就很难确保班子的决策效率。

班子分工很重要，关键是分工要科学、合理。如果分工不合理，班子就会地动山摇。一家生猪养殖企业，总经理作为班子一把手只负责繁殖技术，而其中一位副总负责各个片区的养殖场，还负责基建、生猪医疗。这位副总还是一位"老虎型"的领导，比较强势，在班子会议上，大大小小的事情基本上都是这位副总决策，时间一长，总经理开始怀疑自己到底是不是一把手。

卓有成效的领导班子非常重视行为准则的制定和落实。例如，有些领导班子建立了"内阁原则"的行为准则。关起门来，大家可以对一件事情争吵得很激烈，但是一旦决策，不管原来的立场如何，一定坚决捍卫集体的决定。又如，有的班子的行为准则规定，对事不对人，让同事把话说完，不打断别人。

·· 班子成员的人岗匹配度及搭配度如何

班子内如果出现哪怕一位不胜任或跟岗位不匹配的成员，也会极大地损害班子的威信和战斗力。组建班子时，挑选合适的成员非常关键。

选人标准的高低，决定了班子的上限和下限。卓有成效的领导班子成员不仅仅是聪明、有冲劲和乐于奉献的，更为重要的是正直诚信、全局思考和有同理心。

班子里要有在洞察力、格局和战略思考方面有天赋的人，能够透过现象看本质，并一针见血地揭示事物的本质。这种超强的概念思维，可以帮助企业走在正确的道路上，避免走错方向。

班子里至少要有一个敢于犯颜直谏的人，犯颜直谏也是正直诚信的表现，以避免班子里出现思维极化，使班子能够冷静地直面问题。

班子的一把手最好是一位帅才，兼具领导力和战略谋划能力，具有企业家精神。但是这样的人才可遇不可求，而且凤毛麟角。如果一把手是一位先锋型的管理者，业务能力强但领导力不足，有冲劲，那么在班子里最好能够配备一位"政委"，主要负责班子的思想工作和协调工作。

是否具备积极学习的班子氛围

班子成员之间的关系有不同的境界，有的相敬如宾，各司其职，这样的领导班子属于"职业化领导班子"；有的领导班子志同道合，心心相印，关系融洽；最高境界的领导班子则能够做到"胜则举杯同庆，败则拼死相救"。

心在一起的领导班子，能够敞开心扉谈论自己的真实感受。例如，在一家航空公司领导班子建设的会议上，大家就敞开心扉，谈到了自己的想法与感受。班子成员 A 说："从班子角度来说，很想把最后这一站做好，最后一站就是三五年时间，希望为公司、为几万人的集体留下点什么东西。但是怎么做才能留下东西或能不能留下来？想通过自己今后的工作有所推动，比如，能不能在行业里面形成新的价值观，一些打破传统的行为方式，一些别人学得到但是不可能追得上的内在东西。靠咱们这个领导班子能不能行，取决于我们是否真正团结一致。"

班子一把手 B 说："非常高兴和喜悦，因为大家都是各个领域的优秀分子，都在各自的岗位上付出了心血，并且得到了认可。班子经过一段时间的建设终于弄完了，为大家高兴也为自己高兴。以前我喜欢自己干，喜欢冲锋陷阵，现在喜欢看到各位的成绩，学会了分享。心态说不上淡定，但是看到别人干好了，也有一种踏实的感觉。这种变化在于现在不是想自己干什么，而是想让别人干点什么。与大家相识相知也有很多年了，但内心深处的真正的欣赏和尊敬是需要一段时间的。现在需要把团队的境界拔得更高一些，提高团队整体的境界和品位……同时我觉得有点忧心，因为要在巨人的肩膀上再拔高一步还是不容易的。"

另一位班子成员 C 说："对公司的感觉就像家庭一样。我会问自己，这个企业在我们离开之后会怎么样，毕竟一个企业不可能一直辉煌。所以我们坐在这里开会是很有智慧和远见的，现在是个很关键的历史时期，我心情很复杂，压力大于喜悦，想当好其他领导的助手和帮手，对未来的领导班子很有信心。"

在这个多变、不确定的市场环境下，每位班子成员要保持持续学习的态度，班子一把手要担任每位班子成员的教练，经常给予个性化的反馈，帮助每位成员不断获得成长。

在实际操作中，对于领导班子的盘点，禾思咨询常用的工具如图 4-7 所示。在实际运用中，可根据挑战性的高低，用不同颜色在图中进行标示。

维度	挑战性	现状	行动建议
班子目标			
班子成员数量及分工			
人岗匹配度			
班子搭配度			
团队氛围及成长意识			

■=挑战性高   ■=挑战性中   ■=挑战性低

图 4-7   禾思咨询班子盘点模型

- 班子成员对目标理解是否一致，愿景使命是否一致；是否认同共同的价值观？
- 是否存在真正的班子？一个人说了算的，不能算作班子。卓越的领导班子通常由 3 ～ 6 人构成，分工上是否发挥了每个人的优势（例如个人的个性特点与承担的角色）？当班子的人数超过 8 人时，会影响班子的运作效率。

- 班子的分工是否合理，是否发挥了每个人的优势？
- 人岗匹配度如何，即班子成员是否都胜任自己的角色 / 地位？
- 班子搭配度如何，即班子成员相互之间专业上的互补性、个性上的互补性等如何？
- 团队氛围及成长意识如何，即班子一把手是否关注班子成员的成长，是否经常给予辅导，是否关注班子的建设？

最后，如果想对一个平庸的领导班子"动手术"的话，仅仅换掉一两个角色成员是不行的。必须要从班子的"一把手"下手。从我们的领导班子推倒重建的经验看，即使是一个平庸的领导班子，一把手的能力也会强于其他班子成员，他会找出班子平庸的很多理由，然后推卸给其他班子成员，我们很容易受迷惑。如果按照一把手的"指示"，换掉他不喜欢的一两个班子成员，我们就落入了一把手设定的陷阱（这是人的天性，不一定是一把手故意为之）。一个领导班子好不好，一把手的责任占到 80%。

小结：组织与人才双轮驱动业务发展

通常来讲，我们把组织与人才盘点划分为四个阶段。

阶段一：基于人盘人。人才盘点的初级阶段是基于"人"的测评。根据这个人的个性特点，以及分析能力、沟通能力等得分高低进行盘点，输出的结果是人的一般能力的排名。

阶段二：基于岗位盘人。基于岗位任务和能力要求对候选人进行测评，输出的结果是人岗匹配情况。

阶段三：基于组织盘人。基于组织和岗位要求进行人才盘点，目标是构建强有力的组织：①每一个岗位上是否安置了强有力的人选？②每个部门 / 事业部的班子建设情况如何？③是否构建了人才梯队？④每个部门 / 事业部未来的发展目标和行动计划是什么？

阶段四：基于战略盘组织和人才。在组织建设和人才梯队搭建比较完善后，首先，根据战略和业务规划发展的要求，确定未来 1 ~ 3 年关键岗位人才的数量和质量要求（所谓质量是指能力要求）。其次，对现有的组织和人才进行盘点，找到差距，优化组织结构和人才结构，最大化组织的产出，并满足组织未来发展的需求。最后，采取针对性的人力资源举措，如招聘、裁员、调配与晋升、人才培训与辅导等。

当前很多企业的组织与人才盘点，大部分处于第二阶段和第三阶段。然而，低阶段人才盘点的可持续性较差，在 VUCA 时代，个体和岗位均处于较大的变动中，一旦岗位发生变化，盘点结果将很快失去意义，很难得到最终用人部门的认可。

测评技术的应用

> 人一半是野兽，一半是天使，兽性
> 发作时是坏人，天使发作时是好人。
>
> ——列夫·托尔斯泰《复活》

谷爱凌是在一次采访中透露自己做过 MBTI 测试，认为自己的个性是 INTJ，带火了 MBTI 的心理测试。雷军自曝自己是社恐型的 ENFJ（ENFJ 类型的人多喜欢交际），"其实我有点社恐，虽然网上有很多我的演讲视频，甚至'鬼畜'视频，很多人以为我是社牛，其实我真的不是，每次上台都需要练习很久。"这个消息对许多关注雷军的人来说确实有些意外。一位网友评论道："雷军一边说自己社恐，一边在各大场合演讲，看着游刃有余，这属于是在'内向人'和'外向人'之间反复横跳吧。"

MBTI 的全称为 Myers‑Briggs Type Indicator，是一种自我报告式的人格测评工具。它尝试用以下四个维度的不同偏好来描述一个人的人格类型。

- 内向（Introvert）与外向（Extrovert）。
- 感觉（Sensing）与直觉（Intuition）。
- 思考（Thinking）与情感（Feeling）。
- 判断（Judgment）与知觉（Perceiving）。

根据测试结果，可以得到 16 种不同的人格类型，其中谷爱凌的 INTJ 通常被认为是内敛，不喜欢人际交往，不拘小节，理性判断，做事有计划性。雷军的类型是 ENFJ，这种类型的人喜欢交际，善于概念性思考，富有同理心，善于与人沟通，乐于助人，做事有计划性。

　　MBTI 从性格类型入手，引导我们认识自己、理解他人，在工作中建立自信并相互信任，从而更富成效地开展合作，也为个人发展铺就最佳路径。作为类型学工具，MBTI 主要应用于自我认知、职业发展、团队建设领域。但是在人才选拔和人才盘点领域，是不能使用 MBTI 的。MBTI 基金会明确了 MBTI 的伦理使用原则：如果测评结果是为了筛选求职候选人，那么要求他们参与测评是不道德的行为。首先，它不能对人的能力进行测试，测评重点围绕个人的偏好，到目前为止也没有任何研究证明 MBTI 可以预测人的工作绩效；其次，MBTI 没有设置"测谎"量表，参与者如果带有"目的"测评，很容易"伪造"自己的答案。

　　目前用于人才选拔和人才盘点的工具，都是"特质类"的工具，这类工具的特点是：首先，以定量分析为导向，每个特质的提出都是基于数据分析，目前大部分特质测验都是基于大五人格模型，大五人格模型的每个特质都有大量的实证研究验证了其对工作绩效的预测作用。其次，用于人才选拔的特质测验采用"迫选"方法，以避免参与者"伪造"自己的答案。最后，配合答题一致性指标（专业术语叫"信度"），分析答题结果的可靠性。

　　特质是用来预测人的行为的，在进行人才选拔或盘点时，主要起到辅助作用，通过对行为的直接观察得到的数据才是真正有效的数据，这需要借助"行为事件访谈技术"和"述能会"等方式。此外，360 度评估在人才盘点和人才培养中也是较为常用的工具。

大五人格模型

　　古语有云：人心不同，各如其面。人有千面，物有万象。《红楼梦》在四大名著之中，是对人物特征刻画最为细致的一部小说。曹雪芹以精雕细琢的功夫刻画了一大批活生生的典型形象。印象最深刻的是，即使是关系十分亲近的人，个性差异也被描写得十分分明。尤二姐与尤三姐是姊妹，尤二姐是忍受凌辱、不敢反抗的柔弱个性，而尤三姐却是勇于反抗、大胆追求爱情的刚烈女子。薛蟠、薛宝钗是兄妹，前者是位典型的呆霸王，后者却是标准的封建淑女。此外，曹雪芹描写了大量性别相同、年纪和个性十分接近的人，又把其中的细微差别鲜明地展现了出来，妙玉和黛玉的孤傲有所不同，妙玉没有黛玉的多愁善感。史湘云和尤三姐的豪爽有别，平儿的温顺中透露出善良，而袭人的温顺中表现出世故。王熙凤的泼辣中暗藏狡诈，而探春的泼辣中体现着公正。

有没有人类统一的人格图谱，就像化学元素表一样，科学量化人的性格特征呢？自 20 世纪 50 年代以来，心理学家们采用"因素分析"的统计方法，识别出了五大因素：情绪稳定性、宜人性、外向性、尽责性和开放性（见表 5-1），这五大因素又包含 30 个子因素。

表 5-1　大五人格模型

因素	特征	因素	特征
情绪稳定性	● 烦恼对平静 ● 不安全感对安全感 ● 自怜对自我满足	宜人性	● 热心对无情 ● 信赖对怀疑 ● 乐于助人对不合作
外向性	● 好交际对不好交际 ● 爱娱乐对严肃 ● 感情丰富对含蓄	尽责性	● 有序对无序 ● 谨慎细心对粗心大意 ● 自律对意志薄弱
开放性	● 富于想象对务实 ● 寻求变化对遵守惯例 ● 自主对顺从		

资料来源：R.R.McCrae & P.T.Costa，1986.

这些基本的人格因素被称为"特质"。自 20 世纪五六十年代以来，心理学家对各个特质对个人工作绩效的预测作用做了大量研究，主要有以下发现。

情绪稳定性对工作绩效影响显著。抗压能力越强、情绪起伏越小的人，工作绩效越好。尤其是，职位越高，情绪稳定性对工作绩效的影响越大。

宜人性高的人信任他人，对其他人的需求和感受富有同理心，他们喜欢合作，不喜欢竞争，倾向于保持诚实、坦诚、虚心、谦逊、顺从。宜人性对工作绩效的预测作用不显著，但是对人际关系绩效（如员工满意度、客户满意度等）的预测作用显著。低宜人性的人对他人缺乏关心，常常被他人认为没有良心。

外向性高的人善于跟人打交道，具有影响力，善于调动他人的情绪。外向性对销售类岗位工作绩效的预测作用显著。此外，外向性越高的人，越具有领导力。

尽责性得分的高低跟一个人的工作绩效水平直接显著相关。尽责性包括两类特质：内驱力相关特质群和工作审慎类特质群。人的内在驱动力很重要，吃苦耐劳、充满激情、高责任心的人工作目标感强，工作绩效会更好。在20世纪的工业化时代，工作审慎类特质对工作绩效的驱动作用也很显著，严谨细致、计划性强以及自律的人，其工作绩效会更好。

开放性是指生动的想象力，艺术的敏感度，感觉的深刻性，行为的灵活变通，求知欲和突破常规的态度。开放性水平高的人，喜欢主动思考，喜欢质疑问难。在早期的实证研究中，开放性对工作绩效的预测作用不显著，后来换了一下指标，开放性对个人的培训学习成绩作用显著。再后来的一些研究发现，开放性水平高的人倾向于创新，开放性水平越高的人，其在智力测验中的表现越好。

开放性也是大五人格模型中最不直观的因素。关于其他四类，很容易想到许多同义词，如外向性的人外向、健谈、爱交际等。但让人马上想出用来描述开放性的词汇可就没那么容易了。开放性也是在其他文化和语言中出现概率最小的人格特质。在不同的人格问卷中，对开放性的表述方式有很多，包括"智力""文化""想象力"。

心理测验技术

进入21世纪以来，心理测验在人才选拔和发展方面迎来了春天，学校、企业等组织逐步接受了心理测验，心理测验不仅被应用于人才选拔，在职业发展、培训、心理咨询等领域也得到了广泛应用。从心理测验的种类上看，主要包括认知能力测验和个性测验。常见的认知能力测验包括图形推理（如瑞文测验）、语言认知、数字推理、情景测试题等，认知能力测验是对思维品质的直接测量。对于中基层人员的盘点，认知能力测验的应用十分必要。

个性测验包括两大类：一类是类型学测验，如 MBTI、PDP、DISC、九型人格以及学习风格等测验，把人按行为风格特点分成不同类型，这种划分主要基于人的经验判断。类型学测验便于提高人的自我认知和彼此之间的相互了解，但是不能用于人才选拔，尤其不可以用于人才甄选。但这类工具目前在选拔领域却被津津乐道，包括有些学过心理学的 HR 人员也不懂得这类工具的应用范畴。在欧美的一些国家，公平就业的法规和心理测验行业组织的章程就禁止将类型学的个性测验应用于人才选拔。另一类是特质类测验，这些特质不是基于人的经验判断，而是通过统计方法计算得来的。通俗来讲，就是运用足够多的描述人的形容词，选择足够大的人群（样本）进行评价，对评价结果进行统计分析，把相关性高的进行归类，就得到一些特质和特质簇，如大五人格理论。常见的特质类测验如职业性格测验（OPQ）、16pf、霍根性格调查测验（Hogan HPI）、动机测验、全面个性测验（CPI）等。

并不能简单下结论认为所有的特质类测验都适用于人才甄选，其中最大的问题是社会称许性问题，如果一个特质类测验能够很好地规避社会称许性，就可以应用于人才甄选，反之则不能。在一些特质类测验中会通过加入测谎题来规避社会称许性，但实际上很难做到完全规避，很容易被参与测试者识破。根据我们的经验，在人才盘点的应用情景下，16pf、霍根性格调查测验、大五人格测验等通过选择"是、否、不知可否"进行答题的测验，信效度都受到一定的影响。而通过投射、迫选等方式进行的测验，受到的影响会小很多，如动机测验、OPQ、CPI 测验等。动机是人的最深层次特质，属于潜意识层面，事实上，对于动机的测量只能通过投射测验，即看图讲故事。投射测验可以很好地规避社会称许性。内在驱动力的大小是预测潜力的必要指标之一。

动机测验

基于哈佛大学心理学教授麦克里兰的成就动机理论，可以通过心理投射的方法测量人的成就动机、亲和动机和权力动机三种动机。因为动机是由反复出现且持续性的需要和欲望引起的，我们可以通过对人的下意识的思维活动内容进行分析来认识动机。因为人们都会情不自禁地思考那些自己特别关注或感兴趣的事情，甚至对这些事情进行幻想，特别是在白日做梦时或睡梦中。

动机经常在"白日梦"中出现，往往在人的潜意识中表现，只有通过投射技术才能真正测量到人的动机。测评的方法通常以看图讲故事的方式进行，受测人会被要求看一组图片，每幅图片的主题不同，但是每幅图片都可以投射三种动机的主题。让我们用 10～15 秒钟看看图 5-1，然后写出关于它的故事。故事的内容包括：图中发生了什么事情？图中的这些人是谁？是什么导致了现在这种局面？图中的人想到了什么？将会发生什么？将会有什么结果？按照三种动机的主题特征进行解码。

图 5-1 动机投射测验

成就动机的主题特征：达到或超过卓越的标准，以及改进和提高个人的工作绩效。当成就动机被激发起来时，人们会下意识地关注或思考：

- 超越某个优秀人物的工作绩效。
- 达到或超过自己设定的卓越绩效标准。
- 做有创新意义的、改进性的工作；对个人事业进步做长期的打算和规划。

亲和动机的主题特征：建立和保持亲密、和谐、友好的人际关系。当亲和动机被激发时，人们下意识地关注或思考。

- 建立、恢复或保持紧密而和谐友好的人际关系，被别人喜欢和接受。
- 不要与他人分离或破坏一个良好的关系，希望恢复与别人的紧密关系。
- 把集体活动看作与别人交往的机会。

权力动机的主题特征：对别人产生或施加影响。当权力动机被激发时，人们会下意识地关注或思考"采取强有力的行动"，包括以下内容。

- 对别人行使强制性的行为。
- 不请自来地为别人提供帮助、建议或支持。
- 通过限制别人行为或生活条件的方法来控制他人。
- 影响、说服他人接受自己的想法，按自己的意志做事。
- 试图给别人或者全世界留下深刻印象。
- 关注如何激起他人强烈的积极或消极的情绪反应。
- 关注自己的名声、地位或实力。

这个测验需要根据受测人所讲述的故事，由受过心理学专业训练的顾问进行解码。例如，如果所讲述的故事是"董事长正在对其儿子讲述公司面临的挑战与未来的发展目标和规划，以及如何做到行业数一数二的位置"，则解码为"成就动机"；如果所讲述的故事是"董事长正准备把公司董事长的位子交给儿子，把自己的经验和对公司未来发展的想法教给儿子"，则解码为"权力动机"；如果所讲述的故事是"董事长和自己的儿子感情不和，产生了严重的冲突，父子之间已经很久没有说话了，父亲主动找到儿子，正在化解彼此之间的误解"，则解码为"亲和动机"。此外，根据所讲述的故事设置的障碍难度大小，目的性是否清晰，个人面对困难的态度以及个人是否采取明确的行动等来统计得分的高低。把三种动机的得分相加，就可以计算出个人的精力或活力水平。

一般而言，完成一组图片故事的写作大概需要 40 分钟，参与者的体验可能不如选项类测评，但是成就动机和权力动机影响着领导力的方方面面，测评成就动机和权力动机对个人领导力发展的重要性不言而喻。对于中层及以上管理者，越早认知自己的动机水平，就能管理好自己的动机，同时帮助自身更好地洞悉下属的动机。此外，成就动机理论是领导力理论的基础和核心，测量并解读个人的动机曲线（见图 5-2）有助于深入理解领导力。

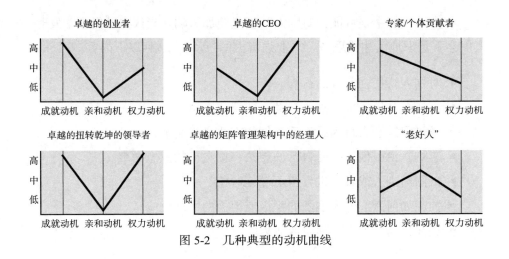

图 5-2   几种典型的动机曲线

动机测验是甄别高潜领导人才的常用工具，也是发展领导力的重要工具。

全面个性测验

禾思咨询基于大五人格理论，联合国内外心理学家和咨询顾问历时十年开发了全面个性指标评估问卷（Comprehensive Personality Inventory，CPI）。开发 CPI 测验的初衷是：找到人才盘点和人才选拔最好用、最有效的测验。

CPI 测验采用以下三项关键技术。

● 迫选答题和计分技术。这种技术可以有效回避作答者的"做假倾向"，在设计题目时，需要对每个行为条目进行社会称许性评分，把社会称许度得分一样的行为条目组成一组题目。

- 答题一致性指标技术。因为是自陈问卷，为了避免答题不认真，以及避免受其他意外因素的影响，设计了答题一致性指标，展示答题结果的有效性。对于一致性低于 40 分的，会让答题者重新作答。
- 基于大数据，对行为条目合理组题的技术。基于项目反应理论，根据大数据统计的每个行为条目的"区分度""难度"，再加上"社会称许度"得分，进行组题。

此外，结合人才盘点项目的数据，我们对每个特质的有效性进行了研究。这项研究与大五人格模型的研究数据有三点不同。第一，严谨性、计划性、规则性越强的人，应对模糊和不确定性的能力就越弱，高潜人才的严谨性、计划性、规则性意识都不高。第二，归属性、信任性、民主性高的人，其领导他人的潜力不高。第三，开放性跟高潜人才的学习能力、系统思考能力显著相关，如主动分析问题、归纳总结、前瞻性思考等特质对领导岗位的高潜后备人才的预测作用显著。

根据 CPI 测验的实证数据研究，测验结果分为七大维度和 39 个特质，如表 5-2 所示。

表 5-2　CPI 七大维度定义

维度	定义	包含的特质
内驱力	工作动力、要求高低、积极主动性、坚韧性	抱负性、好胜性、精力性、坚韧性、主动性
审慎性	严谨程度、遵守规矩的程度	严谨性、责任性、规则性、自律性、公正性
宜人性	关怀他人、与他人建立关系、赢取他人信任的取向	关怀性、民主性、归属性、信任性、谦虚性、独立性、坦率性

（续）

维度	定义	包含的特质
外倾性	跟他人打交道的能力、影响力、驾驭和掌控力	活跃性、乐观性、乐群性、自在性、敏感性、影响性、支配性、勇气性
情绪稳定性	情绪的稳定性、忧虑性以及应对压力的能力	轻松性、忧虑性、稳定性、效能性
开放性	对变化、新事物的接受程度	好奇性、成长性、自知性、灵活性、果断性
分析与想象	分析、归纳总结、质疑、前瞻等思维倾向性	分析性、理论性、批判性、创新性、前瞻性

价值观测验

价值观及兴趣偏好都是个人动机层面的概念，旨在帮助被测者了解自己的愿望和激励因素。价值观测验可以用于测评个人兴趣与岗位要求之间的匹配度，还可以用于测评个人的价值取向与特定组织文化之间的匹配度。

对动机、价值观和兴趣偏好的测量不同于性格测评。性格测评结果用于预测个人在特定情境下的行为表现。而动机、价值观和兴趣偏好测量的是一个人想要做什么，有哪些驱动因素。在人才盘点中，价值观测验可以测评个人的价值取向与特定组织文化、个人兴趣与岗位要求之间的匹配度。

价值观测验的理论基础是哈佛大学心理学教授麦克里兰的成就动机理论、赫茨伯格的双因素激励理论和霍兰德的职业兴趣理论。为了回避社会称许性的影响，采用迫选的答题方式。价值观测验分为 6 大维度和 22 个子维度。

- 成就取向：高分者倾向于事业心强、竞争性强、行动力强，不怕失败、坚韧不拔且渴望提升自己。低分者倾向于动力不足，喜欢清闲的工作，不喜欢忙碌的工作。包含的子维度有：行动力、成就、竞争、不怕失败、忙碌、商业、自我成长。
- 亲和取向：高分者对社会交往、参加合作活动、主动帮助他人，以及赢得他人的认可有很强的意愿，和谐、友好、稳定安全的工作环境能够激发他们的工作动力。低分者喜欢独处，处事公平公正、不讲个人情面。包含的子维度有：认可、归属、利他、传统、工作保障。

- 权力取向：高分者倾向于对他人采取强有力的行动，喜欢支配、控制他人，说服影响他人。低分者对管理、影响和支配他人不感兴趣，也没有意愿。包含的子维度有：权力、影响。
- 工作风格：高分者对艺术、音乐，或者对科学研究有浓厚的兴趣，喜欢从事此类的工作。低分者对艺术、审美、科学理论研究等没有兴趣。包含的子维度有：审美、科学。
- 工作内激励：高分者受工作本身的趣味性、多样性、多变性的驱动，非常在乎工作上的自主决策权。高分者能够在工作过程中实现自我激励。低分者不受工作本身因素的驱动，对工作的多样性、多变性、是否拥有自主决策权等因素不关注。内激励因素往往比较持久，高潜人才的内激励因素往往得分较高。包含的子维度有：工作趣味性、工作灵活性、工作自主性。
- 工作外激励：高分者对物质激励、岗位高低以及在组织内的身份和地位非常关注，这些因素会极大地影响其工作积极性。低分者对物质激励、岗位高低、组织内的身份和地位不关注。包含的子维度有：物质奖励、岗位晋升、地位。

价值观测验报告样例如图 5-3 所示。

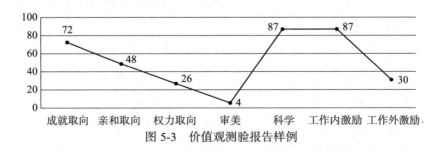

图 5-3　价值观测验报告样例

定制化问卷调研技术

问卷调研的优点是题目设计要求不高，可以根据公司的要求进行灵活设计，同时表面效度高，与工作本身相关度高。缺点是参与者容易掩饰，搜集的相关意见偏差性大。在人才盘点中，问卷调研技术主要应用于360度评估、团队氛围调研以及领导风格调研等。

360度评估

基于组织的领导力素质模型进行360度评估反馈，是绝大多数企业进行人才盘点时所采取的做法。实施360度评估反馈的关键是"确保评估结果的有效性和客观性"，其中的关键技术包括题目设计与调研实施，常模参照技术，报告的解读与应用。

第一，如何进行题目设计，以及如何科学地组织实施调研。如果设计的评估题目不够行为化，而且难以观察和衡量，测评结果的有效性就无法保证。好的题目设计标准包括：题目内容所描述的行为是来自素质模型的典型行为，是具体行为且可以衡量、观察。

360度评估题目样例如表5-3所示，题目设计原则如下。

- 具体性：题目内容应当描述可观察和衡量的具体行为。如果描述的内容太过抽象无法观察，那么就容易受到评价者主观偏见的影响，并且评价结果失真。
- 表现性：题目描述的内容在工作中应当有机会展现，如果所描述的行为缺乏在工作中表现的机会，那么没有表现不等于不具有相应的素质。
- 代表性：所评价某项素质下的行为描述，应当能够涵盖该项素质的核心内涵，且互补不冲突，符合MECE（Mutually Exclusive Collectively Exhaustive，即"相互独立，完全穷尽"）原则。
- 使用最高级形式：使用最高级的形容词，评价者用1～5分评分时，打5分就有了锚定的点，有助于统一打分标准，降低误差。

- 清晰性：评估题目的表述应清晰明确，理解上无歧义。使用内涵较为简单明确的词句；一个句子里不包含两个以上不相关的动词。

表 5-3　360 度评估题目样例

序号	题目举例
1	具有极强的说服影响力
2	面对复杂局面，展现极强的魄力和勇气
3	对自己和下属要求极其严格，不容半点懈怠
4	看问题总是一针见血
5	展现超前的战略眼光

在组织实施 360 度评估时，务必做到匿名答题。如果交给第三方组织实施，匿名性更有保障。如果由公司的人力资源部负责实施，则务必确保任何一个评价者的答题数据不被泄露。如果是普查，可由人力资源部根据汇报关系和工作关系确定评价者名单，每名管理者的直接下属参与评价。如果是抽样调研，也可以让被评价者自己邀请评价者。

第二，常模参照技术对 360 度评估结果的准确性影响巨大。通常采用 50 百分位或平均值作为常模参照，但是我们在应用 5 点评分时，按照中国人的习惯，一般打 1、2 分意味着在该行为上的表现非常差，3 分表示较差，4 分表示良好，5 分属于卓越。因此，得分处于 50 百分位属于待发展的素质，75 百分位属于优秀水平，90 百分位才算卓越水平。如果以 50 百分位为参照标准，管理者拿到自己的报告，一看到自己的某项能力得分超过了 50 百分位，就认为是自己的优势，这会与实际情况相去甚远。

计算常模的数据来源也非常重要，如果以公司内部管理者的 360 度评估数据为基础计算平均数和标准差（常模），得出的领导力水平高低也仅限于公司内部。如果借助第三方公司，以国内或者国际管理者的数据常模为参照，得出的领导力水平高低则更具有广泛性。

第三，360 度评估报告的解读与应用。由于 360 度评估属于问卷调研，虽然表面效度比较高，但是由于各方面误差的存在，可以参照 360 度评估报告推断领导力水平的高低，但不可以用 360 度评估结果直接得出领导力水平高低。

根据禾思咨询的研究，考虑到 360 度评估中评价者之间的误差，也就是说即使存在很多偏差，如果被评价者有一项素质的得分超过 90 百分位，那么也可推断其领导力水平已达到优秀水平，成为卓越领导者的可能性有 50% 以上；如果被评价者没有一项素质的得分超过 90 百分位，即使他有很多项素质的得分超过了 75 百分位，那么其领导力水平也为一般水平，成为卓越领导者的可能性不足 30%。

团队氛围调研

一般情况下，影响组织绩效的变量中 10% ～ 25% 来源于团队氛围。在有些情况下，我们可以根据团队氛围的改善预见绩效的重大提高。

组织氛围的概念是社会心理学之父库尔特·勒温于 1935 年首次提出来的，1996 年哈特（Hart）将组织氛围分为了六个维度，盖洛普公司（Gallup）在 20 世纪末基于对卓越班组的研究，提炼出了打造卓越班组的 12 个问题（Q12），这 12 个问题其实就是团队氛围与员工敬业度打造相关的问题。

团队氛围是一种场域，这种场域会影响员工的动机。研究表明，有些类型的团队氛围能够促进员工的天然动机。另一些类型的团队氛围则会挫伤员工的动机和工作积极性。通过对具体团队氛围的测量，我们可以知道它对员工的工作热情影响的性质和程度。

领导力的作用是通过团队实现的，所带团队的氛围状况、团队成员的敬业度状况直接反映管理者的领导力水平。卓越管理者与一般管理者的显著区别之一是，卓越管理者非常善于打造具有战斗力的团队。所管辖团队的员工敬业度状况不仅在人才盘点时反映管理者的领导能力，还是组织盘点时反映组织状况的重要指标。

对于团队氛围的调研，常见的调研工具有盖洛普的 Q12、光辉合益的组织氛围调研（OCS），以及禾思咨询的团队氛围调研（TCS）。

禾思咨询根据自己在企业咨询领域的实践经验，历时十多年的时间，积累了数万名管理者的团队数据，开发了 TCS。它包括两大部分：员工敬业度调研和团队氛围调研。敬业是员工对组织的一种心理承诺。这种承诺有情感上的承诺，体现为员工对组织重视、满意和信任的程度；也有理性上的承诺，体现为员工认为留在组织中是他们自己的兴趣；还有对组织责任的承诺，体现为员工愿意付出超越职责的努力。

基于统计分析，员工敬业度与满意、投入、留任、推荐和信心五个方面的相关度最高，从这五个方面可以直接测量员工的敬业状态。

- 我为在这家公司工作感到满意。
- 我愿意为这家公司付出额外的努力。
- 我从未有过离开公司的想法。
- 我会引荐或介绍其他人到公司来工作。
- 我对公司实现其战略目标充满信心。

团队氛围描述的是人们在某个环境中工作时的感受，是"工作地点的氛围"，一个影响个人及团队行为方式的标准、价值观、期望、政策和过程的混合体，是人们对"我们在这里的工作方式"的感受。

任何公司若想在本行业保持竞争的锐气，首先必须创立健康的团队氛围，使每一名员工能尽其所能地做好工作或为客户服务。在完成工作目标的过程中，员工的实际表现往往与内在潜力之间存在着一定差距。这一差距产生的原因在于团队氛围对员工主动性和积极性的影响。积极的团队氛围会鼓励和促进员工努力工作，而消极的团队氛围则会打击员工的主动性。禾思咨询综合以往的研究，认为具有战斗力、士气高昂的团队具有以下特点。

- 明确性：工作是明确的，员工知道自己工作的使命和价值，了解自己应该达成的目标，工作开展得到上级有效的资源支持，部门内部的流程顺畅，没有人为的阻碍。
- 绩效导向：团队整体是绩效导向的，大家都愿意挑战高目标，且不断追求将工作做好，做得好的能够获得更多收入和发展机会，而做得不好则会体验到压力和紧迫感。

- 责任性：在工作分工和任务开展上，每个人都能做自己擅长的事情，并且有充足的权限去开展相关工作，犯错不怕被批评，能够得到关于工作情况的及时反馈。

- 激励性：团队成员被充分地激励，包括得到上级的真诚尊重，表现好会得到正向反馈，并且团队领导不把自己当工具，而是真心关注自己的情况，建立情感连接。

- 发展性：员工不仅仅是被要求完成任务，更能看到自己成长的前景，能得到上级的鼓励和辅导，并且有机会在工作中锻炼和提升自己。

- 团队承诺：团队成员之间相互信任和支持，而不是相互拆台，大家愿意为了团队共同的目标而投身工作，奉献自己的力量。

团队氛围调研试题样例（见图 5-4）直接测量员工对团队氛围理想状况的需求，以及员工对当前团队氛围的感受，然后得到其中的差距。根据差距的大小，得出五种天气状况：晴天、多云、阴天、雨天、雷雨天。雷雨天表示最差的团队氛围，晴天表示积极、士气高昂的团队氛围。

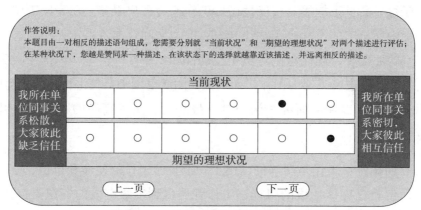

图 5-4   团队氛围调研试题样例

团队氛围测验报告样例（见图 5-5）主要看阴影部分，如果理想大于现实，差距达到 20 分，表明团队氛围在该维度上已经显著影响到组织绩效。另外，需要关注现实情况的得分，如果低于 35 分，不管有没有阴影的差距，都要关注该维度对组织绩效的影响。

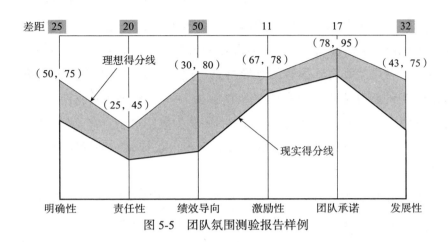

图 5-5 团队氛围测验报告样例

领导风格调研

国内某知名 IT 企业的一位主管服务的副总裁成就动机强，且具有很强的战略洞察力和影响力，为人正直，具有成为一名优秀领导者应该具备的绝大部分特质。但是在刚上任的两年里，下属核心班子成员纷纷离职，就连支持服务业务的人力资源总监也因为忍受不了该副总裁而辞职了。随之而来的是业务的下滑和员工服务品质的下降。经过领导力测评发现，主要问题出在该副总裁的领导方式上，不管下属是谁，不管面对什么样的任务，他都使用指令式的领导方式，要求下属无条件服从自己的指令，且对下属的工作过程进行详细的监控。导致的结果就是，下属觉得自己得不到尊重，也感受不到认可。

在领导力的研究中，领导风格理论一直是重要组成部分。对领导方式的关注起源于 20 世纪 30 年代，库尔特·勒温对领导力特质的研究转向对"领导所处不同环境的研究"。在 20 世纪 50 年代逐渐形成了占据统治地位的领导情景理论，同时开启了对领导过程的研究。对于研究领导风格的价值，菲德勒（Fiedler，1958）有一个重要的观点：领导者的有效性取决于团队或组织的结构特性和形势的发展，其中包括领导者和追随者之间的相互认识。

随着研究的深入，出现了民主型、愿景型、领跑型等领导风格，创新型组织需要民主型和愿景型领导风格，在组织变革时期需要愿景型和领跑型领导风格。灵活使用多种领导风格容易建立个人的领导魅力。研究发现，卓越领导者虽然都有其固有的领导特点，但他们都非常善于在不同情景下采取恰当的领导方式。每种领导风格都受不同的领导特质驱使。事实上，每一种领导风格都会对组织、部门或者团队的氛围产生直接且独特的影响，并最终影响其财务业绩。高效的领导者并不仅仅依靠一种领导风格，他们会因时制宜，灵活采用多种领导风格。

在人才盘点中，领导风格调研是对领导力水平高低的有效测量，尤其是创新型组织或组织变革时期的人才盘点。

以心理学家戈尔曼的研究为理论基础，参考其他多种领导风格理论，在基于过往大量的咨询经验和测评数据分析的基础上，禾思咨询设计了领导风格调研问卷。按照3个维度：对生产的关心、对人的关心以及管理理念的不同（基于目标还是基于价值），把领导风格分为6种类型：指令型、领跑型、愿景型、民主型、教练型和亲和型。6种领导风格并不是完全独立的存在，任何领导者都有自己独特的、整体的领导风格，而不是一种或几种风格的简单组合，这种划分只是为了更好地帮助领导者认识自己在领导过程中的行为倾向。

- 指令型：采用指令的方式要求员工无条件服从，表述直接强势，并且会对员工的工作进展进行严密的监控，通过指出不服从命令的不良后果来警告员工，以确保任务的达成，有时带有一定的强迫性。
- 领跑型：对工作成果高标准、严要求，往往具有很强的专业能力，在团队中经常身先士卒、以身示范，如果时间紧急，或者员工不能按照要求完成任务，则会采取亲自动手的方式来达成目标。

- 愿景型：以实际行动展现对组织目标和价值观的认同，为员工指出组织目标对个人的意义和要求，建立组织同员工的共同愿景，并积极引进新的观念，引导员工思考组织未来可能的挑战。
- 民主型：尊重员工的意见，以开放的心态邀请员工参与决策，营造畅所欲言的沟通环境和分享合作的团队氛围，相信员工具有把事情办好的能力，给予员工自由处理问题的机会。
- 教练型：注重人才的培养和发展，鼓励员工的学习和成长，根据员工的优势和不足进行反馈和辅导，通过询问引导员工自主思考，为员工创造学习和发展的机会，帮助每一位员工达到其最佳水平。
- 亲和型：关心员工的情绪感受和需求，通过及时的表扬或奖励表达对员工的认可，建立相互的亲密感，通过团队活动等形式营造友好、和谐的团队氛围，增强员工对团队的归属感和承诺。

评价时会邀请管理者的多名下属与管理者本人，以图 5-6 中 6 点评分量表进行评价。将评价结果与常模数据进行比较，就可以得到领导风格的类型，以及认知上的差异。

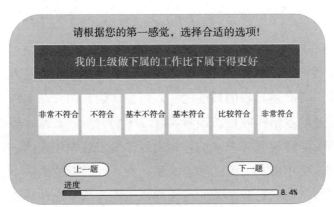

图 5-6　领导风格问卷调研样例

领导风格调研结果包含管理者自己眼中的自己，以及下属眼中的自己。

在人才盘点中，主要使用下属的评价结果，因为只有下属观察和感受到的
行为，才是真正有效的行为。在领导风格调研报告阅读说明（见图 5-7）
中，每种领导风格根据其百分位得分，分为三个级别：0 ～ 50 百分位属于
不显著的风格（从属风格）；51 ～ 65 百分位属于辅助风格；65 百分位以上
属于主导风格。

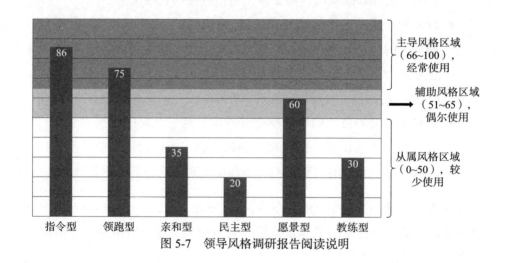

图 5-7　领导风格调研报告阅读说明

行为事件访谈技术

　　行为事件访谈技术作为人才盘点中最为常用的技术，是人力资源工作
者和业务管理者必须具备的技能之一。行为访谈有两种基本理论，一是针
对过去发生过的事情探究被访谈者实际发生的行为，其基本假设是过去表
现出来的行为能够预测其未来的行为表现，基于这种理论的访谈法被称为
行为事件访谈法（BEI）。第二种理论是，在一种假设的情景下，观察被访
谈者如何反应，从而对其未来的行为进行预测，基于这种理论假设的访谈
法被称为案例面试法或者叫情景面试法。

　　情景面试法比较简单，而且容易掌握，缺点是容易泄露题目。一旦题
目被泄露，或者被评价者提前做好了准备，结果就失真了。情景面试法常

用于考察人的思维能力，例如"使用外行能够听得懂的语言讲述一个你熟悉的专业术语"；也可以考察人的同理心，如"你非常要好的朋友的宠物狗得了严重的疾病，需要花一大笔钱医治，但医治好的可能性不到50%，你的朋友该不该去医治"；还可以考察人的影响力，如"你的一位非常能干的员工突然提出辞职，原因是不能适应你的领导风格，你将如何沟通来留下他"。

行为事件访谈技术的特点是，访谈者不容易掌握，需要经历训练和练习，但一旦掌握就可以灵活应用，且不需要提前准备结构化面试题。行为事件访谈技术主要包括两种类型：一种是基于行为学派的 STAR 技术，另一种是基于认知学派的 FACT 技术。表 5-4 是两种行为事件访谈技术的对比。实际上，相比 STAR 技术，FACT 技术会探询行为背后的原因和感受，探询的难度更大一些，但获得的信息更多一些。

表 5-4　两种行为事件访谈技术的对比

STAR 技术	FACT 技术
Situation：情景、角色	Feeling：当时的感受
Task：任务、问题	Action：当时的行为（做什么、说什么）
Action：行动（做什么、说什么）	Context：当时的情况（任务、角色、时间、地点、挑战、结果）
Result：结果	Thinking：当时的想法

行为事件访谈技术的要点是：首先，让被访谈者讲述事件发生的具体时间、地点和角色，明确面对的难题或任务。请记住，务必要把被访谈者拉到具体场景下，才能探寻具体行为。其次，询问被访谈者解决难题的具体行为：做了什么、说了什么。如果是对话，要把具体对话的过程讲述出来；如果是解决具体难题，要把解决难题过程中具体思维过程讲述出来。再次，询问为什么这么做、这么说，探寻具体行为背后的思考过程。最后，询问解决难题后的感受，或对话后的感受。

人才盘点的第一责任人是业务负责人，行为访谈过程应该由业务领导参与并主导，为了实现这一目的，禾思咨询设计了一种小组面试法，又称述能会。该方法最早由联想集团使用，后来经过应用结构化行为事件访谈技术，我们对评分标准、述能模板以及提问技术进行了标准化。

⋔ 案例

长安汽车处级管理者述能会

为了从处级管理者中甄选出高潜人才进行重点培养，并淘汰一批不称职的人员，长安汽车需要设计一种技术和方法，对几百名处级管理者进行全面盘点，并由业务部门负责人主导，确保结果的公平性。

长安汽车综合评价后决定采用述能会的评价方法，在每个部门成立人才发展委员会（Personnel Development Committee，PDC），部门一把手为总负责人，副部级为委员会成员，HR和外部顾问作为技术支持。

具体操作流程是，处级管理者按照人力资源部提供的述能模板提前准备述能报告，在述能会当天，每位处级管理者用15分钟的时间讲述，评委提问30分钟，评委在提问的过程中进行评价（给出优劣势的评语）和打分，然后紧接着进行下一位处级管理者的述能。以半天为单位，对已经完成述能的人员进行讨论，被评价者的直接上级先发言，结合被评价者平时的行为表现给出优劣势的评价，然后是其他评委发言，最后是部门一把手进行评价。待所有人员述能结束后，进行综合排序，然后应用九格图，讨论每个人的发展潜力及发展举措。

为了便于管理者进行评价，长安汽车对评分标准进行了简化。基于长安汽车的领导力模型（1721模型），简化为三条标准：管理自我（占比30%）、管理业务（占比40%）和管理团队（占比30%）。

在每个部门开始述能会之前，人力资源部对所有的评委进行访谈技术的培训，包括如何进行提问。

为了便于应用行为事件访谈技术，长安汽车对述能报告模板进行了针对性的设计，所有处级管理者要按照述能报告模板准备述能材料。述能报告主要包括以下内容。

- 自我介绍部分，主要针对工作经历进行分析，用于评价其专业经验。
- 个人优劣势分析，评价其自我认知和自我反思的深度。
- 成功事件和遗憾事件剖析，这部分是能力评价的关键，剖析其在最成功和最遗憾事件中的行为表现。
- 对负责业务的发展规划，评价其业务规划能力、视野和前瞻性。
- 对负责团队的发展规划，评价其团队管理能力。
- 个人职业发展计划，评价其职业发展动力。

长安汽车通过述能会，不仅甄选了高潜人才，识别了部分不称职的管理者，同时提升了部级管理者的识人用人能力。

实施述能会的关键技术要点是：制定简单可衡量的标准，以及指导业务管理者掌握提问题的技术。

在述能时能力评价标准尽量简单可量化，禾思咨询基于在人才盘点中的经验，制定了一个相对通用的标准，读者可以根据自己的领导力素质模型进行调整。建议能力标准不要超过 8 项，每项能力标准尽可能量化，如表 5-5 所示。

表 5-5　述能评分标准示例

评分	追求卓越
1 分	被动做事：怕吃苦，好逸恶劳，混吃"等死"
2 分	按照要求和指令做事：有责任心，对自己要求不高。不定期需要他人的督促，爱喝"心灵鸡汤"
3 分	主动做事：在乎自己的声誉，有好胜心，不甘落后
4 分	设定挑战性目标：善于打硬仗，克服困难重重，坚持到底不动摇
5 分	企业家精神：创业精神，志向高远；得第二，就是失败

要把员工的能力可视化，需要尽可能得到更多的有效行为。为此，我们专门设计了述能模板，把行为事件访谈技术的话术融入模板中。述能模板（见表 5-6）的核心内容包括选取两个最成功、最能代表个人能力的典

型事件，详细讲述自己在其中的所作所为，以及自己的想法和感受。此外，还加入了述职的内容，重点考查系统思考能力。

表 5-6　述能模板：印象最深刻的事件

请你讲述一件业务管理方面（如业绩提升/流程优化/业务突破/客户服务等）令你印象深刻的事件。要求：
（1）选取的事件最能够体现你个人的能力，也是你过去一年中解决的最难、最复杂的事件（可以是成功的，也可以是失败的）。
（2）以本人为主人公来讲述（用第一人称"我"而非"我们"），该事件应发生在近1年内，请重点围绕你本人在事件中遇到哪些挑战，你当时是怎么做的？当时说了什么话？当时你是怎么想的？以及把当时的感受写下来，请务必按照以下格式填写。
（3）请务必讲述事实，不要使用概括性的语言，把事件的细节写得越详细越好。

事件的基本情况

案例名称	
案例时间	
个人角色	
其他人员	

事件的起始原因和背景

简单介绍整个事件 （事件的起因？谁发起的？事件发生的时间？地点？）	在事件起始时，你的工作思路是什么？	事件发生时你的情绪感受？

起始	关键任务/关键挑战	详细写下你的行动和关键的对话过程	当时为什么这么说？为什么这么做？	当时你的情绪状态？
阶段1	开头			
阶段2	过程			
阶段3	结尾			
阶段4	//			
结尾				

　　述能会中的提问综合应用行为事件访谈技术和情景面试，主要围绕两个方面：一是被访谈者讲述的是过去亲自做的事情，访谈者通过挖掘具体的行为、思考和情感来提问。二是被访谈者对业务和团队的思考和规划，访谈者通过倾听其对现状的分析、了解、洞察，以及解决问题的思路进行提问。

　　在应用 FACT 技术（见图 5-8）探寻具体的行为时，注意区分事实和掩饰，所有讲述的观点必须在具体的情景下，空谈理论或"背诵"观点都不能作为评价的依据。

　　应用 FACT 技术进行提问，可以参考表 5-7 中的问题。

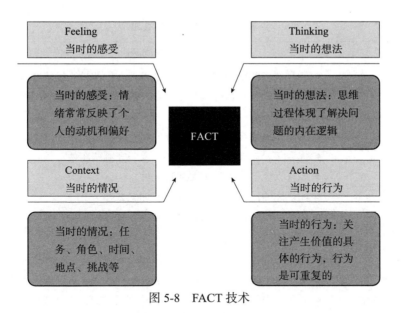

图 5-8　FACT 技术

表 5-7　FACT 技术问题参考

模块	参考问题
思考（Thinking）	● 你是怎么思考的 ● 你当时有什么样的想法 ● 当时你是怎么设想的
行动（Action）	● 你当时做了什么，后来呢 ● 你当时说了什么？对方说了什么？把当时对话的过程再现一下
背景（Context）	● 这件事情发生在什么时间、什么地点，当时的情况是什么样的 ● 整个过程中最有挑战性的是哪个环节 ● 在做计划时，面临什么样的情况 ● 你个人的角色是什么，其他人呢
情感（Feeling）	● 你当时有什么感受 ● 当时你有什么情绪反应 ● 你说这句话的时候是什么语气

　　针对业务和团队管理的情景面试，可以围绕"现状分析、目标设定、差距分析以及行动策略"进行提问。参考问题见表 5-8。

表 5-8　情景面试问题参考

模块	参考问题
业务发展规划	<ul><li>所在城市的市场和竞争情况如何，我们的核心优势在哪里</li><li>今年你的工作目标是什么，如何进行分解（"化学分解"而不是物理分解）</li><li>为了实现你今年的目标，你的核心举措是什么</li><li>你今年要放弃哪些东西，必须要坚守哪些东西</li><li>如果只抓三件事，你要抓哪三件</li><li>如果你的计划无法达到效果，你怎么办</li><li>你需要什么资源投入，可能会有什么样的风险</li></ul>
团队发展规划	<ul><li>你当前团队的总体情况如何，谁是最有潜力的员工</li><li>如果按照目前的发展，明年你的团队配置应该是什么样的</li><li>对于未来团队建设，你认为最大的挑战是什么，如何解决</li><li>对于其中的 ××，你是出于什么考虑放到这个位置的</li><li>你的团队发展计划中提到了扩员，需要什么资源，什么时候进行</li><li>你的团队管理存在哪些方面的风险，如何避免</li></ul>

第6章

人才盘点的运营体系

> 当一家公司不顾一切地模仿最佳实
> 践，强调流程、形式的正确性时，往往
> 为其失败敲响了警钟——忽视、遗漏
> 甚至误解了决定成败的更微妙、更有挑
> 战性也更重要的因素。
>
> ——诺埃尔·M.蒂奇，
> 《高管继任》[⊖]作者

　　每年4～5月，"人才"这一概念在通用电气公司显得格外引人关注。人才盘点系统会议（Session C）作为一项年度公司级会议，在每年4～5月如期开展。紧随 Session Ⅰ（设定三年业务规划）和 Session Ⅱ（设定第二年业务目标）之后，既体现出公司对人才的重视，也让与会者感到无形的压力。Session C 的流程经过严密的设计：在会议开始前，采取书面化的、非常正式的方式对每位员工进行评估；并安排每位被盘点对象与自己的直接经理讨论个人发展计划，并拟定下一年度需要参加的培训。在 Session C 的讨论会议上，CEO 和高级人力资源副总裁会见每个业务单元的主管和人事主管。在长达12～14个小时的紧张会议中，与会者充分展现自己的战略及人才洞察力，对业务单元有潜质的人才以及组织的优先目标做出评估，系统审视人力资源对业务目标与计划的支撑情况。

　　中国某知名汽车零部件制造企业 B 也进行了一次人才盘点。虽然这是该公司的第一次人才盘点会议，对人才进行审查盘点也是 CEO 临时起意，

　　⊖　该书已由机械工业出版社出版。

但对处于业务转型期的公司管理层来说，却是市场竞争环境下"不得不"的选择。对于新的管理工具，管理层展现出极高的开放度和学习意愿：素质模型打通了战略发展和人才要求之间的关系；专业的测评工具更是延展了管理者对下属认知的深度，帮管理者跳出日常工作的深井，从本质看人才。管理层的耿直在盘点会议上展现无遗，摒除了"本位主义"的管理者就事论事，直言不讳，对人才的评价虽偶有"跑偏"，但在外部顾问的引导下，讨论很快又回归到正确的方向。本着不放过一个人才也决不允许"浑水摸鱼"的原则，会议结束后，管理层识别出一批支撑企业未来发展的高潜人才，同时也意识到了过往"唯业绩论"人才使用方式的问题。

对以上两家公司而言，虽然方式不同，但都通过人才盘点解决了企业发展遇到的问题。那么对企业来讲，到底什么是适合自己的人才盘点模式呢？

影响人才盘点的几个因素

诺埃尔·M.蒂奇在《高管继任》一书中提出了"TPC模型"，将影响企业人才决策的因素归结为技术因素（Technology）、文化因素（Culture）和政治因素（Polity）。

作为一个新的管理工具，实施人才盘点需要新知识和技术的学习和积累。值得注意的是，对人才盘点的学习是一项组织行为，不仅HR本人，业务领导也需要有意识地通过训练提升自己的识人用人能力。在前面的案例中，GE的管理层就展现出经过系统培养的人才洞察力，这一能力的组织内化将大大提升人才盘点的准确性和效率。

文化是一家企业生而俱来的基因，组织内部的行为风格是文化的体现。在前面的案例中，企业B的文化基因是简单直接，管理者在盘点会上可以直言不讳，充分发表对某个人才优劣势的意见。反过来想，如果一家企业的文化较为保守，那么如何确保人才盘点会现场的充分讨论？是强制与会者发言，还是由第三方主导盘点会？

不可否认，人才盘点是组织内所有流程中最有政治色彩的一项，人才决策意味着内部权力的分解和重新分配。作为人才盘点体系的设计者，需要正视且小心拨动这根敏感的弦。

除此之外，企业的发展阶段、业务特性等因素都会对人才盘点体系起到不同程度的影响。

人才盘点的四种模式

在设计人才盘点模式伊始，通常会以如下问题作为切入点。

- 我的公司为什么要进行人才盘点？是为了在短期快速摸清情况，还是建立长期的用人机制？
- 本次盘点的利益相关者是谁？是否需要业务领导参加？
- 如果业务领导参加盘点会，他们的人才评价能力能否满足盘点的需要？是否需要外界手段进行支持？

基于多年人才盘点的实操经验，禾思咨询总结出人才盘点的四种模式（见图 6-1）。企业要综合考虑盘点技术、组织文化、内部政治关系等因素，选择与组织发展阶段匹配的人才盘点模式。

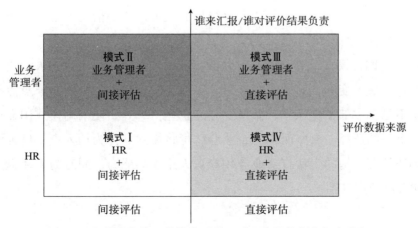

图 6-1　人才盘点的四种模式（基于禾思咨询的研究与实践）

　　模式 I 以 HR 为主导，对组织人才情况进行分析并形成盘点结果。这种盘点模式常使用在线测评工具获取数据，直接将盘点结果进行数据化分析。盘点涉及的人际关系相对简单，组织投入工作量较小，但盘点结果对测评工具的准确度的依赖程度极高；同时，由于业务部门没有参与到盘点过程中来，盘点过程的公平性和结果的可靠性存在被质疑的风险。因此，模式 I 适用于被盘点人数较多，希望在宏观上对人员能力水平有所了解的组织。

　　模式 II 以业务部门为主导，由直线上级结合工具的测评结果和被盘点对象的平时表现进行汇报，这样盘点出的人才与业务的契合度高。同时，在准备盘点的过程中，能够提升业务部门的识人用人和组织管理能力，统一组织内部的用人观，对组织具有战略意义。这种盘点模式的准备工作量较大，需要在盘点会前对直线上级进行多次培训和辅导。因此，模式 II 适用于希望打通人才与业务的联系，通过人才梯队建设支撑业务发展且对公司高层的参与度有很高要求的组织。

　　模式 III 也是由业务部门主导，但组织已经将评价组织和人才的能力进行了内化，因此在盘点过程中不需要或者很少使用测评工具。这种模式通常作为一项常规的业务流程，在承接公司战略解码会的基础上，系统盘点组织和人才情况，是一项战略落地工具。需要注意的是，模式 III 的固化不是一蹴而就的，通常从模式 II 积累演化而来。

　　模式 IV 要求 HR 对业务和人有很深的理解，这种情况不常见，通常存在于规模较小的组织。

　　以上四种模式既有区别又有联系，需要注意的是，企业的人才盘点模式不是一成不变的，而是一直处于动态演进的过程中。对于一家盘点技术积累不足、内部文化保守、派系复杂的企业，一开始便采用模式 III 显然不是一个好的选择。有些明智的企业会选择将模式 II 作为切入点，借助测评工具和外部机构的力量打造业务领导识人用人的能力，同时为人才盘点流程化破冰奠定基础。

人才盘点成功的关键

一个人才盘点项目的成功，不在于形式。富有讽刺意味的是，当一家公司不顾一切地模仿最佳实践，强调流程、形式的正确性时，往往为其敲响了失败的警钟——忽视、遗漏甚至误解了决定成败的更微妙、更有挑战性也更重要的因素。

在过往的经验中，我们发现，人才盘点项目成功的实质在于将人才盘点融入业务的运营体系，关键是使人才盘点成为每一位管理者日常管理工作的一部分，培养管理者识人用人、知人善任的管理意识，把对员工的选拔、评价和发展作为管理者必须具备的一项核心管理能力。

大道至简，在设计人才盘点体系或项目的伊始，我们建议参考以下原则，回归管理的本质。

第一，明确整个人才盘点流程的第一责任人是业务负责人，而不是HR。HR 只是方法、工具的提供者和促导者（Facilitator）。

第二，不管是对组织结构的盘点决策，还是对关键岗位人才的盘点决策，始终把公司的利益放在第一位作为指导原则，而不是部门的利益。

第三，人才盘点是一项选择，需要做减法。对人才评价的结果，例如高潜人才的数量，要跟随后的发展资源投入相平衡。如果高潜人才过多，而培养资源有限，将导致整个人才盘点活动意义不大。

从建设强有力的组织、进行组织能力升级和人才升级角度看，实施人才盘点项目成功的关键在于以下四个要点。

要点 1：关注个人的业绩和产出。过去一年，每位被盘点对象在提升经营业绩上采取了什么策略，做出了哪些改变。例如，有没有制定或实施新的竞争战略，有没有推出新产品，或者在经济低迷时有没有快速地削减成本。

要点 2：关注个人的发展潜力。一个必须考虑的问题是：在未来一年，他继续任职的话，会进步多少？能不能带来绩效的显著提升？尤其是针对在一个岗位上任职了四五年，还被认为是高潜人员。如果答案是否定的，那么他不能被认为是高潜人员，最好调动一下岗位。

要点 3：不要让任职者长期待在一个岗位上。一个人长期待在一个岗位上，自然而然就会形成组织的"熵增"（组织会变得越来越僵化），因此，每年都要做"熵减"的动作（轮动和调整），才能保持组织的活力。

要点 4：做提拔的决策时（放入 8、9 格，在九宫格中的位置），要平衡经验和潜力，做出大胆决策。在提拔和任用干部时，仅基于发展潜力而不是经验，或者仅基于专业经验而不是发展潜力，都会有失偏颇。最安全的方法是，先看专业经验，再结合能力和发展潜力做出提拔的决策。过于坚持安全的方法，对提升组织竞争力帮助不大，对组织发展产生不了根本性影响。

各成员的角色及分工

在一项人才盘点工作中，涉及多类型成员的角色及分工，如表 6-1 所示。

HR 作为人才盘点工作的主要推动者、监督者和理念宣传贯彻者，工作中必须把握三个核心问题。

（1）塑造客观公正的氛围。

客观公正的氛围是人才盘点工作发挥作用和意义的前提，因为盘点工作中会涉及很多较为敏感的人事信息。HR 需要通过多种策略，营造公正的氛围，让员工特别是各层级管理人员正确看待人才盘点工作，做出客观的评价。

（2）统一人才观和用人文化建设。

通过统一的人才标准，使组织上下都重视人才，而且能更全面地看待人才。在看待人才时，不是光看业绩，还要看到其他软性能力。在组织内形成统一的"人才语言"，打破"论资排辈"和"地方保护主义"。

（3）赋能管理者。

盘点的一个目的是通过人才盘点会汇报的形式，帮助管理者理清管理思路，逐步建立起组织管理和人才管理能力。在整个盘点工作中，关注的重点应放在传导"战略－组织－人才"的管理理念上，明确地向各级管理者传达人才盘点不是一项任务，而是支撑组织战略的重要手段和方法。

表 6-1　人才盘点各成员的角色及分工

岗位	事业部级人才盘点	公司级人才盘点
CEO	● 组织与人才管理方向的"定调"者 ● 监督者	"公司级人才盘点第一责任人" ● 坚持高绩效标准、坚持组织升级和管理升级 ● "逼迫"参会人员设定和实施更严格的绩效标准，并且层层向下传递 ● 对组织和核心业务流程进行疏通和优化
公司总部HR	● 事业部级盘点的支持者 ● 制度、方法的解释者	"公司级人才盘点核心推动者" ● 制定人才盘点制度，提供人才盘点方法与工具 ● 解答人才盘点准备过程中的疑问 ● 主持、促动人才盘点会 ● 监督盘点后行动计划的执行情况
各事业部负责人	"事业部级人才盘点第一责任人" ● 完成对下属的评价 ● 听取各部门负责人的人才盘点汇报 ● 监督各部门落实盘点后的行动	"公司级人才盘点关键参与者" ● 完成对下属的评价 ● 准备盘点会的汇报材料并汇报 ● 跟踪、推动盘点后行动计划的实施
各事业部HR	"事业部级人才盘点核心推动者" ● 解答人才盘点准备过程中的疑问 ● 主持、促动人才盘点会 ● 监督盘点后行动计划的执行情况	● 协助事业部负责人完成事业部级人才盘点汇报材料的准备 ● 跟踪、推动盘点后的行动计划实施

（续）

岗位	事业部级人才盘点	公司级人才盘点
事业部下属部门负责人	"事业部级人才盘点关键参与者" ● 完成对下属的评价 ● 准备盘点会的汇报材料并汇报 ● 跟踪、推动盘点后行动计划的实施	● 作为被评价对象完成测评
基层经理	● 作为被评价对象完成测评 ● 完成相关表格的填写	—

案例

HR 在人才盘点中的角色模型

角色定位：人才盘点的组织者和专业支持者，人才识别与组织发展方面的专家（第一责任人是业务部门的主管领导，不是 HR）。

知识要求：组织与岗位的知识、素质冰山模型相关知识、业务知识、经营知识、领导力和战略知识、团队管理与发展的知识等。

技能要求：能力标准制定；心理测评技术（熟练掌握至少两个测评工具，即 360 度评估、个性测验）、行为事件访谈技术、人才盘点（人才地图绘制）、教练式反馈技术（GROW）和 IDP 制订、学习地图及学习项目设计、组织设计与组织盘点。

能力要求：从业务视角看组织与人才发展（业务洞察力）、人际与组织敏感/知人之智、说服力、勇于担当。

人才盘点操作流程

一个完整的人才盘点流程共分为四个阶段：①准备阶段，包括对人才盘点的整体规划和时间安排，召开沟通说明会，以及人才盘点资料的设计和准备；②测评和收集评价结果，准备盘点报告；③召开人才盘点会；④后期组织与人才行动计划的跟进落实。

不同的组织在实施人才盘点时会受不同因素的影响，这就造成人才盘点的运营形式千变万化，各不相同，如表 6-2 所示。

表 6-2 各人才盘点模式的操作要点

操作要点	模式 I	模式 II	模式III	模式IV
确认评价标准	√	√	√	√
设计盘点流程及工具表格	√	√	√	√
召开沟通说明会		√	√	
收集评价结果	√	√		
指导各个部门或分公司、子公司填写表格和准备资料		√	√	
召开人才盘点会	√	√	√	√
后续行动计划的跟进落实	√	√	√	√

在以上几种模式中，模式 II 的操作最为复杂，也是目前国内企业采用最多的模式。鉴于此，下面将以模式 II 为例，给出一套人才盘点模式，供各位读者参考。

准备阶段

实施人才盘点前需要做好三个方面的准备工作。

首先是确认评价标准并收集评价结果。每个组织都有对领导者的评价标准，这个标准可能就是领导力素质模型，也有可能在此基础上增加其他维度的评价指标。例如，长安汽车以本公司的领导力素质模型为标准，对干部梯队进行逐层评价；越秀地产则主要利用能力和绩效两个维度评价管理者；联想集团通过绩效和岗位经验评价共同形成对管理者潜力的评价。不同的公司选择的评价维度有所不同。统一能力评价的标准更容易识别和发展企业中的人才。

评价指标体系除了绩效和能力，主要还有以下几类。

- 跨地域调动的意愿：是否愿意跨区域调动，是否愿意外派到其他国家。
- 离职风险：H= 高；M= 中；L= 低。
- 学历：毕业学校是否为 985、211 ；硕士、博士文凭有所加分。
- 经验：经验是一把双刃剑，"原单位"（"原单位"可能是公司外或公司内）的名声如何？历史上取得的成就或失败。
- 司龄：司龄是否超过 10 年。司龄超过 10 年的员工，一般不列入裁员对象。
- 年龄：是否为 "70 后" "80 后" "90 后" "95 后"？目前的趋势是年轻化，一般企业不再把 "70 后" 列入高潜人才库。
- 岗龄：在一个岗位需要待满多少年才有可能被提拔？
- 潜力：对潜力的看法，采取保守策略还是进攻策略。在九宫格中，保守策略，7、8、9 格的占比少；进攻策略，7、8、9 格的占比多。
- 忠诚度：具有共同的价值观非常重要。

其次是设计一套非常简单有效的盘点流程和工具表格用于盘点会。这套表格应该足够简洁、直观且便于讨论。常用的表格通常包括：

- 组织现状分析。
- 目前的组织结构与岗位分工。
- 关键岗位的人岗匹配度分析。
- 每个被盘点对象的个人发展档案。
- 人才九宫格。
- 部门被盘点对象的强制排序。
- 继任计划树图。
- 未来 6 ～ 12 个月的行动计划。

最后，在准备阶段至少还必须完成一项工作，即沟通说明会，重点介绍人才盘点的意义，以及需要参与者完成哪些工作。

开展组织与人才盘点对组织的意义或价值：

- 科学地建设人才梯队，提升组织能力。
- 降低用人风险。
- 挖掘高潜人才，加速高潜人才的培养。
- 形成自己的一套管理理念、管理工具。
- 提升管理者识人用人、排兵布阵的能力，提升领导力。

开展组织与人才盘点对员工个人的意义或价值：

- 提升个人的自我认知，找到自己的优劣势，不断提升自我（不断挖掘自己的潜力，确保自己不掉队）。
- 营造公平公正的发展环境，能者上、庸者下。
- 通过轮岗、晋升以及学习项目帮助员工快速学习和成长。

收集数据与准备盘点报告

在实施完测评和述能会之后，完成盘点报告，主要有两个部分的工作：员工发展档案的准备，综合盘点报告的撰写。这两部分的工作可以分为四步来完成。

第一，制定员工发展档案。

人才盘点需要设计一张汇集员工基本信息、绩效、能力评价和发展规划等信息的综合表，称为员工发展档案。一般而言，员工发展档案主要包括以下 8 个方面的信息。

- 个人基本信息：年龄、司龄、岗龄、学历等。
- 经验或经历包括公司内的、公司外的，也包括主要学习经历。
- 离职风险和可否在公司内部调动。
- 主要成就包括业绩贡献、专利发明等。
- 最近两年的业绩评价。
- 盘点周期内的能力评价结果。
- 盘点周期内的潜力评价结果（确认在九宫格中的位置）。
- 个人的优劣势评价及发展计划。

个人基本信息、经验或经历、主要成就等相关内容可由被盘点对象填写，其直接上级进行审核，可以在人才盘点系统上完成。如果没有人才盘点系统，可以从 ERP 系统上导入，这样可以减少填表的工作量。

能力评价和业绩评价部分主要由人力资源部门完成信息收集。大部分信息可以直接从述能报告或述能会之后撰写相关的能力评语里获取。如果没有开展述能会，一般由被盘点对象的上级完成这部分信息的输入。

上级对下级的评价通常包括业绩、能力或潜力的评价，离职风险评价，对部门业务的影响评价，可否在公司内部调动等，相关内容由上级领导（盘点汇报人）对直接下属评价后填写。

在完成评价之前，我们建议上级领导与每位被评价员工进行当面沟通，在了解每位员工的实际情况和真实想法后完成上级评价表的填写工作。上级可以通过询问员工以下问题了解员工的真实想法和未来职业发展意愿等，有助于上级对员工做出更加准确的判断和评价。

- 目前所从事的工作中，你最喜欢哪个部分？
- 目前所从事的工作中，你最不喜欢哪个部分？
- 回想一下你做得最好的或你认为贡献最大的一份工作，是什么让你做得最好？
- 如何描述你对现在岗位的满意度和愉快度？
- 在本部门和其他职能部门的岗位中，你最感兴趣的职业发展机会是什么？
- 是否有特别不适合你的能力、天赋和兴趣的职业发展形式？
- 你对怎样的潜在职业通道感兴趣？
- 在这些潜在的岗位中你可以贡献怎样的能力和价值？
- 你认为自己需要具备怎样的工作经历、教育经历和（或）特质才能胜任这些潜在岗位？
- 什么项目或新的工作职责能够激发你的兴趣？
- 你对怎样的发展或培训机会感兴趣？这些如何促进你现在及将来的表现？

- 你对领导岗位或管理员工感兴趣吗？
- 你认为自己在现在及将来需要重新定位的能力是什么？你会（或不会）转入哪些领域，或者你将面向所有领域？
- 如果有机会的话，你是否对全球作业感兴趣？
- 关于你的职业发展兴趣还有其他补充吗？

对下级进行评价的过程是人才盘点会之前的核心内容，这一过程的有效性取决于管理者在日常工作中投入了多少时间关注下属的成长，如果仅仅期望通过一两天的思考来完成评价，显然是不够的，我们相信此时的评语也是苍白的。在这个阶段，需要管理者从以下维度做出判断。

（1）能力评价。能力评价的目的是上级识别下属员工个人能力的优势和待发展的方面，然后把个人放到组织中，分析个人能力与组织需求的匹配度。能力评价一方面可以帮助员工和管理者从更加客观的角度全面地诊断该员工的优势和能力发展空间，提升管理者识人用人的水平；另一方面也可以为下一步召开的人才盘点会收集用于讨论和论证的客观证据。能力评价的范围一般是指员工对现任岗位的胜任力情况，包含领导力、专业知识和技能、工作态度和行为等。

对管理人员来说，一般倾向对其领导力进行评价；对专业人员来说，一般倾向对其专业知识和技能进行评价。

能力评价的方法有多种，如述能会、案例分析、角色扮演、无领导小组讨论、认知能力测验、性格测试、领导风格测试、组织氛围测评、360度访谈以及360度问卷测评等。

虽然测评工具可以提供能力评价的参考，需要明确的是，能力评价的最终结果还是由其直接上级所提供的，人力资源部门在整个过程中更多的是提供统一的能力评价标准和等级标准，尽量保证每一位管理者评价员工的标准和等级是一致的。

（2）离职风险和是否可调动。进行人才盘点时，对有离职风险的员工，也不能放入高潜人才库中。对异地岗位的后备高潜人才的甄选，需要判断该员工有没有到异地工作的意愿。

- 离职风险：由上级评估该员工离职的可能性有多大。
- 对部门业务的影响：由上级评估该员工如果离职，会对部门业务运行造成多大影响。
- 可否在公司内部调动：由上级确认该员工可否在公司内部调动，包括到国外工作。

（3）确认在九宫格（潜力评价）中的位置。综合以上所有信息，给出潜力评价。所谓潜力，是指当下的工作状态，在放入第7、8、9格时，除了考虑以上所有信息，还要考虑公司的业务战略和待继任岗位的要求。

（4）给出定性的优劣势评价。为了便于在人才盘点会阶段对候选人有更加深入的认识和讨论，作为上级，还要判断出被评价员工的优势项和待发展项有哪些，并进行具体的行为描述，如图6-2所示员工发展档案示例。值得注意的一点是，判断被评价员工的优势项和待发展项需要结合能力评价的标准（常用的标准一般为领导力模型）。

第二，对组织整体情况进行盘点（组织盘点见第4章）。

在对人员基本信息进行盘点时，主要指导思想是年轻化，人才结构合理化，不断提升人员效率。

- 核心人群的年龄结构、学历、司龄、岗龄。
- 人才结构有没有断层，头部、腰部力量如何。
- 高能力、高潜力人才在各个事业部、部门之间的分布。
- 整体的业务能力、领导力水平如何，能否支撑战略发展目标。（如果有行业对标更好。）
- 鼓励高潜力人才跨事业部、跨部门流动。
- 加大对高绩效高潜力人才的激励力度。建议把"能上能下、能进能出"写入管理者任用制度。

这听起来是再正常不过的事情了，但在大多数企业，将薪酬激励与高绩效、高潜力结合起来方面做得并不好。尽管很多企业都把"能上能下、能进能出"写进战略规划报告，但目前大多数企业还是纸上谈兵，没有做

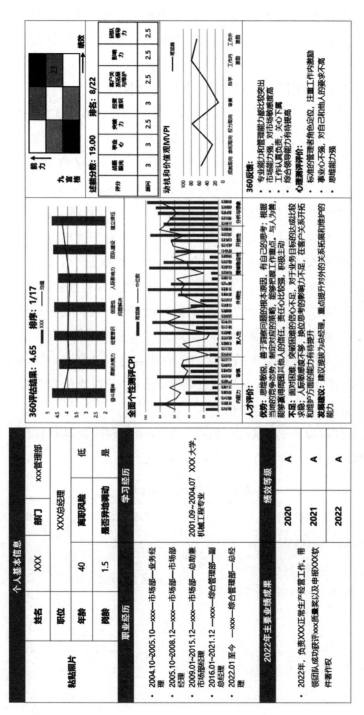

图 6-2　员工发展档案示例

到让绩效更好、更有发展潜力的人获得更高的报酬。如果做不到这一点，会极大地打击高绩效、高潜力人员的积极性，因为自己的努力得不到相应的回报。

第三，制订组织行动计划和人才发展行动计划。

撰写人才盘点报告还要形成组织和人才发展未来6～12个月的行动计划。管理者在准备以上工作的时候，必然会对组织发展有更加系统和深入的思考。例如，现有人员与组织发展匹配的问题，后备梯队匮乏的问题，关键岗位空缺的问题，关键人才如何保留的问题，用工效率偏低的问题等。针对这些问题，管理者需要提前思考如何解决，形成一个可操作的行动计划。

这项计划必须有详细且可衡量的目标，同时有关键的责任人落实。在进行下一年度的人才盘点时，首先的工作就是回顾每个组织上一个周期的行动计划是否已经落实，执行的情况如何。这些工作可能包括晋升、轮岗、外派、培训、淘汰等，它们是否能够落实也反映了公司是否重视承诺。更重要的是，前面所有的人才盘点工作都是"纸上谈兵"，只有落实行动计划才会真正触及组织和个人的变化，才看出究竟是"真盘点"还是"假盘点"。当管理者发现这些盘点只不过是满足CEO的权力欲望而没有任何真正行动时，盘点将没有任何价值。

计划制订需要符合SMART原则，即行动计划应该是具体的、可衡量的、可实现的、相关的、有时间期限的（见表6-3）。

表6-3　行动计划表示例

行动计划	完成时间	负责人
实施新的组织结构调整	2015年6月	×××
提升关键岗位人才梯队准备度 （每个关键岗位只需1名合格继任者）	2015年12月	×××

第四，业务管理者完成所有汇报材料的撰写。

在完成以上准备工作后，还要对材料进行汇总、审核，以便准备好所在层级的组织与人才盘点会所需要的所有材料。HR 要协助对应的经理准备材料，同时对其他汇报者的材料进行审核。

在准备材料过程中可引导经理思考如下问题：

- 组织架构是什么？各个部门的职责是什么？
- 要不要调整组织架构？调整或不调整的原因是什么？
- 整个组织的优势有哪些？还有哪些地方需要提升？
- 直接下属的能力如何？哪些是高潜人才？哪些是需要淘汰的人？
- 继任计划：哪些是关键岗位，这些关键岗位现有人员的能力如何？
- 哪些关键岗位有空缺的风险？原因是什么？对组织的影响是什么？
- 关键岗位的未来继任者是谁，为什么？
- 针对高潜人才的个人发展计划是什么？
- 针对目前状况，结合组织战略，整个组织未来 6 ～ 12 个月的行动计划是什么？

开好人才盘点会

人才盘点会可分为预盘点和最终盘点，前者往往是指某个事业部内部的盘点，后者是指由 CEO 参加的年度最终盘点。人才盘点会通常每年举行一次，预盘点首先按事业部进行，每个事业部内的部门 / 分公司、子公司一把手向事业部总经理汇报组织与人才发展情况，即每个部门 / 分公司、子公司一把手需要向事业部总经理面对面地陈述前面提到的人才盘点表格。事业部总经理会关注部门 / 分公司、子公司一把手下属团队的组织结构的合理性，人才队伍的建设情况，关键岗位的人员准备度，以及与全年战略目标实现相关的人才问题等，并提出很多尖锐、敏感的问题。

在此之后，所有的部门 / 分公司、子公司一把手都离开会议现场，只剩下该事业部的总经理和 HR 负责人，讨论这些部门 / 分公司、子公司一把手的发展潜力和工作安排。在每个事业部盘点工作完成后，都会形成一套行动计划，作为当年人才培养的实施重点。年终盘点与预盘点的形式和内容大体类似，只不过年终盘点是由事业部的总经理向 CEO 汇报，CEO 会有针对性地提出很多问题。

召开人才盘点会前，建议 HR 跟董事长或 CEO 先就人才盘点报告做好沟通。董事长或 CEO 每年要审视形势和市场，审视每个关键岗位，思考对每个岗位的期望，这个岗位该如何推动我们的业务向前发展？现在的任职者离理想状态有多大差距？他所负责的组织的薄弱环节在哪里？他是否擅长培养其他人？

HR 提前跟董事长或 CEO 沟通盘点报告中主要的组织和人员的调整：

- 组织调整建议列表。
- 人员预盘点的结果列表，尤其是 1、2、3 格和 7、8、9 格（在九宫格中的位置）的人员。
- 需要董事长或 CEO 跟所有高管明确，高潜人才是公司的财产，不是某个部门或事业部的"私有财产"。
- 给出人力资源的专业建议。

一场成功的人才盘点会议，人力资源部需要进行精心的设计与实施，主要工作如下。

∴ 会议日程

人才盘点工作的核心是召开人才盘点会，人才盘点会是达成组织与人才调整决策的会议，是落实业务发展要求的具体举措的会议。它可以有效避免用人决策的失误，营造一种公平的用人环境和制度。人力资源经理为整个会议提供支持，其任务是制定会议时间表以及组织会议，并促进会议的召开。

人才盘点会的常见议题如下。

- 上一次（年）人才盘点制订的行动计划的完成情况。
- 目前的组织结构以及调整的规划，包括关键岗位的职责、人员编制与空缺情况、组织效率和管理跨度是否合理等。要尽可能减少组织的汇报层级，汇报层级越多，越有可能产生信息阻塞，组织僵化的风险也越大。

- 关键岗位的人员盘点，包括其业绩、能力、潜力和综合排序，以及个人发展计划。
- 重点关键岗位的继任者计划。
- 高潜力员工盘点，包括个人发展计划。
- 预计未来新增的关键岗位需求。
- 未来的组织调整和人员调整计划。

∴ 会议原则

- 客观：用事实和数据为依据进行评价，而不是主观臆断。
- 开放：直接、真实地表达自己的意见和看法。
- 倾听：认真倾听他人的观点，尤其是对那些你不熟悉的人。
- 保密：会议的内容和结果是严格保密的。
- 高效：把控时间，详略得当。

在人才盘点的整个过程中，重点应放在能力、业绩和行为方面，而不是放在个性和态度方面；评价要以事实和具体的例子为基础；确保在最关键的个案上花费充分的时间，也就是对不同的个人花费不同的时间。

∴ 会议促动

人才盘点会上，HR 需要作为会议主持人来推动盘点的顺利进行。为了更好地推动会议高效有序地进行，可参考以下有效经验。

- 在主持过程中展现自信，以赢得领导团队的信任。
- 澄清会议议程和原则，清楚关键信息和评价结果。
- 提出具有挑战性的问题，促进汇报人、负责人深入思考他们的报告。
- 要控制好会议进度，保持会议聚焦于最关键的议题，按照议程安排推进会议按时进行。
- 保证会议参与者对关键人才的评价达成一致。

- 在评价员工的时候，要求其上级举一些具体的例子，激发大家讨论，避免泛泛而谈。
- 记录并跟进会议结果。

盘点会议的开始，HR 要引导董事长或 CEO 做出强硬决策，辞退、降职一些不胜任者。

- 对企业的高层管理者来说，他们都不愿意得罪人，选择尽量避免冲突，这只会把组织引入平庸状态。
- 建设强有力的高绩效组织，需要董事长或 CEO 做出强硬决策，辞退、降职一些管理者，直接告诉一些低绩效者他们现在所处的位置（如在九宫格中的位置）。没有管理者喜欢传递坏信息，但是优秀的企业、组织内的优秀管理者能够理解，这样做对组织的长远发展至关重要。
- 让组织氛围受影响的罪魁祸首是"容忍平庸人员的氛围"。企业内部的"小白兔""老好人"等平庸绩效者让组织的节奏放慢并传染给其他人，导致组织内出现"躺平"的人，而且越来越多。
- 主持人要引导董事长或 CEO 做出强硬决策。

在盘点会议中，遇到"老好人"式的管理者时，要引导其对下属做出有效的评价，引导整个会议营造坦率、强硬的讨论氛围。

- 一定要抓住每位被盘点对象在绩效和能力上的"弱点"进行坦率的讨论。
- 对于既不愿意也给不出下属真实有效评价的管理者（例如，有的部门管理者认为部门内每位员工的绩效都相当出色），要毫不犹豫地让他对下属进行强制排序，甄选出哪一位是最优秀的，哪一位是排在最后的，并迫使他对排在后面的下属做出人员更换的决策。
- 替换排名靠后的人员，有助于在组织内营造一种持续改进的氛围（这是做组织熵减的关键动作）。如果把排在最后的一两名人员替换成"新鲜血液"，那么不仅可以保持组织的活力，还可以使排在后面三四名的人员成为倒数一二名，成为后续绩效改进的重点对象。

在讨论高潜人才的培养和任用时，HR 要引导人才盘点会议采取正确的人才战略：把发展资源向最优秀的人才倾斜。

- 把能力最强的人放在最重要的岗位上，把低绩效的人边缘化或淘汰，给高潜人才"让道"。仅仅这样做还不够，重要的是让每位高潜人才始终接受挑战性任务和持续不断地学习。
- 快速培养人才的秘诀在于设计挑战性的、新鲜的项目或任务，让被培养对象"小步快跑式"地完成这些挑战性任务。
- 记住一点，千万不要让高潜人才长时间待在同一个岗位上，确保每位高潜人才每年都能学到新东西。
- "逼迫"直接上级深入思考，如何帮助下属（高潜人员）提升个人绩效以及发挥潜力。
- 强有力的组织建设应加大部门负责人之间的轮动。一方面使中层管理者持续面对挑战，另一方面考察这些中层管理者，在赛马中识别千里马，从中发现未来的领导者。华为的干部轮值制是值得学习和借鉴的一种方法。加大部门负责人之间的轮动，目的是确保中层管理者（公司的核心资源）在组织中得到最佳的使用，而不是要求每个部门最大限度地利用现有资源。特别需要提醒的是，跨部门轮动的人员一定是绩效佼佼者，而不是绩效平庸者。
- 对管理者的晋升、调薪、调岗等都是定期进行的（一年一次），而不是随机、零碎地做出人事决策。

依据经验，我们在此提供一份供人力资源部使用的会议问题指引（见表 6-4）。该问题指引主要用于在人才盘点会的整个过程中，人力资源部从更加客观的角度，通过提出各种问题澄清争议，并把焦点集中在对组织与人才的盘点上，促动人才盘点会议按既定议程进行。

表6-4 人才盘点会议问题指引示例

提问关注点	问题举例
1. 获得额外关键信息	如果稀缺岗位人员离职会有什么影响
2. 准确描述特定行为	"较强的技术能力"是指什么(你需要判断他们所指的是计算机能力、工业技能、数据分析能力,还是其他能力)
3. 澄清问题,获得准确记录	当你提到某个人属于"高成本"时,是否意味着他需要发展压力管理能力、合作能力以应对变化
4. 判断领导行为的影响	如果领导缺乏指导能力,是否影响团队的业绩、发展以及处理问题的能力
5. 帮助参与者拓展思路以发现新观点	当你判断一位执行者具备较高的"管理者"潜力时,除了他已有2年的管理经验,你是否考虑过他是否已做好"管理者"角色的准备
6. 如何使领导能力更大化	当你评价一位管理者在发现人才和面试方面特别出色时,你如何使这种能力在团队中得到最大限度发挥
7. 找出评价背后的原因	你为什么觉得这个人的离职风险较低
8. 发现员工为提升个人能力已采取的措施,以及更多的个人职业兴趣和发展目标	当你指导他人沟通技巧时,他们是如何接受并反映在工作中的
9. 促进对部门目标的深入思考	部门面临哪些挑战?要应对这些挑战,部门应该重点做什么
10. 拓宽外部视野	有没有和竞争对手对标?别人是怎么做的

案例

某公司人才盘点会讨论样例

下文节选自一次常见的人才盘点会的讨论阶段,尽管整个对话是虚拟的，但它是基于一个真实的案例，向我们展示了人才盘点怎样从不同的视角使原本模糊的问题逐步明朗化。

麦肯是财务部总监的高潜人才候选人，参与讨论的人员包括麦肯的直接上级：公司财务部总经理毕晨、财务部副总经理秦勇、财务部副总经理陆明。本次讨论的主持人是人力资源部的高级经理林达，她的职责是为公司所有职能部门提供人力资源方面的支持，向公司人力资源副总裁汇报。

林达：刚才我们已经讨论了财务部的组织架构和关键的组织发展指标。下面我们进入到对高潜人才的讨论环节。我们第一个要盘点的候选人是麦肯。（用投影仪播放麦肯的员工发展档案）我们从麦肯的员工发展档案中看到，他已经在公司工作了 6 年，并且他在当前财务经理的岗位上已经工作了 2 年。以前他在龙华集团从事会计工作 5 年。他拥有会计专业学士学位，并且考取了 CPA 证书。他最近一年的绩效考核结果是 E⁺。有没有其他人对麦肯的基本信息还有其他方面的补充？

毕晨：麦肯刚刚获得了 MBA 学位，但是这条信息还没有加入到他的基本信息表中。

林达：好，我们可以把这条信息加进来。那么我们首先讨论一下麦肯的离职风险。在未来的一年内，麦肯离职的可能性有多大？高、中还是低？

毕晨：我认为未来一年内，麦肯离职的可能性为中。

林达：好，能不能跟我们讲一下原因？

毕晨：去年我认为麦肯离职的可能性较低，是因为他在这个地方工作很愉快，并且很享受这种工作方式。但是他最近跟我谈过，想承担更大范围的工作和更加有挑战性的工作，为自己将来的职业发展获取更多的机会，尤其是他刚刚获得了 MBA 学位。我觉得如果我们不及时地对他进行岗位调动，他有可能在未来一年内离职。

林达：那么，如果麦肯离开的话，会对公司有哪些影响？

毕晨：如果麦肯离开的话，他的工作会由其他人兼任。但是我认为麦肯有做财务总监的潜力，而且如果培养得当的话，在未来若干年有担任公司高级管理者的可能性。

林达：这么看来，必须马上采取措施留住麦肯，对麦肯来说，获得更多的发展机会可能更重要，这样理解对吗？

毕晨：没错，而且我认为给他加薪也能够更好地留住他。

林达：好，那么我们来看一下麦肯有哪些优势项和待发展项吧。我们首先可以看一下关于麦肯的测评报告中提到的一些优势项和待发展项，看看大家有什么评价。

毕晨：他的财务知识和能力是相当出色的。他清楚地理解我们公司的财务战略和要求，并且他非常聪明、很可靠，是一个可以倚重的人，而且不会犯很多错误。

林达：你说他相当聪明是什么意思？他与最优秀的人才的差距在哪里？

毕晨：我这么说，是因为他的分析能力相当强，能一下子看到问题的症结所在。

林达：秦勇，你有什么看法？

秦勇：麦肯确实是一个解决问题的高手，但是有时我感觉他有些松懈或犹豫不决，尤其是在没有完全了解事情之前更是如此。

林达：有没有这方面的具体例子？

秦勇：只是感觉吧，具体例子我还得再想想。

林达：好，看来麦肯具有分析能力和解决问题能力方面的优势，而且财务专业知识也非常出色。那么关于麦肯的优势项，陆明，你是怎么想的？

陆明：……

林达：好，接下来我们来看看麦肯的待发展项。秦勇刚才提到了他有些松懈或犹豫不决，其他人有没有什么补充？

陆明：刚才听到秦勇说的话，我倒是想起来了，他不是那种特别主动的人。

林达：他什么时候有这种表现？能否举个例子？

陆明：当事情比较复杂或者还不是很明朗的时候，他常倾向于被动地
做出反应。我记得有一次我们要采购一种新产品，该项目的要
求几乎每天都在发生变化。麦肯确实能很好地应对这种变化，
但是他要是能提前把事情做好的话，或许情况会更好一些。

…………

人才盘点的后续跟进

人才盘点会仅仅是企业走好人才管理漫漫长征的第一步，后续 HR 和
业务领导还需要围绕会议达成的共识开展大量工作，保证盘点结果的顺利
落实。

·: 协助部门负责人修订行动计划

在人才盘点会结束后，各汇报人就盘点会中所得到的反馈，对下一步
的行动计划进行二次修订，由 HR 来负责牵头督促和收集。

·: 盘点结果的反馈

在人才盘点会结束后的两周内，上级需要向被盘点的个人当面进行一
对一反馈（见表 6-5）。以交流个人在工作中的困惑和个人未来职业发展为
主题，一针见血地点出被反馈者的问题所在，并且给予其极有价值的发展
建议，这是一种提升管理者满意度，明确职业发展方向的有力工具。

表 6-5　各层级反馈内容

反馈层级	反馈内容
CEO/ 体系负责人向部长反馈	共同制订个人发展计划： ● 说明组织对个人的期望 ● 澄清优势和不足 ● 找出需要改善的具体行为 ● 制定发展目标 ● 制订发展计划，说明需要资源

（续）

反馈层级	反馈内容
HR 向 CEO/ 体系负责人反馈	盘点会上被确认的决策： ● 组织结构的调整 ● 关键人才库 ● 本组织的行动计划
部长向经理、主管反馈	共同制订个人发展计划： ● 说明组织对个人的期望 ● 澄清优势和不足 ● 找出需要改善的具体行为 ● 制定发展目标 ● 制订发展计划，说明需要资源

在人才盘点过程中，HR 要明确何时可以开始反馈，明确反馈对象、反馈内容、反馈的技巧。

组织是否要告诉个人"你是已经被挑选出来的高潜人才或继任者"，对一个组织来说是非常重要也是非常有争议的问题。

一般来说，这个问题应该在人才盘点的规划阶段就明确下来，人才盘点的组织者通过与其他部门不断地沟通与协调，最终要确定是"告知其本人"还是"告知其直接上级"等相关的问题。如果在这个问题上不能够及早明确的话，很有可能会影响后期整个人才盘点结果的运用。

事实上，关于这个问题并不存在所谓的最佳实践或标准答案。一般来说，在企业中通常存在四种做法：第一种做法是不告知被挑选出来的高潜人才，而是告诉他们的直接上级，由他们的直接上级针对高潜人才提供有针对性的领导力培养；第二种做法是明确告知被挑选出来的高潜人才，他们已经被挑选出来进行重点培养，并让他们参加专门针对这些高潜人才的发展项目或任务项目；第三种做法较为灵活，企业并不对这个问题做出明确的规定，而是把结果留给其直接上级，由他们决定是否要告诉当事人已经被选为高潜人才；第四种做法是不告诉任何一个参与人才盘点的员工实际结果，人才盘点只是作为挑选和识别高潜人才的方法，并不进行有针对性的培养。决定采用以上哪种做法的关键因素在于：目前企业的文化是包容性的还是封闭性的。另外，组织的成熟度、文化和环境，以及企业为员工提供绩效反馈和职业发展的能力，也是要考虑的因素。如果中层管理者缺乏绩效反馈的能力，或者企业没有完善的职业发展规划体系，那么就不适合告知高潜人才本人。

还有一种做法是，人才盘点发起的第一年不告知高潜人才实际结果，而是把第一年作为培养其直接上级人才意识的一次练习，第二年或者稍后的某一时间点再告知高潜人才本人。

一般来说，企业不会告知继任者本人他已被作为某一具体岗位的继任人选。继任者与高潜人才不同，继任者一般是为某一个或几个具体的岗位所准备的，而高潜人才是为了承担未来众多的领导角色。

此外，继任者的未来发展更多的是考虑到未来某一具体岗位的某一项或几项具体的技能需求，其个人发展计划要与岗位特征和要求相结合。高潜力人才的发展则需要更加多元化，在领导技能、人际能力和商业敏感度等方面都要进行提升，为将来担当领导者的角色做好准备。

　∴ 协助部门负责人制订高潜力人才的个人发展计划

在明确了高潜人才的待发展项之后，要根据其特点，制订有针对性的个人发展计划。个人发展计划表由本年度个人发展计划以及职业期望和长远发展目标两部分组成。

（1）制定发展目标。除了要制定个人本年度发展目标，还要结合高潜人才的中长期职业兴趣或发展方向制定长远发展目标。

（2）明确行动的类型，确定发展行动。针对高潜人才的培养，可采取"721"培养模式（见图 6-3）。

　∴ 盘点结果的进一步应用

在最终的人才盘点会后将会产生一系列的重要决策，包括很多关键人员的调整、晋升、轮岗、外派以及组织结构的调整等。该结果的应用涉及整个人力资源的方方面面。

● **选拔配置**：盘点会上获得的管理者适岗状况，可以为管理人才配置

基于经验的发展体系（70%）：
- 在职历练/行动学习
- 职位晋升
- 内部轮岗
- 工作中自我反思

基于培训的发展体系（20%）：
- 公司培训体系　　·培训制度
- 硬件设施配置　　·培训师队伍建设
- 知识共享平台　　·E-Learning（在线教育）
- 项目案例库

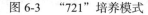

基于人际辅导的发展体系（10%）：
- 绩效反馈（上下级）
- 导师辅导
- 经验交流（外部/同级/下级）
- 发展面谈（公司）

图 6-3　"721"培养模式

的合理性提供客观且权威的依据，组织可以据此形成人员配置建议。出现岗位空缺或需要为新设立岗位选择任职者时，组织可以参考人才库和各继任者的准备度，做出人员选拔决策。

- **绩效管理**：通过将能力管理与绩效管理有机结合，更加科学地管理和改进人员的绩效。

- **薪酬激励**：参考管理者适岗状况、能力状况和发展潜力等，为奖金额度和涨薪水平提供参考，以实现最佳激励效果。

- **人才规划**：盘点结果为整个组织的人才规划提供了重要输入，是后续从数量和结构几方面进行人力资源规划的基础。

- **培训发展**：人力资源部门可以参照盘点结果，有针对性地为管理者设计或选择合适的培训发展措施。进入分层分类人才库的管理人才，均有对应的职业发展目标，组织可以据此为这些核心人才量身定制发展项目。

- **职业规划**：建立和审核人才库的同时，每位高潜管理者的职业发展目标已经被考虑在内，这些信息为后续的个人职业规划提供了参考。

盘点效果的跟踪与评估

人才盘点结束后，要对人才盘点的效果进行跟踪与评估。有些方面可以在人才盘点结束后就能够看到效果，有些方面可能需要几年的时间才能感受到人才盘点的实际成效。

在评估效果之前要思考以下问题：

- 企业中有哪些现有的数据能够用于评估人才盘点和继任计划的效果？
- 对人才盘点和继任计划进行评估时，应该采用哪些评估指标？
- 对每一个评估指标来说，需要多长时间收集和回顾一次数据？
- 评估的指标源于哪些部门或机构？我们该怎样建立机制从而方便地获取数据？
- 如何提高部门领导对人才盘点工作的信任度，从而更好地促动他们实施既定的发展计划？
- 如何证明人才盘点和继任计划结果与未来业务结果之间的关系？如何衡量人才盘点工作的成功与否？的确需要一些相应的指标和工具，并收集相应的数据。一般来讲，可以从表 6-6 所示的几方面构建一些指标体系作为人才盘点的衡量指标。

表 6-6　人才盘点衡量指标

指标	说明
组织整体领导力指标体系	比如组织中的管理者与员工的比例是多少？管理者的管理幅度有多大？管理者在整个组织全部员工中的比例是多少？管理经验少于半年或一年的管理者所占比例是多少等
领导力发展指标体系	有个人发展计划的管理者人数与所有管理者人数的比例是多少？完成 E-Learning 课程学习或其他领导力发展课程的管理者人数比例是多少？新任管理者的过渡时间有多长等
高潜人才指标体系	高潜人才在全部员工中的比例是多少？对各个事业部来说，高潜人才有多少以及所占比例是多少？每年有多少人参与到高潜人才培养计划中，又有多少人从高潜人才培养计划中被淘汰等
人才盘点的投入产出比	对比一下高潜人才和一般管理者在管理岗位上的业绩指标、财务指标、员工发展指标以及员工敬业度等

需要注意的一点是，并非要把所有可能的指标全部收集起来进行对比，最重要的是根据公司人才盘点项目所要达到的目标去设计指标。比如，当你选择以"识别出能够完全胜任现在空缺管理岗位的继任者"为目标，那么可以设计以下指标：完全符合继任者要求的人数与所有管理者人数的比例是多少？ 1～3年内能够胜任该岗位的人数与所有管理者人数的比例是多少等。

培养杰出继任者

CEO上任后应该思考的第一件事就是"谁能够成为我的接班人"。联想控股董事长柳传志说："以我办联想的体会，最重要的一个启示是，除了需要敏锐的洞察力和战略判断力，培养人才，选好接替自己的人，恐怕是企业领导者最重要的任务了。"

实际上，不仅是CEO，任何一位经理人在位期间都应该认真思考这个问题——不仅要完成业绩目标，更要培养出一批接班人。

在吉姆·柯林斯所著的《基业长青》中曾提到，所有世界500强的企业中，有超过75%的企业领导者是从内部提拔的，而这些人走向领导岗位绝非偶然，而是经过了公司严谨的继任管理的设计规划。

让企业具备可持续发展的动力

著名管理大师德鲁克认为，左右企业命运的不是企业家本人，而是企业是否有足够的人才。雄厚的人才储备是企业持续发展的关键，人才能给企业注入源源不断的生命力。

要在企业内部建立雄厚的人才储备，就需要盘点企业内部各层级的人才，尽早确定各级领导者的潜在人选，为他们安排成长所需的工作任务，给予他们有效的反馈，并且对他们进行教练辅导。

⚇ 案例

花旗集团通过继任者培养计划为集团子公司输送大量管理人员

花旗集团十分注重对下一代领导者的培养，而且非常注重从集团内部挖掘合适的人才，早在 20 世纪 90 年代就建立了继任者培养计划，并通过该计划向花旗集团子公司提供了大量的管理人员。

自 2001 年开始，为了让那些更有潜质的员工在合适的条件和环境下受到熏陶，花旗集团发起了导师辅导计划，来为下级员工提供互相影响和向资深员工学习的机会，让所有积极进取的员工有平等地实现自己梦想的机会。

培养新一代的金融领导者是花旗集团始终坚持的一项原则。花旗集团在美国总部设有高层管理人员培训中心，主要是为来自全球各地的花旗集团高层人员提供培训。

花旗集团在全球都设有"人才库"计划，进入该计划的员工都是各个部门的精英和骨干，他们对花旗集团的历史和文化了解得比较透彻，工作年限比较长。"人才库"计划针对有潜力的员工每周进行一两次谈话，为他们制订下一步发展计划。

从人力资本的角度看培养继任者的重要性

20 世纪 60 年代，美国经济学家舒尔茨和贝克尔创立了人力资本理论，该理论认为人力资本是体现在人身上的资本，即对生产者进行教育、职业培训等支出及其在接受教育时的机会成本等的总和，表现为蕴含于人身上的各种生产知识、劳动与管理技能以及健康素质的存量总和。舒尔茨认为，人力资本投资是效益最佳的投资。

随着知识经济的到来，现代企业之间的竞争，已经从传统的拼"物质资本优势"转变为"知识性优势或能力"的较量，这种企业知识性能力即为企业的核心竞争力。企业的核心竞争力是确保企业在激烈的市场竞争中获得持续竞争优势的关键。而企业的知识性能力体现在企业的人才之上，无法与人分离，且具有高度的专业性与个性化。只有那些领导组织适应变革，做出正确的战略决策，承担预期风险，构想并实践新的创造价值机会，不断建立竞争优势的人掌控的公司，才能在快速变化的市场环境中取得成功。因此，人力资本的概念被企业界所广泛接受，人力资本也就成了知识经济时代企业的核心资源和推动经济发展的真正源泉。

人力资本的形成需要进行持续的投入与关注，人才培养是提高人力资本的重要途径。企业要维持可持续的发展动力，就需要制订合理的人才培养计划，通过人才培养来提升企业人力资本的存量和质量，提高员工对组织的价值，从而实现人力资本投资的回报，而且这种投资的经济效益远大于物质投资的经济效益。

在企业中，资源总是有限的，人才培养与人力资本投资需要考虑收益与成本。通过合理配置资源与提高投资收益，可以实现人才培养与人力资本的价值最大化。

在前面的章节中，我们通过层层分析了解到，各层级的高潜人才是企业的宝贵资源，也是实现组织升级与管理升级的关键所在。企业要为每位高潜人才提供成长的土壤与动力，促进高潜人才快速而有效的成长。

因此，从人力资本的角度来看，各层级高潜人才的培养，即继任者的培养，对于企业不断提升核心竞争力，在残酷的市场中赢得一席之地，是一件迫切而重要的事情。

关于继任者培养的几个决策

关于继任者培养，我们需要思考两个问题。

⋮ 内部培养 vs 外部引进

第一个需要思考的问题是对于继任者，企业是选择内部培养还是选择外部引进。对这个问题的解答，需要考虑企业发展的不同阶段与人力资源理念。

拥有不同人力资源理念的企业，对人才培养会做出截然不同的选择。

对采用交易理念的企业来说，用合适的价格在外部人力资源市场购买所需要的人才，来之能战是基本要求，它们更愿意在人才市场上"摘果子"，而不愿意"种树育苗"。所以一般情况下，除了"上战场"所必须具备的产品、业务知识，企业内部基本没有培训，每一个人都要自己承担学习的责任，从而在人力资源市场上获得更高的价值认可。

对采用承诺理念的企业来说，则愿意对企业人力资源的培养开发承担一定的责任。这些企业认为，对于优秀的人才要超前储备，并为其职业发展建立通道。尽管有的人才在培训后，可能暂时未能在原来设计的目标岗位发挥作用，但现岗位的锻炼也是对其潜能的开发和今后承担更重要工作的储备，因此，可以在现在的岗位上为这些优秀的人才提供一些具有挑战性的工作任务，让他们获得成长。

其实，无论企业对人力资源采用的是交易理念还是承诺理念，都没有对错之分，但在内部一定要有与之相匹配的机制。例如，对采用交易型理念的企业来说，对员工忠诚度的要求就不要太高，而且还要做好随时补充人才的准备；对采用承诺型理念的企业来说，就要下功夫去培养人才，而且要打通人才发展通道，避免人财两空。

企业发展阶段的不同也会影响人才培养的决策。对初创期的企业来说，想要快速抓住市场机会，就需要快速解决人才需求问题，从外部招募到各层级的人才，是其唯一的选择。对需要进行重大变革的企业来说，从外部引进新鲜的血液与成功的经验，打破原有的思维惯性，让"鲶鱼"把僵局打破，也是一种很好的方式。在《谁说大象不能跳舞》中，郭士纳就用自传的方式，记录了自己是如何将 IBM 这家因为机构臃肿和孤立封闭的企业文化而"一只脚已经迈进了坟墓"的即将被拆分的大型企业，变成了一只会跳舞的"大象"的。

当然，人们对在垂危时刻挽救生命的"神医"总是津津乐道，而对维护身体健康的日常调理则往往选择忽视。其实，很多企业选择了内部培养继任者的方式，让企业在平稳的状态下高效运营且成绩斐然，如宝洁、惠普、华为、阿里巴巴等。

🗫 案例

李锦记的接班人制度打破了"富不过三代"的宿命

中国香港传奇家族企业李锦记，从 1888 年创立，如今已经传到了第四代，企业仍在健康发展，挑战了家族企业"富不过三代"的宿命。根据 2023年胡润富豪榜，李氏家族的财富总额超过 1350 亿元，位列中国富豪榜第 16位、世界富豪榜第 77 位。这与李锦记的接班人制度是分不开的。

李锦记第三代传人李文达接掌企业后，建立了家族委员会，成员共同研究如何治家，如何化解家族矛盾，如何培养下一代，为以后家族企业发展提供保障。例如，每季度召开一次家族会议，会期为 4 天，核心成员必须参加，会议主要内容是研究家族的大事，比如企业未来的发展方向，甚至家族年轻人的工作、婚姻等。李锦记还建立了一部"家族宪法"，其中有一条就规定，家族下一代成员想要进入家族企业工作，必须先在其他企业工作至少三年，而且要通过企业正规的招聘流程，也就是通过必要的笔试面试后，才能真正进入企业，进入企业后，家族成员也不能马上当管理人员，而是根据个人能力，由人事部门安排合适的岗位。目前，李氏家族的第五代正在成长。

目前，人才流动是一个普遍现象，企业之间的"挖角"也非常普遍，这让很多企业在人才培养方面忧心忡忡，担心自己精心培养的人才明天就会成为自己的竞争对手。对此，禾思咨询的观点是：人才培养本身就是一种具有预期收益的投资行为，必须用经营的意识与战略的眼光来看待人才管理与人才培养问题。

- 企业内部是否具备与战略发展相匹配的高潜人才？
- 这些人才要达到所需的能力要求，需要的培养周期有多长？
- 企业的用人需求是否能接受这个培养周期？
- 企业是否具备相应的资源（包括人、财、力等方面的资源）来培养这些人才？

- 企业是否具备相应的机制确保这些人才发挥价值（即发展通道是否打通）？
- 如何应对人才流失的风险？
- 内部培养预期回报率如何计算？
- 外部市场上是否有合适的人才（如高新技术人才）？
- 外部引进人才的成本与内部培养人才的成本比较结果如何？
- 企业文化与机制对于外部引进人才的包容度如何？
- 两种方案对企业文化氛围的影响如何？

另外，人才培养不是一蹴而就的事情，企业要获得长久的可持续发展的动力，就需要考虑短、中、长期人才发展的需求，提早做出规划。短期的人才短缺可以考虑外部引进，但从中长期的角度来看，则要以内部培养为主，加强各层级管理者的人才培养的意识，让内部员工看到成长和发展的希望，形成积极向上的企业文化，激发他们自我成长与为企业做贡献的动力。

∴ 面向过去 vs 面向未来

有的企业把人才培养当作对过去成绩的奖励或福利，把培训作为一种希望接受培训的员工能以此提高忠诚度和工作投入度的方式。如果没有打通职业发展的通道，这种方式很可能会造成企业资源的浪费，无法将其转化成足以促进企业发展进步的成果，甚至造成人才流失。因为得到成长的受训者会对自己的岗位、待遇有更高的期待，但由于没有相应的晋升阶梯，他们会产生很强的失落感，对企业的忠诚度反而会降低，这样企业就会变成无偿为竞争对手培养人才的"黄埔军校"。所以企业的人才培养应该与企业的用人理念相匹配，与人力资源管理的其他模块相支撑，这样才能坚定对人力资本持续投资的决心，最终得到相应的回报。

一家大型集团公司制定了"人才规划"，每年培养一定数量的管理人才及专业技术人才，甚至还把一些优秀的人才送到清华大学经管学院参加 EDP（高级经理人发展课程）项目。该项目开展得轰轰烈烈，很多员工为能去参加清华大学的 EDP 项目而自豪，这在一定时期内确实起到了振奋人心的效果。但培训之后，有些人发现他们的现状与培训前并没有发生实质性改变，能够参加 EDP 项目只是证明他们过去曾经辉煌过，但由于公司没有后续的激励与晋升通道，所学无所用让他们感到非常沮丧。

禾思咨询认为，尽管我们在确定高潜人才时有一个非常重要的指标是绩效表现，这是面向过去的，是对过去成绩的肯定，但一定不要忘记，我们是站在企业未来发展的角度去盘点人才，一方面要考虑被盘点对象过去的绩效，另一方面还要考虑被盘点对象的能力与潜力，而这种能力与潜力一定是面向未来的。

培养的针对性决定了培养的成效性

在解决了"为什么要培养"继任者这个问题之后，我们就要思考"培养什么"的问题了。培养的针对性决定了培养的成效性，而这种成效性就是能否为企业增值。

人才培养的投资能否为企业增值取决于两个条件：一是培养内容的有效性，即培养能够提高员工的技术技能或增加对企业文化的认同感，而且员工有足够长的时间将培养获得的技术和文化融入企业价值的提升中；二是培养效果能够真正转化为更好地服务于企业的动力，并实现企业价值的增长。第一个条件是培养需求的识别问题，而第二个条件则是企业如何留住人才的问题。

关于培养需求的识别。由于每家企业所处的行业环境、自身发展阶段、战略方向选择不同，因此需要认真分析企业发展战略所需要的能力与现有人才的能力之间的差距，从而设计出各层级人才的培养内容。

各企业管理人员的能力要求也具有一定的普遍性与通用性，本部分内容我们将探讨现有的人才梯队理念以及禾思咨询在实践过程中总结出来的各层级管理者所需要具备的能力。

有一点需要在此说明，由于本章探讨的是各层级继任者的培养，所以我们就以各层级继任者未来所担任的岗位要求为标准，确定他们的培养需求，以促使他们具备相应能力，快速进行角色转变。

有效识别需求

∴ 领导力发展阶段理念

关于人才梯队理念，最著名的是管理咨询大师拉姆·查兰的领导力发展的六个阶段（领导梯队模型）。拉姆·查兰认为，在大公司，从员工成长为首席执行官，需要经历六个发展阶段（见图7-1）。每一个阶段都是一个重大的转折，每一个阶段都有所需要的领导技能、时间管理能力和工作理念（见表7-1）。领导者只有掌握每个阶段的要求和应对所面临的挑战，才能更好地适应领导力发展的要求，加速自己的成长。

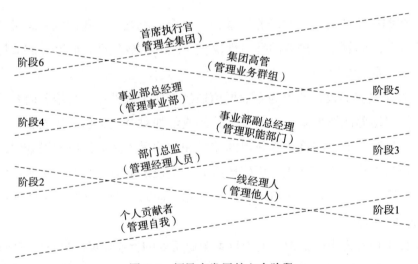

图7-1　领导力发展的六个阶段

表7-1　领导力发展各阶段的发展要求

领导力发展阶段	领导技能	时间管理能力	工作理念
从管理自我到管理他人	制订工作计划，知人善任，分配工作，激励员工，教练辅导，绩效评估	从自己做事到带团队做事，将更多时间用于管理	通过他人完成任务

（续）

领导力发展阶段	领导技能	时间管理能力	工作理念
从管理他人到管理经理人员	选择和培养有能力的一线经理，让一线经理对管理工作负责。在各部门配置各种资源，有效协调直接下属部门与其他相关部门的工作	主要精力用于管理工作	管理工作比个人贡献重要，重视其他部门的价值和整体利益
从管理经理人员到管理职能部门	管理自己专业外的其他工作，新的沟通技巧，与其他部门协作，基于工作需要与其他部门争夺资源，制订业务战略实施计划	花时间学习本专业以外的知识	大局意识，长远思考，有开阔的视野，重视未知领域
从管理职能部门到管理事业部	制定业务战略规划，管理不同职能部门，熟练地与各方面的人协同工作，敏锐地意识到部门的利益点，有效沟通，兼顾长远目标与近期目标并取得恰当的平衡，对支持性部门的欣赏与支持	花更多时间分析、思考与沟通	从盈利的角度思考问题，从长远的角度思考问题
从管理事业部到管理业务群组	评估财务预算和人员配置的战略规划，教练辅导事业部（副）总经理，评估业务的投资组合策略，客观评估管理的资源和核心能力，发现和管理新的业务	花大量时间与事业部班子成员沟通	开放和善于学习的思维，关注他人的成功，重视选育事业部班子成员
从管理业务群组到管理全集团	善于平衡短期与长期利益以实现可持续发展，设定公司发展方向，打造公司的软实力，激发全体员工的潜能，确保执行到位，管理全球化背景下的公司	在公司软实力建设方面投入时间	推动公司变革与转型，在长期与短期之间寻找平衡并有效执行，保持与董事会密切沟通与协作，倾听各利益相关者的意见

拉姆·查兰的领导梯队模型有助于人力资源部门确定各层级人才的评估标准，并制订各阶段领导人才的培养方案，有针对性地提升领导人才的领导技能、时间管理能力和工作理念。

拉姆·查兰的六阶段领导梯队模型适合于大公司，在现实情况下，阶段的数量因公司规模而异，要具体情况具体分析。

·· 三种管理技能

美国管理学专家罗伯特·L. 卡茨在 1955 年发表的《有效管理者的技能》一文中提到：管理是否有效，在很大程度上取决于管理人员是否真正具备了一名管理者所必须具备的管理技能。针对管理者的工作特点，他提出了技术性技能（Technical Skill）、人际关系技能（Human Relationship Skill）和概念性技能（Conceptual Skill）的概念。

概念性技能包括能够提出新想法和新思想的能力，能够进行抽象思维的能力，能够把一个组织看成一个整体的能力，以及能够识别在某一个领域的决策对其他领域将产生何种影响的能力。

人际关系技能是与其他人能够一起有效开展工作的能力，也可以说，一个人能够以小组成员的身份有效地工作，并能够在他领导的小组中建立起合作的能力。

技术性技能是指能够运用特定的程序、方法、技巧处理和解决实际问题的能力，也就是说，对某一特殊活动（特别是包含方法、过程、程序或技术的技能）的理解和熟练程度。例如，工程师、会计师、广告设计师、推销员等都需要掌握其相应领域的技术性技能，所以被称作专业技术人员。

卡茨认为，不同的管理层级对三种管理技能的需求程度也是不同的，越往高层走，需要的概念性技能越多，越往基层走，需要的技术性技能越多（见图 7-2）。对基层管理者

图 7-2　各层级管理者所需具备的
三种管理技能的占比

来说，技术性技能是非常重要的，他们要直接处理员工工作上的问题。概念性技能是高级管理者最迫切需要的技能，实质上是一种战略思考及执行的能力。根据卡茨的研究，工作轮换是提升概念性技能的有效方法。各层级管理者都必须具备人际关系技能。

⊹禾思咨询关于各层级领导者培养需求的实践

根据多年的人才盘点与领导力咨询实践，结合当前中国经济发展的特点，禾思咨询认为，随着企业的快速变化与扁平化组织的大量出现，构建敏捷组织已成为企业应对动荡的竞争环境、打造组织能力的关键。在这种情况下，按照高层、中层、基层三个层级，从战略、组织发展、经营管理、文化认同四个维度来理解各层级管理者的角色定位（见图 7-3），继而确定各层级管理者的培养需求，推动领导行为的转变，这是一种比较具有实操性的做法。

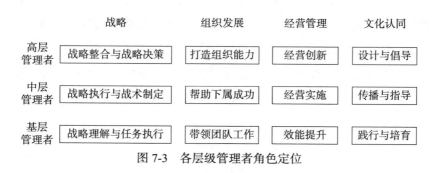

图 7-3　各层级管理者角色定位

基层管理者的角色主要是战略理解与任务执行，他们要完成某一明确、既定领域内具体的、可衡量的目标，在既定的政策范畴内考虑明确界定的职能目标的实现，但要求持续地改进，以确保团队效能的提升。他们需要从个人贡献者转变为团队贡献者，开始带领团队工作，因此需要以身作则践行企业文化价值观，为团队做出榜样，并开始培育团队文化，给团队成员以启发与感染。

中层管理者的角色主要是战略执行与战术制定，他们工作的重点是把职能部门的各项政策转变为行动，并通过策略的制定与选择，提升团队间的协作水平，从而提升组织效能。在企业文化方面，他们要成为员工的示范者、被认同的对象，并给予团队及时有力的指导。

高层管理者主要角色是战略整合与战略决策，他们要根据企业的内外部环境以及自身优劣势，进行战略决策。在公司战略的范畴内，考虑业务或职能部门的战略，综合考虑环境的变化，预测环境变化对业务的影响。设定业务的总体发展战略，从长远角度考虑不同产品、市场、技术的整合。他们需要具备创新精神，通过企业文化的设计与倡导、战略方向的选择，让组织具有可持续发展能力。

不同发展阶段所需要具备的能力

对领导角色的准确认知是成为优秀领导者必须完成的修炼。而这种认知是否准确，则是通过领导结果来体现的。当管理者看到结果的差异时，或许才会思考自身对角色的理解是否存在问题。正是在这种与外界互动的过程中，不断优化领导的过程，以实现企业所需要的领导结果。领导过程与领导结果之间的互动，能够强化对领导角色的正确认知。帮助管理者加速建立"领导角色—领导过程—领导结果"这个循环（见图7-4），是培养管理者的基本出发点，也是领导者培养的根本需求。

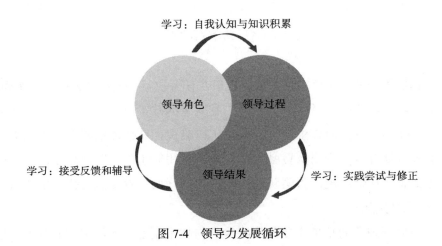

图7-4　领导力发展循环

∴ 基层管理者：做对事情，带好团队

基层管理者需要具备两方面的能力（见表 7-2）：做对事情，带好团队。

表 7-2　基层管理者所需能力

维度	所需能力
做对事情	理解战略意图、团队目标与任务的制定、任务分解、问题分析与解决
带好团队	知人善任、授权与委派、有效沟通、激励他人、员工辅导、绩效评估与反馈

做对事情是指在公司战略的指引下，带领团队高效完成任务，包括理解公司的战略意图，将战略意图转化为团队的目标与任务，进行任务分解、问题分析与解决的能力。

带好团队是指基层管理者必须转变原来单打独斗的工作方式，而是通过有效的管理方式，带领团队高效地完成工作，并在管理过程中做好文化价值观的践行与培育工作，包括知人善任、授权与委派、有效沟通、激励他人、员工辅导、绩效评估与反馈等方面的能力。

⋈ 案例

塑造卓越经理人训练工作坊

某企业对于基层管理者开展了为期两天的主题为"塑造卓越经理人"的培训，课程通过互动讲解、录像观摩、专题讨论、案例分析、管理游戏、角色扮演等多种教学方法，带领学员深入学习了管理者角色定位、任务授权与跟进、真诚激励与沟通、绩效评估与面谈四大模块，并布置了应用任务。其中一位学员用思维导图的方式，制订了自己的学习应用计划（见图 7-5）。

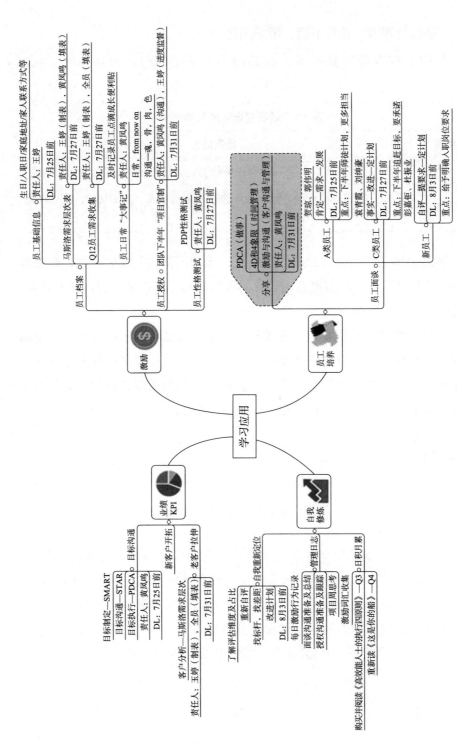

图 7-5　一位基层管理者的学习应用计划

∴ 中层管理者：指明方向，影响他人

中层管理者需要具备两方面的能力（见表 7-3）：指明方向，影响他人。

指明方向是指要根据企业战略规划做好部门定位，为下属指明方向，包括战略解码能力、经营意识、企业价值链分析与优化能力、资源协调能力、人力资本效能提升能力、排兵布阵能力。

影响他人是指中层管理者要实现自我转型，致力于帮助下属成功，勒住自己的成功欲与权力欲，不与下属争功劳。而且中层管理者作为企业重要的“腰部力量”，要善于营造团队氛围，利用企业文化的力量来影响人、感染人。中层管理者所需的能力包括识人用人能力、人际网络构建能力、团队协同能力、领导风格自我调适能力、团队氛围营造能力、人才培育能力。

表 7-3　中层管理者所需能力

维度	所需能力
指明方向	战略解码能力、经营意识、企业价值链分析与优化能力、资源协调能力、人力资本效能提升能力、排兵布阵能力
影响他人	识人用人能力、人际网络构建能力、团队协同能力、领导风格自我调适能力、团队氛围营造能力、人才培育能力

案例

领导力觉醒工作坊

在对组织绩效和领导力表现的追踪研究中发现，管理者给团队成员造成的心理影响和感受（即团队氛围），直接决定着团队成员的敬业度，从而在 30% ～ 50% 的程度上影响着团队绩效；管理者在各种管理场景当中展现出的倾向性领导行为模式（即领导风格），在高达 70% 的程度上决定着团队氛围表现。领导风格则由管理者本人的内在个性特点（如动机和价值观）驱动（见图 7-6）。管理者须根据角色的具体要求，主动调整和管理自身特点，灵活运用领导风格。

动机和
价值观
岗位要求
领导风格
团队氛围
卓越组织绩效
30%
70%

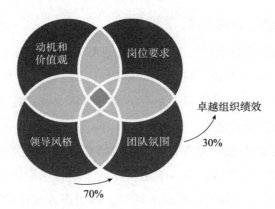

图 7-6　从领导行为到领导结果的路径

团队氛围、领导风格及个人素质的各项指标都可以被有效评测和追踪。禾思咨询根据从领导行为到领导结果的路径图，开发了“领导力觉醒工作坊”，旨在帮助管理者以终为始，建立对领导者角色和能力的系统认知；从客户视角出发，理解并展现出有实际成效的领导行为；了解造就个人领导力的内在原因，从根部持续成长。

禾思咨询整合了大量领导风格研究理念，并以哈佛大学心理学博士丹尼尔·戈尔曼的理念为基础，提出了六种领导风格模型（见图 7-7）。

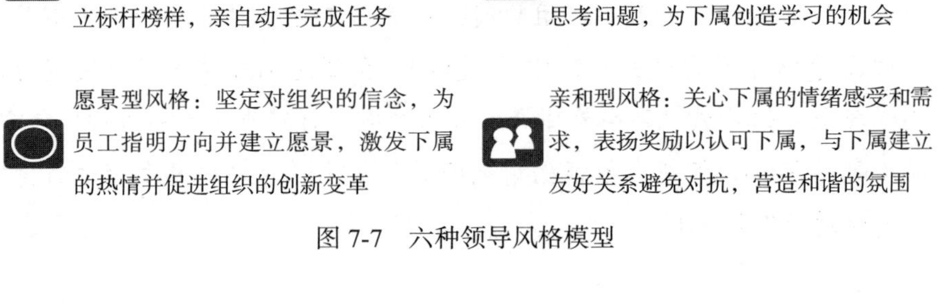

指令型风格：要求员工无条件立即服从，表述直接强势，严密监控工作过程和结果，使用威胁性言语进行警告
民主型风格：尊重员工意见，邀请员工参与决策，营造开放的沟通合作氛围，相信并授权下属自主处理问题
领跑型风格：以高标准要求自己和下属，常具有较强专业能力，为下属树立标杆榜样，亲自动手完成任务
教练型风格：鼓励下属成长，根据员工的特点进行反馈和辅导，引导下属思考问题，为下属创造学习的机会
愿景型风格：坚定对组织的信念，为员工指明方向并建立愿景，激发下属的热情并促进组织的创新变革
亲和型风格：关心下属的情绪感受和需求，表扬奖励以认可下属，与下属建立友好关系避免对抗，营造和谐的氛围

图 7-7　六种领导风格模型

每一种风格都有其优点和局限性，一个优秀的领导者应该具备多种领导风格，并能够根据团队成员的需求和能力进行调整。通过灵活运用不同的领导风格，领导者可以激发团队的潜力，提高团队成员的工作效率，实现组织的长期发展目标。因此，戈尔曼认为："许多管理者错误地认为领导风格是个性的一种体现，而不是战略性选择。他们不应该选择一种适合自己性情的风格，而应该根据特定的人群和环境选择不同的风格。"

从谷歌提出的八项领导力原则（后根据员工反馈扩展为十项原则，但新加入的两项原则要求管理者有大局观和责任感，与领导风格关联性不大）中，我们不难看出，谷歌对管理者的要求也是要学习和掌握多种领导风格，并应用到工作中（见表 7-4）。

表 7-4　谷歌领导力原则及其对应的领导风格

谷歌领导力原则			对应的领导风格
序号	原	新	
1	做个好教练	做个好教练	教练型
2	授权你的团队，不要进行微观管理	授权你的团队，不要进行微观管理	愿景型
3	表达对团队成员成功和幸福的关注	创造一个包容的团队环境，表现出对成功和幸福的关注	亲和型
4	富有成效并以结果为导向	富有成效并以结果为导向	领跑型
5	做一个好的沟通者，倾听团队成员的想法	善于沟通，倾听并分享信息	民主型
6	帮助你的员工进行职业发展	支持员工的职业发展并讨论绩效	教练型
7	为团队设置清晰的愿景和战略	为团队设置清晰的愿景和战略	愿景型
8	拥有技术技能，以便为团队提供建议	拥有关键的技术技能，以便为团队提供建议	领跑型
9		与其他部门合作	
10		是一个强有力的决策者	

　　团队氛围则基于彼得·德鲁克管理者五大核心任务，对除去第一项设定目标的其他四项指标进行设计，主要分为明确性、责任性、发展性、激励性、绩效导向和团队承诺六个维度（见图7-8），全面评估下属所感知到的团队氛围情况。

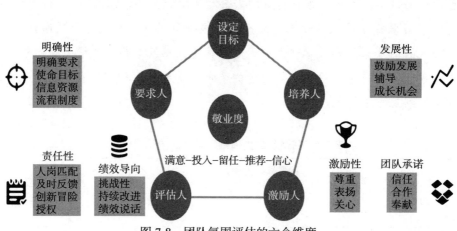

图7-8　团队氛围评估的六个维度

·: 高层管理者：选对赛道，创新突破

　　高层管理者决定企业的发展方向，他们需要具备两方面的关键能力：选对赛道，创新突破。

　　选对赛道是一个战略决策问题。为了确保企业具有可持续的竞争优势，高层管理者不仅需要对行业进行深入的洞察、理解与分析，剖析企业战略现状，设计商业模式，规划发展战略，重构战略目标，设计增长路径，搭建战略执行体系，还需要通过资本运作与管控模式的选择，业务设计的组合（核心业务、成长业务、种子业务）、战略风险的识别与应对等，确保企业战略目标的实现。所需具备的能力包括战略洞察、分析与规划能力（包括行业分析、竞争格局分析等）、商业模式设计能力、管控模式设计能力、资本运作能力、业务组合设计能力、战略风险识别与应对能力、资源整合与获取能力等。

创新突破是敏捷组织构建方面的要求。正如前面章节所述，在快速发展的经济环境中，要想获得可持续的竞争优势，就需要不断进行组织升级与管理升级，建设强有力的组织，提升人才管理水平。这一责任往往由高层管理者承担，如董事长、首席执行官。高层管理者一定要懂经营，善于制定具有挑战性的经营目标，并通过各种场合，把经营目标分解下去，把高绩效文化传导下去。其中最为关键的是，建立更高的愿景，帮助或"逼着"下属找到达成挑战性目标的方法，要持续不断地灌输（推销）组织升级的愿景。另外，Hambrick 和 Mason（1984）研究发现，管理者的个体认知和价值观会影响其在工作中做出的战略选择，进而对企业决策产生影响。因此，要做到创新突破，高层管理者还需要对自己的动机与价值观进行审视，找到自己的优劣势，并通过高管团队的搭建，实现互补。创新突破方面所需具备的能力包括动机、价值观洞察能力，敏捷组织打造能力，组织发展愿景、使命、核心价值观设计能力，愿景激励能力，高层人才获取与团队搭建能力，引领变革能力等。

高层管理者所需能力如表 7-5 所示。

表 7-5 高层管理者所需能力

维度	所需能力
选对赛道	战略洞察、分析与规划能力（包括行业分析、竞争格局分析等）、商业模式设计能力、管控模式设计能力、资本运作能力、业务组合设计能力、战略风险识别与应对能力、资源整合与获取能力等
创新突破	动机、价值观洞察能力，敏捷组织打造能力，组织发展愿景、使命、核心价值观设计能力，愿景激励能力，高层人才获取与团队搭建能力，引领变革能力等

🕵 案例

动机和价值观觉察对高管团队搭建决策的影响

动机是激发个体朝着一定的目标活动，并维持这种活动的一种内在的心理活动或内部动力。动机测评工具 PSE（Picture Story Exercise，图片故事练习），基于美国哈佛大学心理学教授戴维·麦克利兰（David McClelland）的研究所编制，是目前全球公认的测评工具，用于了解被测评者主要的社会动机，从而了解他们真正的内在驱动力。与领导者行为相关的社会动机有三种：成就动机、影响力动机、亲和动机。具有强烈成就动机的人渴望将事情做得更为完美，以提高工作效率，获得更大的成功。影响力动机是指影响和控制别人的一种愿望或驱动力。亲和动机较强的人愿意与人建立和保持亲密、和谐、友好的人际关系或者避免损害或中止这种人际关系，他们内在的满足感来自别人的承认与喜欢。

经过长期的研究，麦克利兰教授发现了优秀领导者理想的社会动机类型：较高的影响力动机、适当的成就动机、相对较低水平的亲和动机（见图7-9）。

价值观属于人的认知范畴，是有意识的。个人价值观主要影响对某种行为的重要性的判断，而此类判断通常与个人的理性分析没有太大关系。当一个人

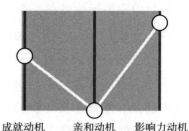

成就动机　　亲和动机　　影响力动机

图 7-9　优秀领导者理想的
社会动机示意图

感到某种价值很重要时，采取体现该种价值的行动的可能性就会增加。在领导力测评中，价值观测评主要测量个人对成就动机、亲和动机以及影响力动机的重视程度。

国内某知名乳业集团希望扩充产品类型，发展羊乳生产，并进行相应的市场布局调整。但在实施战略布局的过程中并不顺利，高管团队总感觉推动力度不够。由于高管团队成员大部分是当初企业成立时的创业元老，这让 CEO 感觉很苦恼。CEO 希望通过外部教练的方式，改变这种现状。

教练首先对高管团队成员进行了动机和价值观的测评，根据测评结果对高管团队进行反馈辅导。测评结果发现，高管团队中有两位成员的亲和动机非常高。亲和动机高对于初创企业团队的建设、"家"文化氛围的形成非常有利，但在企业变革期，如果亲和动机过高，则会因为过于重视人际关系而在做决策时犹豫不决。

这一点在测评结果反馈中得到了印证。由于需要重新进行市场布局，

这两位高管特别担心原有的区域市场负责人不满意，担心自己所带团队的成员说自己"冷血"，从而在做决策时不坚定。

教练根据高管团队的角色定位、集团战略布局，引导他们思考。经过几次教练过程，其中一位高管正在努力尝试调整，而另一位高管则认为自己可能并不适合这个团队，决定只担任股东，不再参与经营活动。

混合式学习项目的设计

案例

美国富达投资集团的混合式学习项目的设计

美国富达投资集团（Fidelity Investment Group，以下简称富达投资）是目前全球最大的专业基金公司，其分支机构遍布全球 15 个国家和地区。目前它为全球 1200 多万位投资者管理的资产高达 1 万亿美元，占美国共同基金总额的 1/8，备受投资者和基金市场的关注。

在全员推行数字化组织变革，组建独立项目小组的过程中，富达投资借用了敏捷组织的理念原则及话语体系。富达投资改革后的层级，从总裁往下仅有三层（见图 7-10）。

组织变革想要最终成功，不仅要有好的理念指导，而且要有好的组织氛围及人际互动。如何做到呢？关键在于选择正确的团队领导。

数字时代，精英人才不同以往。他们是德鲁克所说的"知识工作者"：有很强的自驱力、主动性，愿意学习新知识、解决问题、做出贡献，渴望受到尊重、得到倾听、体现自身价值、受到公平对待。传统领导者控制欲太强，与他们格格不入。

富达投资特别看重管理人才在担任领导岗位时，能否在团队中真正为团队赋能，促进协同，带领这些精英人才打胜仗；能否在团队外，有力支撑乃至承担更大的领导责任。富达投资认为，要确保组织变革成功，必须找到具有"乘数效应"的领导者，能把各路精英凝聚起来，激发他们成为有战斗力的高绩效团队。按照这样的指导思想，富达投资高层在组织变革中投入了大量时间和精力，为每个战斗单元都找到了合适的团队领导者。

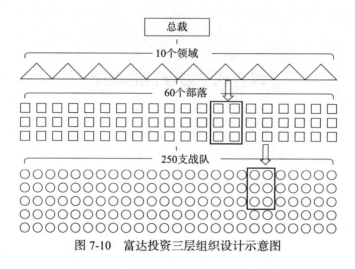

图 7-10　富达投资三层组织设计示意图

所有人都要竞争上岗。各个领导岗位的候选人，除了要做 360 度评估，还得经过两名高管的面试。整个考察遴选过程持续了一个月，所有高层都全力投入其中。

到了最后决策的关头，整个高管团队开了足足两天的研讨会，审核了 1500 名候选人的详细情况，其中包括 360 度评估、历史业绩以及面试记录等参考资料。富达投资个人投资部总裁墨菲回忆说："在最后的决策中，我们最看重的不是他们的现有技能，而是他们能以全新的方式领导团队，能成为具有'乘数效应'的领导人才，能真正赋能激发他人，打造有战斗力的团队。以此为准绳，我们果断淘汰了一些不能适应未来发展的'历史功臣'，以及不求有功但求无过的碌碌之辈。"

财富管理领域负责人拉姆·萨布拉曼妮安补充道："与此同时，我们还大胆提拔了一批人。他们可能对具体产品或具体业务的了解还不够深入，但是已经展现出极强的协同能力及利他之心，而且非常善于从客户的角度思考问题。正是因为改变了选拔标准，新人才有机会涌现出来。在新的组织架构中，有 1/3 的团队负责人是根据这个思路得到提拔的。"

除了领导选拔，富达投资还非常重视人才培养，尤其是数字化企业特别强调的永葆好奇、持续学习。富达投资的人才培养，采用了混合式学习设计，既包括横向组织——分会中的专业技能提升，也包括每周二的"学习日"，还包括外派课程学习、自学、工作中的跟进辅导等。

在数字化组织变革中，传统的专业条线被打破，不同专业的员工进入不同的领域、部落和战队，与背景各异的小伙伴们并肩作战。敏捷、扁平的全新组织极大提升了各个团队的战斗力，有助于员工发挥各自所长，持续为客户服务及业务发展做出贡献，并因此获得更高的回报。从做事的角度来看，这样的组织形式极具吸引力，但从个人成长的角度来看，不免令人感到迷茫：自己的专业怎么办？如何确保持续提升？如何获得晋升加薪？如何才能有更好的发展前途？因此，要想组织变革真正深入人心，必须从技能、专业及个人发展多个维度为员工规划好职业发展的全新路径，让他们安心。

为了加强人才培养，富达投资在此前设计的三层架构基础上，增加了"分会"（chapter），即敏捷组织中针对不同专业条线，专门设置的横向组织（见图 7-11）。同一战队的小伙伴根据各自专业，分属不同的分会。帮

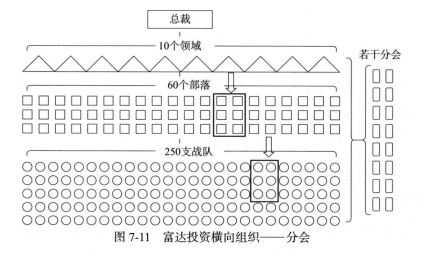

图 7-11　富达投资横向组织——分会

助分会成员提升专业技能、拓宽专业视野并持续跟进辅导，是分会领导者的职责所在。

墨菲解释说："企业的良性发展，需要多种类、多层次的专业能力支撑，比如销售、营销、财务、产品、研发、数字技术等。为了让员工有更加清晰的职业发展路径，我们制定了详细的'专业能力矩阵'，就每项能力、每个等级做了描述和界定。"

"这样一来，大家就能对照着思考自己现在的能力水平、未来的发展方向以及相应的工作安排。既可以选择加入不同战队，在同一专业内持续深耕，也可以选择加入其他分会，学习不同的专业，持续拓展自己；既可以选择成为团队领导者，在管理与指导他人方面持续提升，也可以选择成为业务专家，在服务客户与业务发展的专业能力方面持续精进。无论选择怎样的职业发展路径，只要能为组织创造价值，都会得到相应的认可与回报。"

为了兑现组织对人才培养的承诺，帮助员工快速成长，富达投资还专门把每周二定为"学习日"，每个人都可以拿出工作时间的20%自由支配，用于学习成长。在学习的具体内容和形式方面，也充分尊重大家的意愿和选择。"学习日"实行的第一年，富达投资5 000多位员工总的学习时长就高达100万个小时。

这样的学习要求不光是对员工，对高管也一视同仁。例如，富达投资的前200位管理者，集体参加了美国麻省理工学院（MIT）的基础算法课程；财富管理领域负责人，从零基础开始学习Python编程；还有些资深的IT前辈，通过学习获得了云计算方面的资格认证。

由此看来，富达投资在人才培养方面的确非常重视且投入巨大。这样做，到底值不值呢？

墨菲说："高度重视员工的学习成长，无疑极大地加速了我们的业务创新及组织数字化变革的进程。"

领导行为转变是一个长期的过程

从富达投资的案例中我们可以看出，企业的人才培养与学习项目设计，一定要围绕着企业战略的需要、组织绩效的提升来开展，其中的关键就是各级管理者的行为转变。而人们的行为通常由两方面的因素决定，即个人特性及其所处的环境。

根据麦克利兰的冰山模型（见图 7-12），个人特性分为多个层面：知识、技能、经验、社会角色和价值观、自我形象、特质和动机。

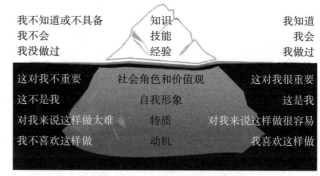

图 7-12 麦克利兰冰山模型

由于这些个人特性存在于人们的不同意识层次中，最容易意识到的是知识和技能，最难意识到的是动机。动机产生需求，需求引发愿望，且持续不断地驱动、指导并选择个人的外在行为。越是居于意识深层的因素越重要，并且需要经过长时间的培养才能真正发生转变，但这些深层次的因素往往在关键时刻发挥着重要的作用。因此，修炼领导力不仅要增加对知识、技能的掌握，更要重视对底层因素的塑造，这就决定了领导者培养是一个长期的过程。

主动学习与被动学习

要让不同层级的因素发生改变，所需的学习方式也要与之相匹配。著名的学习专家埃德加·戴尔 1946 年发现并提出了学习金字塔模型（见图 7-13），他发现主动学习与被动学习对学习有效性的影响非常大。

个人特质不同层面间的转变，需要采取不同的学习方式（见表 7-6）。针对现状与能力标准的差距来设计的普通学习项目或制订的个人发展计划，除了冰山在水面以上的部分，很难起到真正结果。要使冰山各层面均发生改变，需要公司从上至下的努力，通过混合式学习方式的设计与运行，通过采用多种方式，并改变组织环境，以身作则，有意识地引导冰山在水面以下的部分做出改变。

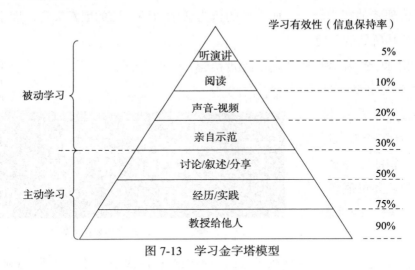

图 7-13　学习金字塔模型

表 7-6　冰山各层面对应的学习方式

冰山层面	示例	测评方式	学习方式
知识	学习金字塔是谁首次提出的	考试	听演讲、阅读、声音（视频）、教授给他人
技能	使用辅导5步法对下属进行辅导	实操与模拟	亲自示范、练习与实践、教授给他人
社会角色和价值观	你认为一位优秀的人才管理师应该是什么样的	自评（问卷或量表），观察决策中的价值取向	讨论与分享，经历与实践（榜样引导、自我反思、阅历增加、重大变故）
自我形象	你认为自己应该什么样	自评（问卷或量表），观察决策中的价值取向	讨论与分享，经历与实践（榜样引导、自我反思、阅历增加、重大变故）
特质	诚实、负责等	观察决策中的价值取向	讨论与分享，经历与实践（榜样引导、自我反思、潜移默化、重大变故）

（续）

冰山层面	示例	测评方式	学习方式
动机	成就动机、影响力动机、亲和动机	自我觉察，观察情绪的起伏并分析其原因	讨论与分享，经历与实践（自我反思、组织环境改变；满足或不满足下一层次的需求）

人才培养中常见的学习方式

在企业人才培养实践中，比较常见的方式有很多，每种方式都有其适应的场景。

∶ 课堂讲授

课堂讲授是一种常见的学习方式，是指讲授人通过语言表达、录像观摩、专题讨论、案例分析、管理游戏、角色扮演等多种教学方法，系统地向受训者传授知识，期望这些受训者能记住其中的重要观念、特定知识、操作步骤等。

这种方式的优点是运用方便，可以同时对多人进行培训，有利于学员系统地接受新知识。缺点是经常产生工学矛盾，所学知识与理念不易被巩固，无法直接验证是否应用到了工作实际中，是否产生了领导行为的改变。

这种方式适合的场景：理念性知识培训、企业新政策介绍、企业文化宣讲、基础管理技能传授。

要克服这种方式的缺点，就要在培训后设计相应的测试与应用环节，确保所学有所用、有结果。例如，对于纯知识类的内容，可以通过笔试的方式，确认学员是否掌握；对于企业文化理念类的内容，可以通过案例模拟或情景分析的方式，确认学员是否习得；对于基础管理技能类的内容，则可以通过情景演练、实践任务布置等方式，确认学员是否能够灵活运用。

∶ 自学

自学是比较常见的一种学习方式。很多人在遇到问题时，都会本能地去看看有没有相关的图书或文章可以参考，或者反思一下自己的想法或行为需要做出哪些调整，这些都是自学。

这种方式的优点是随时随地可以进行，成本低，如果掌握了寻找阅读资源和反思的方式，效果也不错。缺点是没有人指点，即使没有学到位，自己也很可能并不清楚，只能等下次遇到问题时再次检验学习效果。

这种方式适合的场景：学习知识、学习技能、学习规则、学习与人相处之道等。

要克服这种方式的缺点，就要在自学后勇于去检验，根据检验的结果再次进行补充学习。例如，我通过阅读学习到了如何与不同性格的人打交道，就可以在实际工作中用学到的方法与不同性格的人打交道，并观察效果如何，反思如何提升。如果需要，再进一步学习。

在线学习

随着技术的进步及人们工作节奏的加快，在线学习已经成为很重要的一种学习方式，在线学习的课程包括提前制作好的课程，也包括在线互动直播课程（包括回放）。

这种方式的优点是学习时间灵活，学员可以自由选择学习进度、学习时间与地点、学习内容，节省学员集中培训的时间与费用。可以充分利用网络上大量的声音、图片、影音等资料，丰富课堂教学，提升学习效率。缺点是师生之间的实时互动不够，缺乏人际交流感，尤其是录播课程。当然，随着学习技术的提升，现在的在线互动直播课程已经能够做到师生实时互动，小组讨论分组等，但人际交流感的缺失依然存在。

这种方式适合的场景：录播课程一般是知识方面的培训，直播课程可以扩展到管理技能类的内容。

要克服这种方式的缺点，需要线上与线下结合，线上学习基本知识与技能，线下补足人际交往方面的不足，并通过学后应用任务的布置与跟进，确保学习迁移到实际工作情景中。

线上与线下结合

线上学习知识点，充分利用线上学习的优势，线下开展翻转课堂，一方面检验线上学习的质量，另一方面通过研讨、分享、交流等方式，增强人际交流感。这是一种比较简单的混合式学习设计。

·· 发展反馈

在商业领域，反馈就是向别人讲出自己对工作绩效或工作相关行为的观察意见。反馈不是评判，而是表述对某种行为及其后果的客观信息，目的在于认可良好的工作表现，或是给出改善绩效的建议。如能善加运用，反馈可以鼓励反馈接受者取得进步，使其以积极的方式学习、成长并完善自己。

反馈分为正面反馈和建设性反馈。给予正面反馈是对希望的行为方式或解决问题的模式加以强化，给予建设性反馈旨在改善令人不甚满意的行为或引入更有成效的工作模式。

提供有效反馈这种技能不仅能在完成日常分内工作的过程中发挥作用，还可用于辅导会谈和绩效评估。直接、坦率地反馈意见，诚实的态度，对于反馈的成功至关重要。反馈提供者和接受者都应该保持坦然的开明态度：坦然接受反馈，也坦然提供反馈，更坦然面对反馈基于错误设想的可能性。当双方都相信反馈具有积极意图时，就能专注于信息本身，这有利于反馈接受者快速成长。

⋈ 案例

联想集团对高潜人才职业发展进行的一次系统反馈

联想集团在实施人才盘点后，会对那些被认为是高潜力、有晋升可能性的人员的职业发展进行一次系统反馈。反馈者通常由比候选人高出两个级别的三位高层管理者担任，并且他们都与候选人不在同一个部门或事业部。三位反馈者与候选人以及候选人所在团队的 HR 以会议的方式进行沟通，整个反馈会议持续两小时以上。

发展反馈的目的包括以下方面。

- 发展：深入评价候选人的优势和发展机会。
- 选拔：深入、全方位衡量候选人的领导能力，降低或避免因提拔不合适人选而造成的昂贵代价。
- 加强核心领导层对人才发展的责任感。

在人才培养中，还有一种比较特殊的反馈方式，那就是测评反馈。

要改变冰山模型水面之下的各项因素，如特质、动机、社会角色和价值观等，测评反馈是一种很好的方式，测评主要是以心理学为基础，通过量表自测或投射性测试等方式，让被测评人将自己的特质显性化。测评报告虽然可以自我阅读，但我们建议还是要请有心理学基础的专业顾问来进行解读与反馈，一方面能够将测评的各种指标联系起来整体解读，另一方面也可以在反馈互动的过程中促进被测评者进行反思，从而更好地触发行为的改变。

∴ 轮岗制

轮岗制是一种在岗学习方式，是培养未来接班人的有效手段。轮岗者通过新岗位的挑战，能够快速跳出舒适圈，实现角色和领导行为的转变。轮岗有成本，所以机会要向优秀的后备人才倾斜。轮岗制与导师制类似，动用的资源多，操作复杂，需要内部制定相应的实施与保障制度，确保培养的效果。

轮岗岗位确定的原则。在实施轮岗时，要注意岗位的性质与相关性。光辉合益把岗位划分为三类：顾问型角色，主要通过提升专业能力和制定、推行专业政策，为实现经营结果提供建议和指导；协调型角色，管理和协调内部资源，发展与外部伙伴的关系，以促进可衡量经营结果的实现；运营型角色，管理、控制重要资源，直接对业务经营结果负责。在轮岗的时候，要注意尽量避免让一个身处"运营型岗位"的管理者直接承担顾问型角色的管理岗位，例如，总部的销售总监成为区域公司的人力资源总经理。因为，这样的轮岗会让轮岗人员面临巨大的挑战，主要表现如下。

成就目标的变化："运营型岗位"的任职者往往通过直接达成业绩目标来满足自己的成就欲，而"顾问型岗位"的任职者是通过提出切实可行的专业建议并辅助、支持他人来满足自己的成就欲。实践证明，这种成就目标的变化对相关人员的挑战非常大。

工作重心转移：岗位角色调整过程中，任职者不再直接掌控资源，工作重心由产生业务结果转变为对业务提供服务和支持，任职者需要更多地通过沟通、协调、建议和服务来体现对业务目标的支持。

专业领域的权威地位："顾问型岗位"发挥作用需要任职者具有较权威的专业知识和经验，以便能够提出被大家认可和接受的专业建议。

坚持原则与冲突管理："顾问型岗位"以专业的角度提出解决问题的建议，即使遇到不同的观点和想法，也要坚持专业性和原则性，通过有效的冲突管理来推动专业建议和观点的实现。

全局意识："运营型岗位"更多地关注所管理领域的具体事务，而"顾问型岗位"需要广泛关注全局业务领域，以便形成能够给相关领域带来价值的专家建议。

反过来，将一个处于后台职能的管理者直接调整到一线"带兵打仗"，也会存在风险，在为其设计这种跨越式轮岗时要考虑如下三个方面的因素。

第一，这个人是否具备从支持、影响产出的角色转变为直接对团队结果负责的角色的可能性；是否敢于做出重大决策，并勇于承担决策带来的结果？

第二，这个人是否能够持续不断地激励和鼓舞团队取得业务结果？

第三，这个人是否准备好面对新角色要承担的巨大压力与挑战？

轮岗模式的设计。创新领导力中心在大量研究后发现，评估、挑战、支持三个因素组合起来能使发展领导力的各种经历更加有效（见图 7-14）。在轮岗设计中，如果我们有意识地把这三个因素包含到实践中，这种经历就会更加有影响力。

（1）挑战。从发展的角度看，最有效的经历都是那些最具

图 7-14　轮岗设计中的关键要素

挑战性的经历，沃伦·本尼斯和罗伯特·托马斯在研究不同领导者的成功秘诀时提出了"熔炉"的概念。托马斯把熔炉划分为三类：新领域、逆境和停滞。这三类熔炉对应于职业发展的三个阶段（见图7-15）。

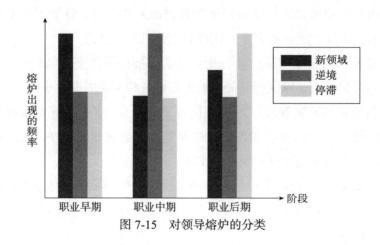

图7-15　对领导熔炉的分类

我们可以把熔炉理解为职业的历练，事实上就是具有挑战性的发展经历。那些能够成长为领导者的人，一定是能够在熔炉中学习到经验并以此指导未来的人，也就是具有对经验的学习能力。因此，我们在设计轮岗方案时，要有熔炉，让管理者有机会去学习，但不能仅仅只提供这些挑战性的任务，还需要"煽风点火"，加速成长。因此评估和支持就是必需的。

（2）评估。评估数据越多，轮岗中管理者的收获也就越大。这些数据可以来自很多方面，包括上级、下级、同级、客户、家人、外部教练以及自己等。管理者在新的挑战性环境中开展工作，常常是"摸着石头过河"，如果我们能够在轮岗中有意识地设计出足够多的评估和反馈环节，将帮助管理者更好地适应挑战、修正管理行为、领悟管理角色。

案例

Sprint 轮岗项目 SAP 中的评估环节

Sprint 是一家全球性通信公司，在超过100个国家及地区为2 000多万个商业与住宅客户提供服务。该公司在全世界拥有约 70 000 名员工，年营业额达 270 亿美元。为了培养未来的高级管理人才，Sprint 设计了以轮岗为核心的项目 SAP（Staff Associate Program，员工支持计划）。项目中，随着岗位的宽度和复杂程度的增加，参与者需要不断展现自己的高绩效和高潜力以争取下一个更加有挑战性的岗位，同时实现自己的职业发展。

SAP 是一个持续三年的轮岗项目，每 12 个月为一个阶段，共三个阶段（见表 7-7）。在每个阶段结束后，由五人小组（当前岗位经理、当前岗位隔级上级、上一个岗位的经理、项目总监、人才发展经理）对这些高潜力员工的学习能力和绩效表现进行评估，并且调整对他们潜力的评价结果。在

表 7-7　三个阶段的小组评估说明

阶段	第一阶段评估 （第 15 个月）	第二阶段评估 （第 27 个月）	第三阶段评估 （第 36 个月）
主题	学习与潜力评估	进步与潜力评估	绩效与领导潜力评估
评价目标	关注学习能力，以及评估该员工的潜力水平	关注学习、绩效和潜力，评估这三方面的水平	关注三次轮岗中该员工的绩效表现
学习	该员工是否获得了必要的经验以帮助提升其能力	还需要学习什么样的技能	该员工是否已经获得了所有必需的经验以达成职业目标
绩效	该员工的绩效水平是否在期望值内	与其他学员或同事相比，该员工的绩效水平如何	三个阶段下来，该员工绩效表现是否持续增长
失败风险	什么因素会阻止该员工在未来取得更大的成功	什么因素会阻止该员工在三年内成为高层管理者	什么因素会阻碍该员工在 Sprint 取得职业发展
下一步	该员工在下一次轮岗中需要获得哪一类岗位	在接下来的项目中，该员工适合在什么样的岗位上继续发展	该员工需要多长时间才能够成为公司高层管理者
总体评价	该员工是否具有以前预测的潜力水平	该员工能否证明自己有足够的潜力完成整个项目	该员工能否被预期在未来的职业发展中加速成长

三次评估中，评估的关注点从一开始的学习能力转移到综合考虑学习和绩效，再到最终的完全只考虑绩效。当参与者没有展现出足够大的进步时，则被淘汰出项目，在人力资源部的协助下，他们将在组织中寻找到固定的岗位。

在每次小组评估后，高潜力员工的直接上级、人才发展经理要向员工反馈评估结果。对于那些没有达到岗位期望的员工，他的当前直接上级、人才发展经理和高管教练共同为其制订轮岗方案，以帮助他加速提升。

整个项目除了识别出非常优秀的高潜力员工，同时还有效地降低了优秀员工的流失率。那些参加过 SAP 的员工的流失率远远低于通信行业 30% 左右的水平。

（3）支持。鼓励和支持是维持领导者学习发展动机的关键因素，它帮助领导者增强学习方面的自我效能感，提升自信心。在企业中，这种支持包括轮岗中的导师，他可以解答个人发展中的困惑并给予鼓励；管理培训，为管理者完成挑战任务提升信心；轮岗中的管理者可以结成的互助团队，大家处于同样的境遇中，更能够理解对方，更容易让大家找到平衡感。

轮岗的组织保障。轮岗，尤其是高层轮岗，绝不仅是一项单一制度的运行，它还需要人力资源各项相关制度体系的支持和维护。因此，从轮岗项目成功的角度，除了需要从个人行为改变方面提供支持，还需要整个组织做好一系列的支持性工作。

首先，组织要培养轮岗文化，岗位轮换最适合的文化是鼓励冒险与创新，并允许员工犯错。

其次，建立轮岗的制度保证。企业需要把人才盘点与轮岗紧密结合，并以制度作为保障。例如，在联想，凡是被评价为"准备好"的继任者，需要在 12 个月内晋升，而对于那些需要 2～3 年才准备好的继任者，在提供轮岗机会的同时，每年还要不断进行盘点，一旦合格，就会准备晋升。员工能够知道无论他怎么轮岗，都有人在关注他，他的个人表现会得到评价，优秀的一定会得到晋升。

轮岗的制度保证方面还需要考虑如下几方面问题。

- 轮岗期间与轮岗后的考核与薪酬如何确定：对于后备干部而言，考核、薪酬及培养应进行针对性设计。轮岗期的考核目标采取轮入岗位的绩效目标；为平衡业绩发展与人才培养的双重目的，轮岗人员的绩效考核中要增加胜任力维度。薪酬从原单位或者总部列支，不占轮入部门的薪酬总额。

- 轮岗后的任用与晋升如何安排：人才管理部门一定要先有一张岗位空缺"地图"，什么级别、数量、要求，然后再去实施培养及轮岗安排。轮岗之后，可以根据考核结果确定是否马上晋升。具体来说，可以通过委任的方式获得晋升岗位，可以通过选聘、竞聘等方式重新选择岗位，如果暂时没有岗位的，可进入上一层级后备池，但不宜"备而不用"太久。

- 如何解决轮岗的意愿问题：对于个人不愿意轮岗问题，建议把轮岗的要求加入职务晋升的任职资格中，比如晋升中层必须有一年以上跨部门或跨体系经验。对于部门不愿意接收轮岗人员的问题，建议把轮岗的人安排到副职、助理等不占正式编制的岗位上，薪酬从原单位或总部列支。对于原部门不放人的问题，建议通过机制约束现任负责人，比如借鉴华为的方式：如果不能培养出成熟的继任者，现任负责人就不能晋升。

导师制

导师制是企业为提高员工工作能力、增强员工归属感而采取的一种措施。它是一种以高效学习和知识传承为主要目的的人才培养方式。企业希望核心员工和后备干部迅速成长，新员工迅速进入工作角色，而员工希望获得成长的空间，导师制恰恰满足了这些需求。导师制提倡分享知识与智慧，提倡通过沟通与交流提升员工对企业的信任感与忠诚度，也有利于培养后备干部和核心员工的责任感和管理水平，实现企业与员工的共赢。这已成为很多企业培养员工、规划员工发展的重要方式。

导师制鼓励长期的"一对一"支持性关系，特别适合解决员工职业生涯发展进程中产生的各种个性化问题，例如员工人际方面的困惑，或者对公司氛围和企业文化理解产生的偏差，而这些个人问题是无法通过参加培训课程或工作坊、E-Learning 课程、做项目等常规的人才发展方式来解决的。

导师一般都是企业里德高望重的人士，其本身就是成功的典范，导师的榜样作用、言传身教的力量是独一无二的。

大多数的学习方式传播的都是显性知识，就是能被总结进教科书的知识。而在施行导师制的过程中，员工从导师身上学到的往往是很难提炼的隐性知识，比如为人处世的方式、想问题的思路、动态解决问题的能力、艺术化的领导技巧等，这些隐性知识对人才发展的促进作用更为显著。

导师制中，成长是双向的：一方面员工可以从导师处获得很多工作与为人处事方面的智慧；另一方面导师也可以通过与年轻的员工在一起，了解年轻人的想法，保持年轻的心态，更好地在企业中与员工互动。

当然，导师制的实施需要企业制定相应的实施规划与保障体系，例如，有相应的制度设计，有适应的考核牵引，有文化上的引导，有导师的认证、导师的职责、导师的激励、导师的考核、关联晋升等。

🐾 案例

华为的导师制

华为人才培养的核心理念是用最优秀的人培养更优秀的人。在华为，懂得依靠组织系统和及时求助，比独立工作能力还重要。不懂得依靠组织系统和求助的人，在华为的土壤里很难生存。华为的导师制奠定了这种土壤的基础，从进入华为公司开始，就安排了导师，有了导师也就有了求助的对象。整个公司形成了导师文化、求助文化。华为的导师制认为，老员工不仅要将企业文化、价值观传递给新员工，还要在业务技能方面对新员工给予指导，让新人在遇到困难的时候，可以向周围的员工寻求帮助。

全系统、全方位、全员性推行导师制，所以华为的导师制不仅适用于新老员工，还适用于所有系统，不仅营销人员需要导师，生产、行政、后台部门的人员也需要导师。

为了将导师制推行到位，华为制定了一套导师制实施管理办法。

华为导师扮演的角色

导师扮演的角色有教练和辅导员、工作标杆，业务能力与潜质的开发者，业务或技术带头人，错误纠正者，思想引导者。

华为导师的职责

华为导师的职责为帮助培养对象，使其在思想上和业务水平上达到预定的目标。

针对新员工的导师职责（见图 7-16）：

第一步，和新员工的主管沟通，了解新员工的工作定位和工作意向。

第二步，和新员工聊天，借机了解新员工的家庭情况、知识结构、价值观与性格特点，解答新员工遇到的一些问题。

第三步，讲解华为公司的文化、核心价值观、行为规范、组织架构、部门情况、工作内容、领导的工作作风等。

第四步，导师和新员工协商做一个培养计划，培养计划一式三份，导师、新员工和干部处各存一份。

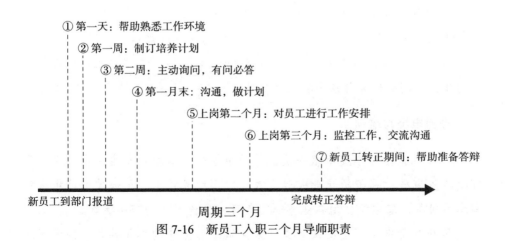

①第一天：帮助熟悉工作环境
②第一周：制订培养计划
③第二周：主动询问，有问必答
④第一月末：沟通，做计划
⑤上岗第二个月：对员工进行工作安排
⑥上岗第三个月：监控工作，交流沟通
⑦新员工转正期间：帮助准备答辩

新员工到部门报道　　　　　　　　完成转正答辩

周期三个月

图 7-16　新员工入职三个月导师职责

针对老员工履新的导师职责：

第一步，定期沟通，帮助培养对象解决问题。

第二步，针对任职资格标准，找到培养对象的差距，共同制定发展目标和培养计划，实现传帮带，促使培养对象达到预定目标。

第三步，创造和提供机会让培养对象参加培训。

第四步，维护培养手册。

华为导师的选拔标准

主要有两个方面：一是工作绩效好；二是内心里认同华为文化。

参考标准如下：①在公司工作 1 年以上。②是部门业务骨干，有能力进行业务指导。③认同华为文化，有能力进行思想引导。④为人正直热情、责任心强、有较强的计划、组织、管理能力，有能力为新员工制订合理的计划，安排相应的工作。⑤参加过思想导师或辅导相关的培训并考核合格。

华为导师的管理主体

通常每个部门都有本部门的导师，新设的部门如果还没有合适的人选，则由部门主管兼任。部门主管负责对本部门的导师进行申报、日常工作检查、导师工作考核评定。

干部部是导师的领导机构，制定与完善导师的工作指导准则、评价标准，组织、统筹导师的管理，推进相关工作的深入开展。

人力资源部、华为大学则负责组织导师的培训、考试等工作。多个部门协作，共同管理导师这个特殊的群体。

导师申报与培训

导师申报为每季度申报一次，导师申报必须填写申报表，由各系统干部处负责审核，系统领导批准后生效。后备业务骨干、干部导师的申报将与培养对象一起申报，由各业务部门负责，系统干部处审核备案。

思想导师在上岗前必须完成"如何做一名优秀的思想导师"的课程培

训，原则上不完成该培训不能当思想导师，特殊情况除外。

导师不是一劳永逸的，带新人带不好，会要求回炉培训，再不行就要撤销导师的资格。通过这个机制，可以激活导师队伍，倒逼导师不断学习和进步。

激励机制

做导师，有三个方面的机制安排。①晋升机制（没有担任过导师的员工，不得提拔为行政干部；不能继续担任导师的，不能再晋升）。②导师补贴（导师每月有 300 元的"导师费"，用于请新员工吃饭、沟通；定期评选"优秀导师"，被评为"优秀导师"的可得到公司 500 元的奖励）。③年度优秀导师评选（人力资源部负责申报新员工和导师"一对红"荣誉奖，导师综合考核成绩好的，由人力资源部负责申报"优秀思想导师"荣誉奖，并记红记录）。

三大激励对应的就是职业发展 + 物质激励 + 精神激励，动力、压力非常足。

对培养对象的考核

考核内容：辅导期间的绩效考核、辅导期结束的答辩审核和对新员工的转正答辩。

答辩安排：新员工的答辩由各系统自行设计，后备业务骨干、干部的答辩由系统干部处组织，并建立答辩委员会进行评定。

结果应用：达到预定目标的，可以参加下一阶段的培养，没有达到预定目标的，由具体部门提交原因分析报告和处理建议，系统干部处进行审核，公司干部部审批生效。

对导师的考核

对导师的考核，分为两方面。一方面是导师的工作在其工作计划中会有体现，并作为其年度考核工作事项来考核。另一方面是基于导师体系和导师资格的认证、考核，通常在带完新人后做考核。每年都会例行刷新导师记录，作为晋升等的依据。

导师的考核结果分为优秀、合格、不合格三等，考核点主要包括导师工作的结果和进程两部分。结果会记录在导师的工作档案中。对优秀导师，公司会进行嘉奖；不合格导师，公司要对其进行再培训或直接撤销导师资格。

优秀导师会作为后备干部培养，在人才梯队中排名靠前，晋升得也就相对快些，这是对广大导师的一种激励。

导师的任期与员工培养周期

导师的任期为从新员工进入部门开始，到新员工正式转正时结束，培养周期为 3 个月，如因导师工作有变动，需要做好前任和继任导师的工作交接。后备业务骨干、干部的培养周期为 6 个月。

原则上导师最多可以带两名新员工，以保证带人效果及避免影响工作，但是部门的思想导师除外。

∵ 教练辅导

提到教练，有人可能会想到从企业外部请来的高管教练，他们通过培养管理者的自我觉察力、影响力和适应力，帮助管理者实现领导行为的改变和提升，使管理更加富有成效，让管理者及其所在组织双重获益。由于高管教练的费用相对较高，所以一般企业只针对高层管理者或者高层管理者后备人才使用这种方式。

在现实商业环境中，很多企业提倡开展教练式管理。据调查统计表明，世界 500 强的企业中有近 70% 都使用过或正在使用教练技术进行管理。我们这里所讨论的教练辅导是指管理者通过与下属共享知识和经验，最大限度地挖掘下属的潜力并帮助下属实现约定的目标，这是一个持续、双向的过程。

教练辅导与导师指导不同，教练辅导侧重于当前的绩效问题和学习机会，导师指导则更注重个人的长期职业发展。辅导教练通常是被辅导者的主管上司，而导师绝少有这种情况。辅导教练要在辅导过程中对下属的学习进行引导和指导，而导师指导的过程中，则由被指导者自己来掌控学习。

　　在日常工作中，员工难免会存在绩效问题或能力短板，作为管理者，要敏锐地发现辅导的时机，及时给予下属支持和帮助。由于辅导时机的不同，管理者所扮演的角色也会有所差异（见表 7-8）。

表 7-8　教练的角色

绩效的建议者	关键建立的中介	重要工作经验的提供者	工作经历的优化器	事业的支持者
"从说教到赋能"	"建立高质量的关系，而非更多的关系"	"为促进发展，深入挖掘角色内的各种经历"	"从行动到思考，再到应用"	"为成为更高一层的领导者铺平道路"
1. 提问，而不是告诉——好的领导者通过提正确的问题来发展有潜质的下属，而不是把正确答案告诉他们	3. 引导对组织内人际关系的认识——好的领导者利用自己独特的洞察力引领下属认识、进入内部的关系网	5. 把经历和提升相结合——好的领导者应为下属在重要工作经历和职业生涯的提升之间建立清晰的联系	7. 从行动到思考，再到应用——好的领导者应为下属创造从自身经历中思考和学习的空间	9. 支持成长中的人才——好的领导者应成为成长中的下属长期发展的有形的、积极的支持者
2. 利用长处——好的领导者通过发展下属的长处来培养他们，而不是改进他们的不足	4. 建立重要的关系网——好的领导者会积极地帮助下属建立重要的关系，而不是更多的关系	6. 提供挑战性工作经历——好的领导者会把下属安置在能提供挑战性工作经历的岗位上	8. 把学习嵌入工作中——好的领导者应确保下属能把先前经历中学习到的东西运用到现在的工作中	10. 输出人才而不只是引进人才——好的领导者会为有潜力的下属成功转型或升迁尽可能地提供机会和支持

　　管理者一旦抓住辅导机会，可以按照如下步骤开展教练辅导。

步骤一：前期准备。

辅导前，管理者需要确认两方面内容：

- 该员工是否愿意并能够接受帮助？

- 这个绩效问题是否可以解决？这个问题的主要判断标准：它是否在自己的控制圈或影响圈内。

在确认员工有意愿接受辅导并通过辅导可以解决问题后，管理者要让下属做好接受辅导的准备，此时可以让其自行评估工作绩效。

- 你的目标已经完成到哪种程度？
- 你是否已经超额完成了一些任务？
- 你目前是否有正在竭力实现的目标？
- 是什么阻碍你达成自己的目标？是缺少培训、资源还是指导？

如果辅导的目的是让某位员工为新工作或更高的岗位做好准备，那么可让该员工将其目前的能力与新岗位或新职责所需的能力进行比较，并确认差距。

步骤二：辅导面谈。

当管理者与员工进行辅导面谈时，需要就所观察到的该员工的实际行为进行讨论，而不是对他的个性或动机的假设进行讨论。也就是说，要讨论"事实"而非"假设"，事实背后的假设，可以通过提问的方式，让员工自己来探究，例如，你刚才谈到你不愿意接受这个想法，能告诉我原因吗？在进行辅导面谈时，先指出该员工被观察到的正面行为，然后集中给予他建设性的反馈意见。

在辅导中，管理者要通过提问的方式引导员工参与。通过开放式提问可以深入了解员工的观点，并激发他们提出解决绩效问题或弥补能力短板的方法，例如如下提问。

- 如果……会怎么样？
- 你对自己目前的进展情况感觉如何？
- 针对这项工作，你面临的主要困难有哪些？
- 如果你可以重做上次的销售演示，会有什么不同？
- 你认为是什么导致你没有在团队会议上提出自己的观点？

封闭式提问（需要用"是"或"否"来回答的提问）则可以达到以下
目的。

- 强调员工的回答。你对自己的进度是否满意？
- 确认他人所说的话。你的主要问题是如何安排时间，对吗？
- 达成共识。我们都同意你目前的技能不足以实现你的职业目标，
  是吗？

在面谈结束前，管理者要请员工制订行动计划，并就行动计划达成共
识。行动计划模板如表 7-9 所示。

表 7-9 被辅导者行动计划模板

行动计划构成	示例
问题描述	张明总是在会议上打断别人的发言
目标描述	学会如何允许别人表达观点
措施及成功的衡量标准	1. 避免在会议上打断别人发言，可用在连续两次会议上没有出现打断别人发言的行为来衡量 2. 仔细倾听别人的观点，对问题做出回应而不是自顾自说，可用被辅导者针对他人发言提出的跟进问题的数量来衡量
日程表	在 2 月 15 日回顾措施 1 的进展情况，在 4 月 15 日回顾措施 2 的进展情况
辅导教练的角色	辅导教练将在每次会议后对进展情况进行点评

步骤三：持续跟进。

行动计划制订后，持续跟进是进行有效辅导不可或缺的步骤，管理者
需要定期与被辅导者一起检查计划的进展情况和理解程度，鼓励被辅导者
继续改进，强化对新技能和新行为的掌握，并防止退步。

在具体跟进的方法上，我们建议采用以下系统化的方式来保证效果。

- 设定跟进讨论的日期。许多辅导教练计划在辅导会谈的几天或一周
  后进行讨论。
- 定期检查被辅导者目前取得的进展。如果辅导的目的是为新的工作

职责做准备，可要求被辅导者演示其掌握的新技能。如果被辅导者在掌握新技能或纠正行为时遇到困难，可以问他如要取得更大的进步需要提供什么帮助。

- 持续观察被辅导者的绩效和行为。例如，如果管理者正努力纠正一种效率低下的行为，就应该不断评估这种行为是有所改善还是更加恶化。积极表示关心，询问该被辅导者需要何种帮助，可以使其不断地取得进步。

- 保持对被辅导者积极倾听的态度。当利用提问和讨论进行跟进时，还需要显示出管理者对被辅导者的关心、支持和重视。先仔细倾听，然后给出回应或想法。

- 不断改善行动计划。管理者找出对行动计划的可行修正并积极实行；检查行动的结果，看是否可以做更多有益的调整。

- 改进辅导流程。定期询问辅导流程中哪些部分在发挥作用，以及如何对流程加以改进。例如，管理者和被辅导者的面谈次数需要增加还是减少。

⚮ 案例

IBM 教练式管理

"教练如镜"是 IBM 广泛推行的教练式管理所强调的要旨。教练式管理已被证明是对提高组织绩效和员工技能非常有效的管理方式，因此也成为 IBM 对管理者的明确要求。

在 IBM 看来，管理者的职责不是直接告诉员工怎样去做，而是通过引导、启发等方式，让员工自己找到解决问题的方法。教练式管理非常考验经理人的智慧。典型的教练式管理模型是"GROW"模式：首先，你需要通过有效的倾听和发问，让员工先理解真正的目标或目的是什么（Goal）；其次，帮助员工厘清自己面临的现状如何，有哪些困难、优势，已经做了什么，还需要做什么（Reality）；接着，要启发员工思考可能的解决方案有哪些，如何判断这些方案的优劣，并做出方案的选择（Options）；最后，要激发员工完成任务的意愿，并制作时间表（Will）。

　　IBM 这种教练式管理要求管理者始终把自己放在"后台"的位置，让员工在"前台"解决问题并享受荣誉。这样做的好处是能迅速培养员工解决问题的思路、意识、能力和意愿。通过一段时间的投入，一个有智慧而又能"打仗"的队伍就建起来了。

· 行动学习

Զ 案例

GE 公司以 LIG 项目推动战略落地

　　每年 GE 的管理层都会在 GE 克劳顿管理学院所在地克劳顿村举行战略会议和组织人才发展会，在会议上确定新战略以及所需的能力，两个会议结束后紧接着就启动 LIG 项目（见图 7-17），边学习边研讨如何用创新的方式帮助组织实现新的战略目标，并着手制订计划。在几天的会议最后，各业务单元要向 CEO 提交承诺书，将学习转变为行动。与以往的群策群力

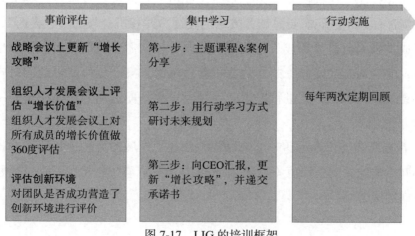

图 7-17　LIG 的培训框架

不同的是，LIG（Leadership，Innovation and Growth）项目参与者以一个事业部的"班子"为单位，而不是以往来自不同事业部同一层级的人员的"混搭"。这是因为同一个事业部的高管团队共同参加三天的讨论，能够有效地统一大家对发展战略的认知，充分保证战略在实施过程中能够始终与目标保持一致。这一活动传递了统一的思想理念，有力地推动了GE内生增长战略转型。

Day（2000）和Hernez-Broome（2004）指出，教练辅导、导师指导、行动学习和360度评估正日益成为领导力开发的主要途径和方式。Giber（1999）对350多家公司所做的调查也表明，导师指导、行动学习和360度评估正被认为是最成功的领导力开发方式。

行动学习起源于英国，是由英国管理思想家雷格·瑞文斯（Reg Revans）于1940年提出来并应用于实践之中的。自瑞文斯之后，行动学习延伸出了很多流派，但无论哪一个行动学习流派，都认同以下的元素：真实的员工在实践中解决真实的问题并采取行动，并在这个过程中学习。

行动学习为参与者提供对组织的重大复杂问题进行分析并提出解决方案的机会。如果方案合理且具有可行性并获得了组织的同意，该方案就会得到实施。在整个过程中，有经验的行动学习教练会通过提问的方式，鼓励参与者思考与分析，促使参与者得到成长；成员在行动学习小组中可以共享领导技能，这种伙伴关系也是每位成员成长的宝贵资源；在解决方案的实施过程中，他们需要协调各方面的资源，并有机会与高层"会面"，这对于成员来说也是一种成长与历练；此外，他们需要定期会面，分享项目进展，探讨遇到的阻碍，共同寻找创新性解决方案，从而使得他们对自己的心智模式、行为方式进行反思，这种反思也是促进他们快速成长的一种有利方式。

希克斯和彼得森（1999）曾对各种领导力发展的方法进行研究，得出了不同方法的效度估计值（见表7-10），从中可以看出行动学习在发展领导力方面的威力。

表 7-10 典型的领导力发展方法的效度估计值

方法	洞察力	动机	技能发展	现实世界实践	责任制
针对个人发展计划的基于测试的发展性评估	S	M	W	W	W
导师制度	M	S	W	W	W
针对个人发展计划的 360 度评估	S	S	W	W	W
传统领导力项目	S	M	W	W	W
包括个人发展计划的半传统的领导力发展项目	S	M	S	M	W
针对反馈机制的包括个人发展计划的基于模拟的发展性任务	S	S	M	M	W
发展性任务	M	S	M	S	S
教练辅导	S	S	S	S	M
行动学习	S	S	S	S	S

注：S 表示效度高，M 表示效度中等，W 表示效度弱。

行动学习之所以具有如此大的威力和效果，与行动学习的六个要素密不可分（见图 7-18）。

第一个要素：问题。

行动学习的起点是问题（也可称为课题、任务、挑战等），没有问题就没有行动学习。企业面临的问题有很多种类，行动学

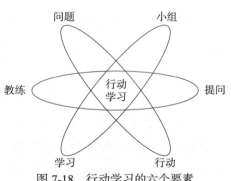

图 7-18 行动学习的六个要素

习所要解决的问题应该是真实、重要而紧迫的，是没有已知解决方案的，而且问题的解决应该是在小组的职责范围之内（考虑到本章的主题是继任者的培养，建议可以采用被培养者上一职级范围的问题），并能为整个行动学习小组提供学习的机会（见图 7-19）。问题越复杂，行动学习的解决方案

就越有创新性，学习的收获就越大。

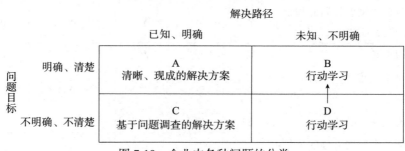

图 7-19　企业中各种问题的分类

行动学习小组解决的问题可以是单一问题，也可以是多个问题。在单问题小组中，成员会将他们的精力都集中在解决这个问题上，一般这类问题是由组织决定的。小组作为一个整体，不但负责对问题进行重构和提出行动策略，而且还可能被指定去执行所提出的解决方案。如果培养继任者是项目的最终目的，那么组织在确定问题时，就要考虑到被培养者的层级和特点。

在多问题小组中，每个小组成员会将自己的问题 / 任务带到小组中，其他成员一起帮忙解决。每次行动学习会面期间，由小组分配时间来解决每个成员的问题，之后小组成员按照会面期间找到的解决方案采取行动并从中学习。对于以人才培养为目标的项目来说，我们建议成员的问题选择要与上级或导师进行沟通，与整体培养目标相匹配。

当然，在实际操作过程中，部分企业在同一个行动学习项目中，既有小组成员共同面对的问题，也有各小组成员自己的问题，单问题与多问题混合，这就需要项目的整体设计要合理设定目标、合理调配时间，以实现最终的成效。

第二个要素：小组。

行动学习的核心实体是行动学习小组，小组成员负责重新定义问题、评估可选择的行动、建议和（或）实施策略。理想的行动学习小组成员由具有不同背景和经验的 4 ～ 8 人组成，他们要对问题的解决有共同的承诺，愿意付出努力，愿意与他人协作，乐于学习和帮助他人学习，并且有质疑他人的勇气。

在常规的行动学习项目中，单问题式行动学习小组成员大多是组织根据问题来指定的，而多问题式行动学习小组成员则是自愿参与进来的。

但在以人才培养为目标的学习项目中，组织在确定小组问题时，要考虑到所培养人才的层级及特点，为其指定匹配的课题；或者小组成员根据组织的发展目标选择适宜的课题，作为多课题行动学习小组中的课题。

无论是单问题小组还是多问题小组，行动学习小组都要定期会面，就问题解决的进展情况进行信息共享与研讨，从中获得帮助，为之后的行动做好准备。在研讨过程中，小组成员还要就自己的思维方式与行为模式进行反思，助力个人成长。

当然，这种会面可以是线下的，也可以是虚拟的。随着技术的进步以及世界性交流的普及，虚拟行动学习正在帮助越来越多的企业解决问题、培养人才。

⋊ 案例

乔治华盛顿大学学生的虚拟行动学习

六名乔治华盛顿大学的学生参加了多问题式行动学习小组，在持续六个星期的星期三晚上，他们轮流介绍自己所面临的问题／任务，通过聊天工具和其他在线技术，他们进行提问，拟定策略并进行反思。小组成员轮流担任行动学习教练。小组成员都获得了帮助，对领导力、小组和自我认知均有了进一步的理解。

第三个要素：提问与反思。

行动学习的焦点是提问，这是行动学习区别于其他问题解决方法的主要因素。提问使小组成员理解并澄清问题，获得新的探索途径，并让小组成员在解决问题和提出策略时更有见地。提问也有助于建立团队精神，更好地开发成员的倾听能力，是个人、团队和组织学习的基础。

在行动学习中，焦点在于正确的提问而不是正确的答案，因为正确的提问会产生正确的答案，提问中孕育着答案的源头。提问可以帮助小组对其知识进行识别和重构，在小组成员彼此提问时，就会逐渐获得对答案和策略的共识，并激发思考与学习。

提问对于领导力的开发也是非常有帮助的。著名的哈佛大学商学院教授约翰·科特（John Kotter）指出，领导者与管理者之间的主要区别在于，领导者提出正确的问题，而管理者则负责回答问题。

在行动学习中，我们不仅要了解问题的直接原因，或者什么样的解决方案可能会有效（单环学习），还要努力发现问题的根本原因和解决方案（双环学习），以及引起这些原因和解决方案的文化和心智模式（三环学习）。积极的提问以及对提问的积极回应，会给每位小组成员创设支持性的和创造性的小组环境，促使人们对自己的心智模式进行探索与反思。

看见是改变的第一步。反思可以把自己的假设、前提、标准和图式带到意识中，让我们看到这些浮现到意识中的东西，为改变提供了可能。所以，管理大师亨利·明茨伯格把反思作为领导力开发不可或缺的组成部分，并指出领导者的收获更多地来源于对自己经历的反思而非对他人经历的反思（如研究别人的案例）。

当然，提出好的问题并不是一件容易的事情，每位小组成员必须认真倾听其他成员的提问与回答，并采用尊重、探究的态度，在前一个提问或对前一个提问回应的基础上，提出开放性的、有创造性的问题。"为什么"类的提问就很有价值，它会引发人们的反思，使人们以新的、不可预知的方式看待事情，以新颖的方式检查旧的问题。其他一些能够引出丰富回应的例子包括以下提问。

- 这件事还可以用哪些方式来完成？
- 我们还能做出哪些其他选择？
- 有哪些资源我们从来没有使用过？
- 如果做到了这一点，我们期待发生什么？

- 如果你什么都不做，会发生什么？
- 你有哪些其他选择？
- 是什么阻止了我们？
- 如果……会发生什么？
- 我们有没有想过……？

第四个要素：行动策略。

行动是行动学习威力得以展示的证据。行动学习的公理是：没有行动就没有真正的学习，就像没有学习就没有行动一样。行动包括发生在行动学习会议中的行动（重构问题、确立目标、提出策略），也包括发生在行动学习会议之间的行动（测试、获得支持和资源、获得更多的信息、试点、实施策略）。除非采取行动，否则行动学习小组不能确定其策略和思路是否有效，也不能确定每一位小组成员是否真正进行了学习。

行动学习解决问题分为四个阶段。

第一阶段：理解和重构问题。我们所描述的问题可能不是真正的问题或关键的问题，只有通过提问，剥开初始问题的层层伪装，对问题进行重构并达成共识，才能为后续解决问题奠定基础。

第二阶段：制定目标。带着在确定问题和达成共识过程中产生的信任，小组从重构问题阶段转向制定所需的或可能的目标的阶段。小组在制定目标时要选择那些会为解决实际问题带来最佳杠杆效果的目标，可以问一问"我们希望看到的未来的理想状态是什么""最伟大的成功是什么"这样的问题，以确定高水平的目标。这一步可以使用 SMART 原则，来制定具体、可衡量、可实现、相关且有时间期限的目标。

第三阶段：提出和测试策略。行动学习的小组成员要系统地考虑各种可能性，提出至少两种问题解决策略（备选方案），然后进行测试。要认真审查每种方案的成本效益、这些方案可能引起的新问题，还要测试哪些方案具有取得战略性结果所需的激情、动力和知识。

第四阶段：采取行动并对行动进行反思。采取行动是行动学习的重要组成部分。尽管有些小组可能只要求提出建议，然后将建议提交给项目发起人，但它们仍然需要在每次行动学习会议上以及会议之间采取行动，做出决定。为此，每次小组会议结束前，个人或小组都要制订行动计划，否则小组就无法采取行动或从会议之间的行动中学习。如果没有采取行动，小组将会丧失学习的机会，相应的改进也就不会发生。

第五个要素：个人、团队和组织的学习。

行动学习的魅力在于，它在解决重要、紧迫和复杂的问题的同时，具备了强化和扩展组织知识的能力。解决问题为组织、团队和个人提供了直接的短期利益，但行动学习对组织更大、更长期的价值在于，新的学习收获在整个组织和参与者职业生涯中的系统应用。Dilworth（1998）指出，行动学习相比于立即解决问题的战术优势来说，对组织有更大的战略价值。

行动学习能够同时在个人层面（无论是个人的专业发展还是领导力开发）、团队层面和组织层面上实现学习和技能的开发。因此，行动学习可以帮助个人改善生活状态；帮助团队更好地履行其职能；帮助组织利用知识，提升员工、领导者和小组的能力，更好地实现整个组织的成功。

🗫 案例

行动学习是培养领导者的重要方式

微软的行动学习项目是其领导力开发计划的一部分。在开发高潜人才的过程中，微软既使用了单问题式行动学习，也使用了多问题式行动学习。协助实施行动学习项目的香农·班克斯（Shannon Banks）认为：微软从行动学习中发现了巨大的价值，因为它允许成员与高潜团队一起工作来实践和开发领导力，并像领导者一样学会提出好问题，而这一切都是在解决实际而又紧迫的问题的过程中实现的。

第六个要素：行动学习教练。

行动学习教练是发挥行动学习威力的催化剂，是加快学习的提问者，是帮助小组成员团结在一起的黏合剂。

　　由于所解决问题的迫切性，行动学习小组成员往往会忽视学习的重要性，这时就需要指派专人来发挥这个重要作用，当看到帮助小组改进业绩或帮助个人提升领导技能的机会时，教练就有权随时介入。当然，要敏锐地捕获到这种学习的机会，并通过提问的方式引导小组成员学习与反思，行动学习教练必须经过专业的训练。

　　在行动学习过程中，行动学习教练不能直接参与到问题解决过程之中，他的主要职责包括创建小组的学习氛围，用提问的方式促进成员学习与反思，协调和管理行动学习会议。行动学习教练的策略、及时干预措施会给小组成员、小组和组织带来重要的业务结果和成功的学习。

　　国际行动学习协会资深导师亚瑟·弗里德曼对于行动学习教练有如下建议。

- 在重构问题和选择策略时保持中立，不要对某个解决方案表现出倾向性。
- 提出开放性或封闭性问题，但不要问具有引导性的问题。
- 依靠团队成员提出问题或应用解决问题的方法，而不是提出自己的想法。
- 关注成果的取得和学习，而不是仅仅解决问题。
- 把冲突看作帮助小组学习的契机。
- 把抵抗当作信息，而不是将其忽略。
- 使小组着眼于整个系统而不仅仅是眼前的问题，例如该问题如何受环境的影响，可能的解决方案是如何影响环境的。
- 不参与解决问题。
- 不要承担行动学习小组能够管理或获得的责任、作用或知识。
- 避免做出判断，否则会让小组成员产生依赖、防御或挑衅心理。相反，要鼓励独立性和自我决策。
- 提出能够检验行动学习小组的假设及其结论有效性的问题。
- 如果小组遇到麻烦，不要立即提供帮助，因为这种挣扎是学习的最好时机。

行动学习开展所需要的时间相对较长，对组织变革的影响比较明显，因此，获得高层管理人员的支持至关重要。要在整个组织中成功而系统地引进、实施和持续运行行动学习项目，国际行动学习协会主席马奎特先生总结出了 12 个步骤。

（1）获得并保持高层管理人员的支持。

（2）建立行动学习项目管理团队。

（3）安排对行动学习研讨会的介绍。

（4）选择和准备行动学习教练。

（5）确定参加行动学习小组的成员。

（6）选择行动学习的问题 / 项目。

（7）向小组成员介绍情况和确定行动学习项目。

（8）重新定义问题、提出高层次目标及制定策略。

（9）提出和展示行动策略。

（10）实施行动策略。

（11）评估、捕捉和转化个人、小组和组织的收获。

（12）使行动学习成为企业文化的组成部分。

设计混合式学习项目

人才培养的方式多种多样且各有优势，在实际培训项目中，究竟该如何选择呢？

·: 人才培养的"721"学习法则

培养领导者的目的是帮助企业提升绩效。只有领导者的行为发生了变化，培养才是有效的。所以，识别出培养需求后，如何设计推动行为改变的培养项目就非常重要了。由于大脑的发展规律，成人在接受信息、处理信息上具有独特性，即 70%–20%–10% 的规律。

70%：成年人的学习有 70% 依靠实践获得，因此通过轮岗、带领项目、外派等方式发展人才会取得较好的效果。在设计学习项目时，需要纳入管理者实践的环节，如行动学习、完成挑战性工作、轮岗、参加上级的活动、更直接和更高质量的汇报等。

20%：成年人的学习有 20% 依靠向他人学习获得，包括辅导、反馈、评价等。因此在学习项目设计中会纳入多样化的评价、团队互动反馈、小组研讨等，保证管理者在学习中有更多的交流和相互学习的机会，如 360 度评估和反馈、教练辅导、研讨会等。行动学习中的成员以团队的方式开展工作，每位成员都可以从行动学习教练及同伴那里获得反馈。

10%：成年人的学习有 10% 依靠传统课堂面授、阅读自学等获得。这是最传统的培训方法，但它对知识性和基础技能性的培养具有很好的效果。

正如在本章"人才培养中常见的学习方式"部分所分析的，不同的学习方法所需要调动的企业资源不同。从企业的角度来说，资源总是有限的，因此要以学习目标为导向，结合不同学习方法的特点和"721"学习法则（见图 7-20），对学习项目进行设计，混合运用各种学习方法，以促进后备人才快速、有效成长。

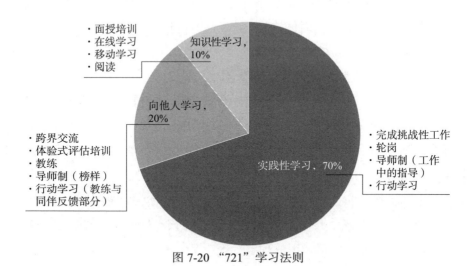

图 7-20 "721"学习法则

·· 混合式学习的定义

混合式学习的定义最早是美国詹妮弗·霍夫曼（Jennifer Hoffman）教

授提出的，最初的定义更强调线上学习与面授学习的混合。这个名词后来被用于组织学习和培训之中，是指为一批学员在一段时间内设计的学习历程：运用不同的学习方式和学习技术以达到最佳的学习效果，包括在线课堂、网页文档、正式与非正式的在职培训、行动学习以及移动学习等的组合。

人才发展协会（ATD）对混合式学习的定义，则涵盖了人才管理的各个环节。ATD认为，混合式学习即使用"合适"（right）的学习技术，匹配"合适"（right）的个人学习风格，在"合适"（right）的时间转化成"正确"（right）的技能给"对的"人（right）。

在实际学习项目设计过程中，混合式学习可以分为以下三种主要模式。

第一种模式：线上与线下混合。

学习者首先通过完成在线课程（主要是视频课程），对项目所涉及的知识有一个初步的了解，然后通过参加线下课程进行相关的讨论和实践。这种模式也被很多业内人士称为"翻转课堂"，也是最早提出混合式学习概念时所指的方式。这种模式的特点是先在线、后离线，通常项目过程是固定的，学习者必须在规定的时间内完成规定的任务。这种模式的核心目的是借助技术手段提高学习效率。

第二种模式："学"与"习"的混合。

"学而时习之，不亦乐乎？"所学知识只有运用起来才有价值。"学"与"习"的混合设计其实在人才培养项目中由来已久，也是相对简单的一种混合式学习项目设计方式。将课堂所学的知识、技能，通过布置实践任务＋应用分享、布置实践任务＋案例撰写等方式，让学习者将"学"与"习"混合起来。在"习"的阶段，学习者也可以借助小组讨论、社区分享、作业互评等方式，共同实践。这种模式的核心目的是通过深思熟虑的实践和输出，加深对所学知识的理解。

第三种模式：学习与工作的混合。

发展反馈、轮岗、导师制、教练辅导、行动学习等，都是学习与工作相结合的混合式学习项目设计方式，这种模式的核心目的是将学到的知识应用到实际工作场景中，真正将培训转化为商业成果，而这也是企业实施混合式学习项目的最终目标。

·· 基于培养目标，设计混合式学习项目

禾思咨询认为，混合式学习项目的设计，重点不在于混合了哪些内容、哪些资源、哪些方式，脱离培养目标来谈如何设计混合式学习项目就是无源之水、无本之木。目前，学习内容繁多，学习方式更是百花齐放，而企业的资源有限，如何将有限的资源用在"刀刃"上，是每一位企业人才管理者必须思考的问题。

混合式学习设计的目标，需要直指组织绩效或者学员的行为转变。因此，绩效分析并计算混合式项目的学习收益，是设计混合式项目的前提。

因此，在内容选择方面，要坚持"缺什么，补什么"的理念，让后备人才尽快具备上一层级管理者所需具备的能力素质，这是设计混合式学习项目的基础。

在学习策略使用方面，要以"721"学习法则为基础，坚持以学员为中心，激发学员主动学习的热情，帮助学员学会学习，并且学以致用。

在学习环境设计方面，要建立以学员为中心的环境，从信息到知识，从技能考评到技术支持，一切都是为了帮助学员快捷地吸收他人传递的知识，并转化为个人的技能。

在学习资源整合方面，既要考虑资源的便利性、经济性，又要考虑时效性与效用性，而且，要根据不同层级人员的重要性来调动不同层级的资源。

例如，对新入职的员工，采用线上与线下相结合的方式，对企业的历史发展、文化理念、业务知识进行学习与考核，这是一种比较经济的方式。对执行层的员工，通过"学"与"习"的混合，面授学习基本工作技能，再通过工作实践促进应用与分享，或许能够达成培养目标。而对管理者特别是经营决策层人员来说，他们面对的问题往往没有标准答案，甚至问题本身或者目标本身就不清晰，因而更适合设计比较复杂的混合式学习项目，借助指导、反馈、教练、行动学习等多种方式，达成培养的目标。

⋔ 案例

思科采用混合式学习项目设计理念设计全球领导力项目

21 世纪初的网络泡沫破裂，让思科重新思考增长模式。思科认为要保持持续增长，必须转换领导者的角色，把以取得技术和业务结果为目标转换为以领导团队和培养人才为目标，并以此为出发点，设计了领导力系列项目，全球领导力项目是其中之一。该项目针对那些承担全球业务职责的高级经理或总监进行轮训，每次约40人，全年6次左右。项目的目标是要让这些全球管理者掌握该角色下应有的思维模式和管理技能，并且帮助他们成功地塑造相应的领导行为。这个项目的成功很大程度上得益于高层管理者的投入和支持以及有效的方案设计。项目共分三个阶段。

阶段一：在项目初期，所有的学员都会被要求阅读有关的图书和材料，完成一个360度的测评，并由学员的上级与其就测评的结果进行沟通和辅导，让学员对个人能力的优劣势更加清楚，从而明确了参与这个项目的目标。

阶段二：这个阶段是一个为期四天半的集中研讨和培训（见表7-11），主要目标是帮助学员理解思科全球战略与他们各自组织的关系，驱动全球创新实践，激发大家承担全球领导者的角色，以及学习如何打造高绩效团队。在最后一天，学员会制定完成最初参与项目时的目标，并写出行动计划。

阶段三：这个阶段为期12周，包括一个辅导环节、三次学习小组活动，以及一次与思科高层的交流。学习小组在阶段二时已经形成，此时会加入一位较高层级的管理者提供小组辅导。在小组活动中，学员会就在工作中遇到的挑战进行交流和讨论，分析如何改进自己的劣势。在与思科高层的交流中，主要讨论的议题是如何把这个项目做得更有效。

思科其余的领导力项目也按照该三阶段模式设计，效果明显。该三阶段模式已经成为思科领导力培养的基本模式，为思科输送了大量的领导人才。

表 7-11　思科全球领导力项目阶段二的培训日程

	周日	周一	周二	周三	周四
上午		8：30 主题：全球领导者的心态 ● 思科高管领导力项目发起人演讲	8：30 主题：思科全球战略 ● 如何在全球范围内利用我们的竞争优势	8：30 主题：全球文化培养	8：30 主题：激发行动 ● 与思科高管对话
下午		主题：全球领导者的心态 ● 领导者的勇气 ● 全球意识 ● 责任意识	主题：思科全球战略 ● 理解市场结构的驱动因素 ● 以组织优化提升全球效率	主题：全球团队建设 ● 建立全球化团队 ● 在复杂环境下领导团队	● 行动承诺 ● 为阶段三做准备 ● 评估和闭幕
晚上	18：30 欢迎晚宴	晚餐	集体晚餐	与你的学习小组成员共进晚餐	

资料来源：Leadership Advantage，Robert M.Fulmer，2008.

混合式学习项目案例解析 [⊖]

案例

新能德："超能 Li 计划"高潜人员管理训练营项目

随着东莞新能德科技有限公司（简称新能德）的高速成长，公司急需培养资深主管－初级经理这个群体，"超能 Li 计划"高潜人员管理训练营

⊖　本部分案例摘自《2023 中国企业学习蓝皮书》，由 CSTD 编辑出版。

应运而生，40 名从关键岗位人才群体中挑选出的高潜力精英，参加了为期 8 个月的学习项目。

该项目取得了可喜的成果，具体表现在：

- 学员训前训后能力评价平均提升了 14.65%。
- 学员入潜力池 40 人，出池 36 人，出池率 90%；识别优秀人才 10 人；学员年度绩效近七成表现优异。
- 通过行动学习，助力公司级重要项目开展，学员承担的项目 100% 开展，约八成项目在绩效评审中获得 A 及 B+ 评级，无暂停项目，无评 C 项目。
- 萃取业务一线资深员工经验，产出 40 份《业务经验册》。
- 学员中，年度成功晋升 14 人，占出池学员人数 39%，他们将继续在公司级重要项目和管理中承担更多职责。

该项目的设计采用了混合式学习项目的设计理念（见图 7-21）。

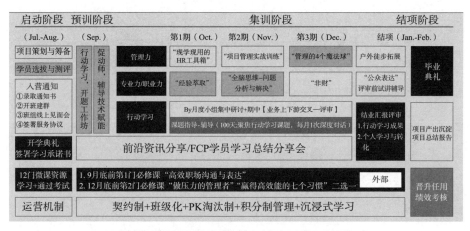

图 7-21　新能德"超能 Li 计划"项目全景图

在内容选择方面，聚焦能力短板，推出定制化课程，实现靶向培养——管理力 + 专业力 + 职业力，同时，还将未来岗位所需的演讲沟通、压力管理、公众表达等有机嵌入其中，又通过结业汇报方式，在项目中即可应用，确保学习的有效性。

在学习策略使用方面，将在线学习与测试、面授课程、行动学习、经验萃取、交流分享相混合，多种方式有机结合。

在学习环境设计方面，打通人才管理全链条，将盘点、选拔（包括测评）、培养、晋升任用有机结合。另外，还专门设计了开学典礼、毕业典礼、签署学习承诺、积分管理、PK 淘汰等多种方式，营造出浓浓的学习氛围。

在学习资源整合方面，从项目全景图可以分析出，该项目的成功一定需要调动高层的支持资源，还有组织发展团队、学习发展团队的协助与具体实施。

该项还存在一些改进点。从动员大量的资源来培养高潜人才的动作来看，公司对该层级人才的培养非常重视。但从全景图中，没有看到学员上级的重视与参与情况如何，而上级对学员日常工作中的指导与辅导至关重要。另外，学员的快速成长如果有导师的帮助，对于他们缓解工作中的压力，明晰职业发展路径及目标，也会起到事半功倍的效果。

⋈ 案例

华润啤酒："两个风火轮"人才培养项目

随着外部消费环境的不断变化，国内啤酒市场呈现出高端大决战的格局，"决战高端"已然成为华润啤酒迈向世界一流啤酒企业的必经之路。想要在高端之战中取得胜利，一支"高精尖"的专业人才队伍不可或缺。为此，华润啤酒面向高端餐饮、夜场中层干部，启动"两个风火轮"人才培养项目。

该项目取得了丰硕的成果，主要表现在：

- 输出了 3 个能够持续支持业务发展的公司级"决战高端"业务战术手册。
- 在全国打造了 17 个样板市场（形象街、制高点等）。

- 培养出 105 名合格高端人才，其中有 10 名从中层晋升到高层，将有效助力华润啤酒决战高端。

该项目采用了混合式学习项目的设计理念（见图 7-22）。

项目筹备	项目实施				项目总结
项目联合工作组	学习周期	阶段一：疾风	阶段二：淬火	阶段三：轮攻	行动学习课题（样板市场）汇报
项目调研	集中学习	CEO授课 啤酒市场新观察 高端产品介绍 内部制高点优秀案例分享 喜力分享	企业文化大家谈 高端组织能力建设及经验分享 外部高管分享 内部最佳实践萃取4大关键任务战略手册研讨	试点标杆市场实践 阶段性成果分享	高端餐饮、夜场战术手册汇报
学员报名推荐入学通知书发放					
小组导师推荐	团队共创	团队共创方法赋能及议题研讨、小组汇报	进店，关键人，终端谈判，渠道营销4大任务共创	共创成果输出战术手册 战术手册二次共创	结业典礼
	行动学习	课题说明书 行动学习方法及工具	课题申报、立项，样板市场实践	阶段成果整理 年度行动学习课题材料整理	
项目VI宣传	社群交流	组建班委，建立微信群，信息共享	线上交流行动学习进展及工作实践交流	线上交流行动学习进展及工作实践交流	
项目启动开学典礼	导师辅导	导师聘任、导师职责介绍、导师分组、行功学习课题研究、资源支持、业务支持、汇报成果审核			评优表彰
	自我学习	营销发展新理念，"五点一线"方法论，订阅号文章，课后作业与实践			

图 7-22　华润啤酒"两个风火轮"项目全景图

　　在内容选择方面，项目组根据前期多轮调研结果和制高点及高档酒操作指引，坚持"从业务中来，到业务中去"的原则，设计了 CEO 授课、啤酒市场新观察、高端产品介绍、内部制高点优秀案例分享、高端组织能力建设及经验分享以及外部优秀案例和高管分享等环节，先进行相关知识的输入，然后再通过内部最佳实践萃取，围绕选店、关键人、终端谈判、渠道营销四大任务进行共创、试点标杆市场实践的阶段性成果分享等环节的设置，直接将"学"与"习"结合起来。

　　在学习策略使用方面，面授课程、每周微课、每周一享、转训安排、行动学习、经验萃取、交流分享、导师辅导相混合，多种方式有机结合。特别是其中的高管授课、外部高管分享等策略的使用，是该项目的一大亮点。

在学习环境设计方面，该项目主要体现了四个机制：

一是业培联动机制。从项目前协同设计方案，到项目中挖掘最佳实践，再到项目后培训成果的梳理下发，培训部门一直与业务部门紧密配合，有效促进了行为的转变与效果的落地。

二是导师辅导机制。项目坚持"用最优秀的人培养更优秀的人"的理念，导师是企业文化的践行者，是帮助学员释疑解惑的指导者，是优秀经验的传递者，也是各项资源的协调者，在辅导过程中，导师即学员、学员即导师，导师与学员一起学习、一起实践、一起共创成长。

三是质量评估机制。整个项目按照"1∶1∶4∶4"的比例计算总积分。学员积分≥80分/学期，学员积分总分≥160分，才可达到毕业要求。比例计算中，1代表考勤和教学参与情况；1代表训前、训中的学习测试；4代表学习成果整理、个人发展计划执行及导师评价、所属团队评价、行动学习小组评价及答辩评审等方面综合评估；4代表学习小组和所属团队的行动学习课题，以及个人发展计划执行的关键指标完成情况。

四是标准实施机制。项目采用一套标准实施机制，包括内部沉淀的培训组织SOP（标准作业程序）手册；推行"推、拉、促"的学员积分管理办法，即惩罚推动（学员积分、小组汇报、评优和结业）、小组拉动（小组课下会议/研讨、微信分享、案例萃取）、学习促动（团队共创、行动学习、结果运用、业务提升），来减少请假旷课，提升学习参与度，促进课后行动转化；"海陆空"全渠道配套宣传，营造良好的学习氛围。

在学习资源整合方面，该项目充分调动企业高层、业务部门、外部优秀资源、导师等多方资源，为项目的成功保驾护航。

·混合式学习项目设计助力企业快速培养杰出继任者

外部环境变化越来越迅猛，因此企业杰出继任者的培养既要求效度，又要求速度。根据培养需求确定培养内容之后，如何根据培养内容的特点、成人学习的法则以及企业的资源，选择相匹配的培养方式，创设高效的学习环境，让每一位被培养者既是知识吸收者，又是学习参与者，更是成果产出者，这不仅是每一位企业人才管理从业者思考的问题，也是决定企业未来人才竞争优势的关键。

当然，混合式学习项目的设计需要设计者对学习有深入的理解，对企业的各项资源有一定的调动能力，这对设计者本身也提出了很高的要求。

路漫漫其修远兮，愿每一位学习项目设计者都能成为混合式学习项目的设计大师，用自己的专业能力助力企业继任者的快速培养！

第二部分

最佳实践

Talent
Review

通用电气：Session C

> 通用电气是一家学习型的企业，我
> 们当今真正的核心竞争力并不在制造业
> 或者服务业方面，而是在全世界范围内
> 吸引和培育全球最优秀的人才，并进一
> 步激发他们努力地去学习，争创出色的
> 业绩和把事情做得更好。
>
> ——杰克·韦尔奇，
> 通用电气前董事长兼 CEO

导入

通用电气（GE）是世界上最大的提供技术和服务业务的跨国公司。它将自己定义为一家全球数字工业公司，创造由软件定义的机器，集互联、响应和预测之智，致力变革传统工业。在 2017 年 6 月发布的《财富》美国 500 强排行榜中，GE 公司排第 13 名，营业收入达到 1 266.61 亿美元。同时，在 BrandZ 最具价值全球品牌排行榜中，GE 排第 19 名。截至 2017 年，GE 是美国拥有专利最多的公司。

GE 是享誉世界的百年企业，它的历史可以追溯到托马斯·爱迪生，他于 1878 年创立了爱迪生电灯公司。1892 年，爱迪生电灯公司和汤姆森——休斯敦电气公司合并，成立了 GE。GE 在公司多元化发展中逐步成长为出色的跨国公司。目前，公司业务遍及世界 100 多个国家和地区，拥有员工超过 30 万人。

从成立至今，GE 取得了如此辉煌的成绩，这与公司对人才的密切关注有着不可分割的联系。它被称为"人才制造工厂",每年投入超过 10 亿美元用于人才培养。它的企业大学克劳顿管理学院被《财富》杂志誉为"美国企业界的哈佛",出身于 GE 而后跻身《财富》500 强的 CEO 多达 137 位,而这个数字还在增长。

人才盘点的先驱

从 20 世纪 50 年代开始,GE 的人力资源或者说人才管理体系就开始经历持续不断的变革。每一代企业的继任者,都不遗余力地推动着这些变革。人力资源的变革来自市场环境的变化。受第二次世界大战的影响,在 1939 年以后的 15 年里,GE 的业务规模增长了 10 倍以上。业务范围从传统电气业务扩展为核工业、飞机引擎、雷达等诸多领域,原有的集中管控模式已经很难适应业务发展的需求。当时的 CEO 拉夫·科迪纳提出"去中心化"(Decentralization)的策略来重塑组织架构,即成立以事业部制为核心的组织体系。由于事业部模式对权力下放的幅度很大,GE 需要一大批能够"用好"这些权力,更是责任的出色经理人才,尤其是具有综合管理能力的事业部总经理。

看到人才匮乏,科迪纳下决心在奥西宁建立一所企业大学,即后来人们熟知的克劳顿管理学院。在克劳顿管理学院成立当年(1956 年),GE 花费 4 000 万美元用于管理人才的教育培训,这几乎是 GE 当年税前收入的 10%。克劳顿管理学院作为一所企业大学,参与到人才发展的各个环节,包括吸引人才、培养人才、管理人才和留住人才。GE 的领导力开发与整个人力资源管理体系密切衔接。科迪纳在加强教育培训的同时,开始对管理人员的在岗发展体系进行重新设计,构建了人才盘点系统会议 C(Session C),成为现代企业人才盘点体系的先驱和标杆。

融入公司战略与业务运营的确定流程

Session C 作为一种确定的公司流程，而非独立的人力资源流程，与其他管理工具共同构成了公司的业务运营和管理的体系。在科迪纳之后的几代继任者的努力下，GE 不仅逐步完善了 Session C，还构建了其他一系列的管理工具。现在，Session C 与 Session Ⅰ（设定三年业务规划）、Session Ⅱ（设定第二年业务目标）、Work Out（群策群力）、6 Sigma（质量管理）这些管理工具相互衔接，共同构成了 GE 管理体系的基础。

GE 一年一度的战略和人才规划活动是领导力开发的基础，这些活动明确地考虑到对应于企业的战略，人才需要具备的可用性和可发展性。年度活动包括以下五个部分（见图 1C-1）。

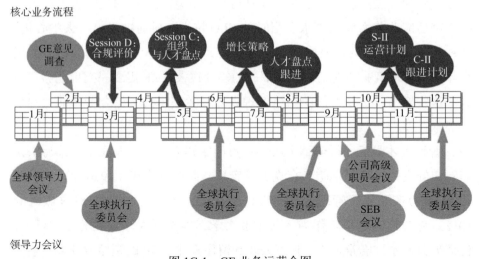

图 1C-1　GE 业务运营全图

- 1 月（领导力会议）：商定商业战略，讨论最佳实践解决方案。
- 3 月、6 月、9 月、12 月（执行委员会会议）：根据总结会议商定的议程进行讨论和分工。
- 4 月、5 月（Session C）：评价和规划目前及未来企业跨部门的领导力发展，这一会议由 CEO 带领，对组织的领导力和人才发展计划进行盘点和审查。

- Session I（图中的"增长策略"）在 Session C 结束大约两个月后举行，考察公司未来 3 年的商业前景。
- Session II（图中的"S–II 运营计划"）通常在 11 月举行，考察公司下一年度要完成的目标。

其中，Session I 和 Session II 主要指公司的发展目标。Session I 是指公司 3 年的业务规划，包括市场评估、竞争评估、业务战略开发以及人员、技术和市场的动态整合；Session II 是指公司来年要完成的目标规划，包括年度预算、投资资金筹集、销售固化、运营管理 / 现金流评价等。Session C 是对公司人力资源工作进行评估，从人力资源的角度审视公司的一系列目标与计划，是识别人才的过程，也是识别公司发展对人才和组织的需求的过程。Session D 是对遵纪守法与诚信的评估，包括合规年度审核，国家、州和当地法规，环保规划及公司政策。

GE 通过 Session C 识别整个企业中所有个体可能为组织提供的潜在领导力，并共同探讨员工个人的职业发展规划及其可能继任的管理者岗位。在 Session C 上，GE 会采取书面化、非常正式的方式对每名员工进行评估，评估包括自我评估、360 度评估和上级评估。Session C 属于业务范畴而不仅是人力资源的事情。在 Session C 上，每个人都要与自己的直接经理讨论个人发展计划，并拟定下一年度需要参加的培训。GE 从价值观和业绩两个维度对员工进行区分，以此为基础进行人才的激励、储备、培养和优化。

管理咨询大师拉姆·查兰 2006 年 11 月在《哈佛商业评论》上发表了文章《破除优柔寡断的文化》，其中有一段关于通用电气 Session C 如何与公司其他管理会议相互结合的描述：

在 Session C 上，韦尔奇和通用电气的高级人力资源副总裁比尔·康纳狄会见每个业务单元的主管和人事主管，讨论领导力和组织问题。在长达 12～14 小时的紧张会议中，与会者对业务单元有潜质的人才以及组织的优先目标做出评估。对谁应该得到晋升、奖励和发展，怎么去做，谁没有达到业绩目标，每个人都必须坦率，并且必须执行会议的决策。人们在对话中会反复讨论，而且对话会与各个业务单元的战略紧密联系在一起。韦尔奇会用笔做记录，总结对话的要点和行动项目，从而跟踪每次会议的效果。通过这一机制，选拔和评价员工成了通用电气的一项核心能力。难怪通用电气会有"CEO 大学"之称。

业务单元主管实施行动计划的进展情况是 Session I 的议程之一，Session I 在 Session C 结束大约两个月后举行。韦尔奇、公司的首席财务官以及 CEO 办公室的成员，将会见每个单元的主管及管理团队，讨论未来三年的战略。这一战略必须包含在公司执行委员会上提出的有关全公司的主题和行动，并接受韦尔奇和高层管理者的彻底审查和现实的检验。与在 Session C 上一样，有关战略的对话是同员工和组织问题联系在一起的。在 Session I 上，韦尔奇同样会用笔做记录，写下这次对话使他对业务单元主管有什么样的期望。

Session II 通常在 11 月举行，与 Session I 的议程基本相同，只不过它关注的时间比较短，一般是 12 ～ 15 个月。在 Session II 上，人们会把公司运营的重点与资源的分配联系起来。

这些会议共同把反馈、决策以及对组织能力和关键员工的评估联系在一起。这个机制明确地把每个业务单元的目标和业绩与公司的整体战略联系起来，并积极地鼓励领导者培养下一代接班人。这个过程严格要求管理者负起责任。同时，韦尔奇会利用这些机会进行跟踪，并做出直率、切中要害、以决断力与执行力为核心的反馈。这个运作体制或许是通用电气最为持久的竞争优势。

Session C 人才盘点过程

Session C 不是一个事件，而是一个全面的流程，每年循环一次，周而复始。它属于 GE 一年一度的战略和人才规划活动，有一个强化的行动／决策重点和严格约束的跟进机制。我们从 GE 的网站上找到一段目前对 Session C 的定义：Session C 是为保证组织的一致性，对组织绩效、领导力采取的多层次评估和审计。下面我们将从 Session C 的三个阶段，介绍其人才盘点过程。

阶段一：前期准备

在正式的 Session C 召开之前，需要比较详实地收集员工的相关信息，以保证对员工绩效和潜力的讨论有比较可观可靠的依据，信息来源基于以下几方面。

（1）个人内部简历和自我评价。作为员工在 GE 的绩效要素之一，所有员工都需要完成一份一页长的个人简历表，包括其职业历史、技能和发展需求，以及在与其经理讨论的基础上得出的理想的下一步行动。

（2）按时间顺序的深度结构化访谈（CIDS）。这是 GE 对资深员工进行的访谈，这些高强度的访谈（最长 5 小时）考察其个人职业生涯中的主要工作成果、失败及错误，并最终形成评价和发展报告，结果会对其个人晋升和轮岗产生影响。

（3）绩效评估。绩效评估由员工的直属经理完成，包括员工对评价的反应，以及来自经理、同事和员工的 360 度评估，说明其相关的优势和不足。

（4）最新的职业潜力评价。由高于被评价员工两个层级的经理完成该员工的职业进步／潜能评价。

这一阶段，员工管理系统（EMS）和 360 度评估可以帮助有效地收集这些信息。通过 GE 的 EMS 工具，从员工自评开始，先由员工本人填写个人的工作完成情况、个人的长处和发展需求、个人的事业兴趣等；同时也有来自经理、同事和员工的 360 度评估，说明其相关的优势和不足；再由员工的直属经理对员工的绩效、优劣势和培养需求等进行再次评估；最后由高于被评价员工两个层级的经理完成该员工的职业进步／潜能评价。通过 EMS 完成对所有专业人士（多于 10 000 人）在绩效、优势、弱点、就业兴趣和潜力上的彻底评估。

阶段二：Session C 召开

每年 4 月或 5 月，GE 的 CEO 以及公司人力资源部门的 SVP 将在 GE 的各个职能单元主持 Session C ：针对该管理团队的业绩表现和高潜人才进行长达一天的盘点。会议包括以下目标。

- 审议战略前景和人才的潜在影响。
- 评审组织绩效、改革计划以及高管方面的发展需求。
- 关键个体的绩效回顾。
- 识别高潜人才，并对高潜人才的培养进行规划。
- 针对前 20% 和后 10% 的员工制定战术。
- 规划重要岗位的继任和后备计划。
- 特别关注重要的公司或业务信息。

人才的绩效评价和讨论会参照 GE 的领导力素质模型进行。1 ～ 5 分的 5 点量表被用来评定个体针对胜任特征的相关优势，以保证不同候选人、不同公司间的对比有效。随着 GE 的战略发生改变，领导者的行为要求也随之变化。这些行为素质是 Session C 进行评价的参考框架，因此人才的识别和规划过程能够与首要战略保持一致。

GE 的 Session C 流程一直非常神秘。我们根据收集到的资料模拟了一个 Session C 的日程安排，它显示了会议是如何针对部门员工的绩效和潜力实现全面而有效的回顾的。

会议首先由各个业务单元的 CEO 阐述其直接汇报者的绩效（除了该事业部的人力资源副总裁，其他副总裁不参加会议的这一部分），在讨论完这些内容后，该事业部的高层管理者可以参加进来，由该事业部的副总裁阐述所分管业务的整个人员概览，最后针对该事业部的人才管道状况进行评估（见本案例后附录）。

在 Session C 中，多种工具的使用使对人才的评估和盘点更加有效，包括准备充分的员工报告、组织结构图、九宫格、对比图示等。

员工报告：在 Session C 上，GE 的 CEO 和其他与会者会采用同一种参考工具，来呈现每个员工绩效和潜能的缩略图，前期准备的每个员工的资料被压缩成一份由两页纸组成的文档后呈现给大家进行讨论，其中包括职业背景／经验、可晋升程度／绩效评定、360度绩效反馈总结、优势／发展需求／可能的发展动向四个方面。这一简单的报告能够帮助我们在短时间内迅速直观地了解被评价者，并将其更加有效地纳入领导力发展规划中。

组织结构图：用组织结构图推动关于人的讨论。组织结构图将组织、岗位及员工情况清晰地呈现出来，将员工放在组织和整体中去评估，可确保对人才的评估与组织的战略和业务发展需求紧密相关。

九宫格：Session C最终会生成一个九宫格，其中比较了所有候选员工晋升的可行性。这一矩阵基于价值观和绩效两个维度将员工划分为九类，并将所有候选员工分配至各个维度组合中。这一矩阵展现了GE领导力人才库的健康状况。各企业中CEO对于会议内容的熟悉避免了不符合实际的评价，集中监督机制确保了人才评定的公正性，并在不同分支中进行校准，以此保证最终的九宫格矩阵能够提供真实的情况以指导继任计划，且适度关注发展类的活动。

对比图示：根据GE价值观对比各执行团队以及各中高层管理者，得到继任者计划示例。

阶段三：后续人才发展

基于Session C的讨论决议，CEO和高级执行官达成共识并签订每位员工的发展行动计划。这些行动计划指明了员工为进一步发展其领导力才能在GE范围内可能担任的领导者岗位。公司总部拥有综合排名前500的员工，并将他们派往各个业务单位。培训和实践类的发展机会包括以下几个。

- 在克劳顿管理学院讲授技术类和管理类的课程。
- 对外讲课。
- 跨区域、跨职能部门、跨业务单元的轮岗。
- 晋升为拥有更大或不同职权的岗位。

- 被指派至特别工作组或项目团队。

经理层对人才培养和人才渠道的质量负责的机制对于 GE 成功保持强大的领导力储备至关重要。公司期望所有经理人针对下属的职业目标进行指导，这样的工作能够将公司 CEO 及高级执行团队和公司每一位员工的成长联系起来。疏于促进优秀员工发展或阻碍员工在组织内调动的管理者，绩效评估将会得到负面评价。

Session C 严格评定，排序和发展规划流程使 GE 能够识别最具能力的员工并保证其明确的发展道路。3 000 位经理中，大约 360 人被选拔参加公司在克劳顿管理学院举办的领导力培训项目。CEO 和高级执行官也将定期积极参与到这些课程的教授和教学中，为参与者提供接触重要领导者的机会。

在 20 世纪 80 年代后期，在密歇根大学诺尔·迪奇教授的带领下，GE 的克劳顿管理学院构建了领导力学习地图（见图 1C-2），并不断完善至今。

图 1C-2　GE 领导力学习地图

（1）领导力基础（Foundations of Leadership，FoL）：针对高潜力的，同

时表现出领导责任的个人贡献者。GE有60%～70%的员工都会上这个课程。

（2）新经理发展课程（New Manager Development Course，NMDC）：针对新任经理，GE的全球通用课程。

（3）高级经理课程（Advanced Manager Course，AMC）：有一定经验的或通过并购新进入GE的经理。

（4）经理发展课程（Manager Development Course，MDC）：晋升为高级管理者才能参加。

（5）商务管理课程（Business Management Course，BMC）：针对某项业务的某一大洲的CEO级别经理人，从全世界范围挑选高管参加培训，需要公司副总裁提名。

（6）高管发展课程（Executive Development Course，EDC）：领导力课程体系中级别最高的课程，针对公司级高管，从众多候选人中选拔。

绝大多数培养项目都是以晋升或业绩优秀为参加前提的。例如，AMC必须是高级经理当中的前20%才有资格参加，MDC是晋升为高管后才能参加，BMC则须由公司副总裁提名的那些最优秀的管理者参加。因此，能在GE学习本身就成了荣誉，是GE经理人所向往的。

FoL、NMDC、AMC为领导力基础课程，时间为一周，参训者需要管理人员和人力资源管理部门批准。MDC、BMC、EDC为高管培训课程，覆盖5 000名高管。EDC每年一期，从过去的15人增加到了后来的35人。BMC每年三期，每期50人。MDC每年10个班，每班80人。

把培训活动与人才盘点对接的目的就是要加速继任者的成长，并使其快速适应新角色。一方面通过设计在岗的拉升性项目让潜在继任者体验未来岗位的要求，这里的关键词是"挑战"。例如GE的BMC项目：该项目通常为期四周，除了第一周在GE克劳顿管理学院，剩下三周学员会分成不同小组针对同一个主题在全球不同国家进行调研访谈。例如，对于如何通过社会网络提升GE的业务，学员在汇集了全球不同国家的观点后形成多样化的解决方案，并向伊梅尔特汇报。另一方面，培训项目的设计可以帮助那些已经继任的管理者快速适应新岗位，这里的关键词是"支持"。美国银行新任高管的转型就是由一系列学习活动构成的，有力地支撑了人才盘点的落地。

GE 人才盘点体系的"秘密"

随着 GE 的管理方式和理念在全球的推广，GE 的人才盘点工具和机制已经被很多企业效仿并运用到自己的管理实践中，但实际运用的效果各不相同。正如拉古·克里希纳穆尔蒂（时任 GE 首席学习官）在他 2014 年发表的文章《GE 人才盘点体系的"秘密要素"》中谈道："真正区分 GE 和其他效仿者的人才盘点的核心要素并不在于表格、工具、评分和技术，而在于组织为此投入的大量时间以及对候选人潜力和绩效讨论的深度。这些对话和时间比任何机制都要重要得多，我们的人才盘点的核心始终在于组织和高层领导为此付出的大量时间。"

高级管理层推动人才发展

CEO 积极参与 Session C 的人才评价和规划过程是 GE 领导力发展进程的本质特征。作为 GE 的 CEO，杰克·韦尔奇在与人才相关的活动中投入了大量的时间。他承认自己的大部分时间都用于评价员工了，"我应该是这里最牛的员工"。拉古·克里希纳穆尔蒂提道："我们绝大多数的高层领导，包括 CEO，至少会将 30% 的工作时间专注于与人才发展相关的工作上。"这是 GE 运营机制的一部分。

CEO 对人才进行着坚定且高调的管理，同时也要求其他高层领导全力投入到人才发展的工作中，这些都保证了 GE 对领导力储备的持续关注，并且这一过程是严格且高效的。

对员工个人评估的重视和准备

在 GE，绝大多数员工每年有超过 1 800 小时的时间与经理在一起工作，为公司发展贡献力量。因此，经理每年至少要花几小时的时间认真思考和讨论员工的绩效评估，以此履行帮助员工成长的责任，GE 认为这是理所应当的。经理被期望花足够的时间对员工的绩效表现、价值观、潜力、优势、待发展项和发展计划进行细致深入的讨论。对员工的个人评估被认为是进行有价值的讨论的基础。

集中深入的讨论机制及公正开放的讨论氛围

员工的直属经理、HR、事业部领导、CEO 将共同参与对员工的评估。由公司 CEO 设定整体基调和期望值，事业部领导给予建议、评论以及反馈，每一个事业部领导很可能都在自己的业务领域内给予洞察和点评，但集中讨论的机制实现了从公司视角对人才评估的全面性和一致性。

评估过程中鼓励公开、实事求是地讨论。当直属经理对员工的评估和反馈不够准确时，他将面临来自上级和其他人的质疑甚至驳回，这种开放、实事求是的讨论氛围保证了评估的公正和全面。各企业的 CEO 对 Session C 内容的熟悉避免了不符合实际的评价，并在不同分支中进行校准，以此保证最终的九宫格矩阵能够提供真实的情况以指导继任计划且适度关注发展类的活动。

Session C 的这些讨论涵盖了领导力、继任计划、发展机会、组织与人才策略、多样化以及全球人才发展等，深入地讨论人才评估的同时，也帮助更加深入和整体地评估绩效及其背后的原因，包括市场因素、内部因素、组织复杂程度以及风险因素。更重要的是，这些讨论是由事业部的领导来主持引导，而不是 HR，这与 GE 认为人才发展与盘点的工作是关键的业务问题，而不是简单的人力资源事务的观点是一致的。

符合需求的工具

九宫格作为 GE 人才盘点的核心工具一直沿用至今，它能帮助管理层将员工晋升的可能性进行直观、横向的对比，同时又避免了强制排序的弊端，保留了对人才评估的多样性。随着业务讨论的进程，管理人员会逐一确认在每个格子里的人才的位置，九宫格将人才所处的格子与评估结果直接联系起来。

∵核心素质：区分伟大与优秀的评价标准

对人才的评价需要遵循一定的标准，这个标准既要符合 GE 的文化和发展需求，也要符合对人才的希望，从而真正筛选出那些杰出的人才。经过多年实践，GE 不断更新和沉淀自己的领导力标准，它认为一个伟大的领导者与优秀的领导者之间的区别并不在于智力，而在于判断力和决策力。另外，相较于分析思维而言，赢的欲望、坚韧性、为客户着想、思维敏捷等能力是 GE 更加重视的，这些特质是 GE 在多年的人才盘点实践与讨论中逐步发掘的，在未来的人才评价中将占据更大的比重。

正如拉古·克里希纳穆尔蒂所言，有效的人才盘点是一个需要高层领导投入大量时间的紧凑的进程，它没有一个完全标准的公式。成功与否更取决于从公司层面的人才发展的责任出发，全员的投入与重视、公正的机制和反馈、能够有效区分人才的评价标准。

GE 的综合人才评价与发展进程，以及 CEO 对这些进程出色的领导能力已成功地创造了一个明确的以人才为核心的组织架构。Session C 不仅是公司发展高效领导力的主要原因，还是整个进程的锚点，并且已经在组织和员工中产生了很大影响。

附录：Session C 的流程

第一阶段：对业务领导的讨论

（汇报人：事业部 CEO 和该事业部高级人力资源经理）

- 请回顾 / 讨论你直接管辖的组织的结构。我们将基于该结构图讨论你直接下属（业务领导）的工作经验、他们的组织以及他们的继任计划。我们希望看到讨论是基于 EMS 中的数据。
- 提供对你的所有主管和高级管理人员的在九宫格中的排序（20 / 70 /

10；20%优秀，10%淘汰，中间占70%）。

- 请告诉我们你的组织的管理者结构，告诉我们你所管辖的组织中有多少管理人才，讨论你管辖范围内最优秀的管理者。说明在你的组织中管理岗位的空缺情况，以及填补这些空缺的计划。

第二阶段：人才管道讨论

（汇报人：事业部CEO和该事业部高级人力资源经理）

- 提供所有事业部高级管理者（Executive Band，EB）的九宫格20 / 70 / 10（能力）等级及可提升性排序。我们将以这种形式讨论发展"最佳员工"的行动，并改善 / 开除效率最低的员工。
- 展示你组织中员工的多元化数值。回顾你的"最佳员工"中的多元化和全球化人才，以及每个人的培训计划 / 时间安排。
- 分析所有副总裁、高级管理人员和管理人员的工作和业务实践 / 经验。
- 提供每年主管、高级管理人员和管理人员自愿与非自愿的离职率，突出留住员工的最佳做法。
- 列出高级管理人员和主管的潜质。列出参加通用电气的EDC、BMC、AMMS以及管理能力测评的提名者。

第三阶段：战略性增长

（事业部业务领导可参加）

- 描述你的组织是如何支持有机和无机增长的。
- 告诉我们你是如何从商业拓展向市场进行资源转移的。
- 为我们展示你的市场和销售团队的结构。我们将以这种形式讨论事业部EB及以上人员，以及他们的继任计划。
- 提供EB及以上的所有市场 / 销售领导者的九宫格20 / 70 / 10（能

力）等级排序。列出高级管理人员／主管的潜质。

- 更新最近一年销售队伍发展的情况。

第四阶段：卓越工程管理

（只有工程部门参加，企业领导团队可能参与）

- 讨论你在卓越工程管理方面都做了什么，请给我们展示在工程领域从新员工到副总裁的员工发展渠道，包括组织内各级工程师的人数。
- 给我们展示工程职能的组织结构。我们将以这种形式来讨论所有主管／高级管理人员／管理人员的薪酬方案，以及他们的继任计划。
- 提供对所有执行理事会及以上管理人员的九宫格 20 ／ 70 ／ 10（能力）等级排序。我们将以这种形式讨论最佳高级管理人员和主管。

第五阶段：首席执行官调查

- 回顾你的 CEO 调查结果和行动计划。请务必告诉我们你将重点改善的三个领域和你的策略。
- 告诉我们你对调查结果的看法。请包括以下几个常见的问题，以便我们能跨事业部比较：

  ◇ 我喜欢在通用电气的工作。
  ◇ 这家企业运行得很好。
  ◇ 企业的沟通是公开和诚实的。
  ◇ 我的上级经理／主管通过他的领导能力激发高业绩。
  ◇ 综合来看，我对通用电气很满意。

联想集团：OHPR

搭班子，定战略，带队伍。

—— 柳传志，
联想集团创始人

联想集团成立于 1984 年，最初只有 11 人，经过 40 年的快速发展，现已成为全球领先的电脑制造商，全球员工超过 60 000 名。2005 年，联想集团并购了 IBM 的 PC 业务，这是它布局全球至关重要的一步；2014 年，联想又先后完成了对 IBM 低端服务器业务、摩托罗拉移动的收购，致力于成为更加多元化发展的全球科技领导企业。为了支撑其全球化发展的战略，联想集团在人才培养上实施了一系列重要举措，有力保证了快速发展所需的人才供给。其中，人才盘点工作尤其具有特色，它将整个人才培养和组织发展的各个环节打通、关联，真正把人才管理与组织战略充分结合。

人才理念

柳传志在掌帅之初就提出了"搭班子，定战略，带队伍"的管理三要素，用简单朴素的词语把战略和人才管理的关系刻画得明明白白，这三要素也成了联想集团人才管理的 DNA，并在杨元庆时代得到充分发挥。公司的很多战略举措都能够明显地影响人才选用与培养策略。例如，在并购 IBM 的 PC 业务之初，鼓励文化的多元包容是重要战略策略，其领导力素质模型就提出了一个素质族"多元共赢"，而当文化审计发现中外团队之间的信任感不足时，领导力素质模型又将"坦诚沟通"调整为新的素质族，并且专门设计了"当西方遇到东方"这样的培养项目，让其全球的管理者都能够了解文化差异所带来的行为差异，从而增进相互理解，消除质疑。

人才盘点体系

联想集团系统化人才盘点工作从 2006 年开始启动，至今已经十余年，在前三年的实施过程中，要求所有经理级以上人员都填写一份个人发展计划，包括个人基本信息、职业目标、工作成就、基于领导力素质模型的能力自评，在填写后需要与上级进行沟通，重点对自评的素质进行确认，共同探讨究竟哪些是个人的优势和劣势，此时往往会以个人以往的 360 度测评为素材进行分析。之后上下级会一起来制订下级的个人发展计划，主要是针对其劣势的改进和职业发展目标。从 2009 年起，该工作的针对人群已经扩展到普通员工，并且将个人发展计划部分细化为三种不同的类型，即通过实际经验发展、通过接受辅导与反馈等互动关系的方式发展、通过传统培训教育方式发展三类，所占比例分别为 70%、20% 和 10%。为此，公司设计了组织与人才盘点这一网络平台，实现了上级和下级可共同查看下级的个人发展计划。上级完成了与下级的沟通后，还要独自对下属的发展潜力给出评价，经过小组讨论后，有针对性地和下属沟通。

人群扩张的意义不仅在于数量的增加，而且说明了公司员工个人发展和人才培养意识的提升。在访谈中，组织发展的相关负责人告诉我们，经过四年的人才盘点工作，他们感触最深、最明显的是，原来经理把人才发展当作人力资源的工作，而现在大多数经理认为这是自己最重要的工作之一，不少经理会主动找到组织发展部门，邀请他们一起探讨如何帮助自己培养下属。

在联想看来，人才盘点是一个系统工程，需要一套完备的流程、工具和实施团队来支撑，联想把这个工具称为组织与人才盘点体系（Organization and Human Resource Planning，OHRP，见图 2C-1）。OHRP 作为促进联想国际化成功的核心机制之一，提升了高管的战略执行力，是落实联想人才战略的关键举措，培养了一大批本土的国际化领导人才。

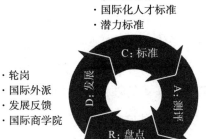

图 2C-1　联想集团的 OHRP 体系（由禾思咨询的顾问整理）

这一体系从标准构建，涉及若干个关键词，在此一一分析。

适应业务发展的人才标准

联想集团的组织与人才盘点体系始终是为了支撑组织的战略发展需要，人才标准也随着组织的战略和业务发展方向持续进行调整和优化（见图 2C-2）。

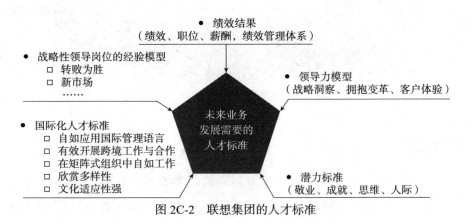

图 2C-2　联想集团的人才标准

领导力素质模型

联想集团的领导力素质模型并不是因人才盘点的需求而生。联想集团认为，领导力素质模型是企业战略、文化和价值观对管理者的能力与行为的具体要求，随企业战略、文化和价值观的变化而变化。早在 1997 年，联想集团就提出了对领导者的明确要求，包括"德"和"才"两个方面。2001 年，联想集团提出了第一个正式的领导力素质模型，当时的领导力素质模型与公司"服务转型"的战略保持一致。

联想集团在随后的实践中依据新的战略要求对领导力素质模型做出了大大小小的调整。这一战略工具很好地帮助联想集团在不同时期明确了人才选拔、培养的方向和标准，与战略目标始终保持一致。图 2C-3 为联想集团自 2014 年起人才盘点采用的领导力素质模型，从领导自我、领导团队和领导业务三个方面，包含了 14 项素质标准。该模型是联想集团选拔和培养管理者的基础，目前联想集团的 360 度测评、人才盘点、个人发展计划的制订等工作均以此为评价的出发点。

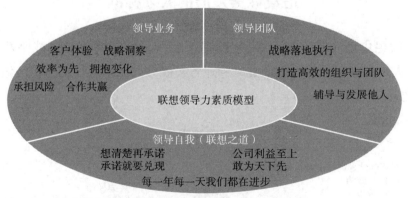

图 2C-3　联想集团 2014 年领导力素质模型

潜力标准

潜力是指人的发展潜力。投入相同的培养资源，相对于低潜力人员，高潜力人员的培养价值高。对员工的潜力进行区分和评价，可以帮助管理者有针对性地分配培养资源和安排后备人才培养计划。

联想集团用"一个人最远可以发展到什么位置"这样的问题帮助管理者判断员工的潜力大小，并用可提升的岗位层级数量来表示潜力的大小。此外，员工的学习能力、成就动机、全球思维能力等因素也是判断潜力大小的依据。潜力根据大小可分为以下几种类型。

- 高潜力：可以被提升两个或两个以上岗位层级。例如，某高潜力的高级总监，表示其可以被提升到高级副总裁。
- 中潜力：可以被提升一个岗位层级。
- 继续在原岗位上成长：不具备被提升的潜力，需要继续在原岗位上锻炼和成长。
- 计划离职：包括退休／主动离职，以及企业因个人业绩／能力原因考虑辞退。
- 新提拔的人，目前还无法判断。

当根据员工当前的表现来预测员工的潜力时，考虑到员工并不是不会改变，对员工潜力的评价每年都要进行。可灵活采用各种方法对员工潜力做出评价，如直接上级和隔级上级直接评价，或者采取圆桌会等方式。

人才评价

在线测评

基于领导力素质模型及其他人才标准，联想集团每年定期进行 360 度测评和团队氛围测评，为即将进行的盘点会议提供客观、量化的输入。

360 度测评以领导力素质模型为基础，由被评价者本人、上级、同级和下属分别进行打分，通过不同的视角反馈，对被评价人的领导素质及内在特质进行洞察和评估。这一方面提供了可供盘点者参考的客观数据，另一方面也为被评价者后续的发展辅导提供一种反馈的路径。

团队氛围测评则由被评价人带领的团队成员针对个人在团队中工作氛

围的状况进行打分，测评结果从全体员工视角反映集团核心策略的执行效果，并评价公司整体工作环境的质量，找到管理关注点。团队氛围的评价结果能够有效地展示被评价人管理团队的能力，一方面为公司管理层提供客观信息，另一方面也为一线团队管理者提供了能力提升的抓手。

在测评题目的设计中，包含以下关注重点。

- 战略理解及执行：战略沟通、战略理解、战略认同、战略落地情况如何（是否为战略落地提供了相应的保障）？
- 组织能力建设：组织的核心能力建设情况如何？有哪些优势和不足？
- 组织文化建设：组织塑造的企业文化是否与战略相一致？
- 组织反应速度：组织能否及时根据环境变化获取有效信息并快速决策？
- 内部协作：是否实施跨部门、跨业务合作以提升运营效率？

述能会与圆桌会

事实上，联想集团在 2005 年与 IBM 的 PC 事业部并购之前就已经有了一套自己成熟的人才盘点体系：述能会与圆桌会。所谓"述能"是区别于"述职"而言的。"述职"的核心是"业绩"，是对照一个阶段的主要职责、任务，完成任务的情况怎样，完成任务好 / 坏的原因何在，以及寻求进一步改进的方法。而"述能"的核心是"能力"，是指在一个阶段自己行为上的优势和劣势是什么（用具体事件说明），对自己过去的能力发展进行总结，并分析自己今后的发展趋势和如何提升能力。联想集团规定总监级及以上的管理者都要进行述能，从管理自我、管理团队、管理工作和管理战略四个方面向其上级进行个人能力的阐述。除了自己的上级，还要邀请4 ～ 6 名业务联系紧密的部门同事或下属参加自己的述能会。在会上，管理者要根据自己过去取得的工作成绩，对自己的能力状况进行系统总结，用典型事件清楚地把自己能力的优劣势展现出来，并提出今后的发展计划，形成述能总结。

述能后，上级对其个人四个方面的能力进行评估，选择优秀的推荐上圆桌会。在圆桌会上，候选人不参加会议，他的上级、隔级上级、其他相关评价人参加，候选人的上级对候选人进行介绍，包括态度、品格、四项能力水平和工作业绩，在此基础上，评价小组就候选人的潜力进行评价，主要依据定性问题进行判断。

（1）想把事情做得更好的欲望是否强烈？

（2）学习掌握新东西的愿望、快慢情况如何？

（3）头脑灵活程度、看问题的深度、站位高度怎样？

（4）前瞻预测、宏观规划能力如何？

通过讨论，那些潜力大、能力强的人才便被定义为高潜力人才，并形成年度盘点报告，这是述能会与圆桌会的重要产出之一，后续公司会为这些人才提供一系列的培养资源。

组织与人才盘点的实施

人才盘点表格工具

人才盘点表格是联想集团人才盘点的核心工具。该套表格包含五个主要部分，即每个组织的架构和人员信息、直接下属管理者的能力评价、直接下属管理者的继任者情况、高潜力人员库和组织发展改进计划。该套表格清晰地勾勒出一个组织发展需要关注的核心问题：关键岗位和关键人才的匹配和持续供给。表格均以 PPT 的形式呈现，每位副总裁及以上级别的管理者都需要填写，并在人才盘点会议上予以呈现。表格的内容并不复杂，但其中关注的问题非常直接，比如，作为某一业务单元的负责人，是否培养出了人才梯队，管理队伍和员工人数的配比是否合理，组织结构如何与业务匹配，关键人才下一步如何培养等。如果有人觉得这些问题很好回答，或者仅仅通过几天的准备就可以完成，那就错了。要知道，人才盘点不是一次性的检阅，而是周而复始的持续性工作，每一个问题的回答都会牵扯到前后多个方面的人员和组织的调整，而且，到下一年再做人才盘点时，首先要回顾的是过去一年组织发展改进计划落实的情况，所以副总裁的每一个承诺和判断都务必尽量准确到位。通常，准备这套表格所需要的时间最长。

年度盘点会议

为了便于理解，我们将实施流程从最后一个阶段说起。

人才盘点每年举行一次，分业务单元进行，每个业务单元的SVP将带领直接下属向CEO做该业务单元组织与人才发展的汇报。这一最终汇报并不是由该业务单元的SVP完成，而是由该SVP的下属VP逐个完成，即每个VP需要与CEO面对面地陈述前面提到的人才盘点表格，在此过程中，SVP在必要的地方给予辅助说明，但整体上是VP与CEO之间的跨级对话。CEO会关注VP下属团队的组织结构的合理性、人才队伍的建设情况、关键岗位的人员准备度，以及与全年战略目标实现相关的人才问题等，并提出很多尖锐、敏感的问题。在此之后，所有的VP都离开，只剩下该业务单元的SVP、CEO和HR在场，讨论这些VP的发展潜力和工作安排。这是一场高层间真知灼见的较量，比拼的是谁对这个组织更有洞察力和远见。如此形式每年一次的人才盘点，对于所有高管来说都是极其重要的，其正式程度足以让每个参与者把人才发展的观念烙印在思想中。每个业务单元在盘点后都会形成一套行动计划，作为当年人才培养的实施重点。

人才盘点会议沟通重点如下所述。

- 上一次（年）人才盘点行动计划的完成情况。
- 目前的组织结构以及调整的规划，包括重点关键岗位的职责、人员编制与空缺情况、组织效率和管理跨度是否合理等。
- 关键岗位的人员盘点，包括业绩、能力、潜力和综合排序以及个人发展计划。
- 关键岗位的继任者计划。
- 高潜力员工盘点，包括个人发展计划和档案。
- 团队氛围评价。
- 预计未来新增的关键岗位需求。

- 未来 6～12 个月的行动计划，包括组织调整和人员调整计划、班子建设计划。

为了准备最后的人才盘点会，各 VP 会与他们各自的直接汇报团队也开一次小型人才盘点会，即每个总监要向 VP 汇报他所带领团队的人才储备和组织结构状况。而且，为了能够真正做好人才管理工作，越早举行这样的会议，越有利于最终的结果。因此，每个管理者都会被驱动关注人才的培养和发展，也都会积极地帮助下属和自己完成个人发展计划的沟通和实施。

作为以上工作的基础之一，领导力素质模型也会在每年较早的时候做一次回顾，确定是否需要调整，或者明确当年重点发展的素质主要侧重于哪些方面，以便在发展人才时比较一致。

人才发展

发展反馈

在最终的人才盘点会后，会产生一系列的重要决策，包括很多关键人员的调整、晋升、轮岗、外派，以及组织结构的调整等。该结果的应用涉及整个人力资源的方方面面，发展反馈是其中的一方面。该项工作已经在联想持续了近三年，目前与人才盘点的结果更加紧密地结合起来，要求凡是在盘点中表明具备高潜力的人才（副总裁及以上），都需要由全球高管（SVP 及以上）完成一次发展反馈。对于个人来说，该反馈是一次难得的高层辅导，在形式上，会由来自与本人不同的业务单元的三位 SVP 作为小组成员与该 VP 做面对面的交流，时间在两个小时左右，主要以交流个人在工作中的困惑和个人未来职业发展为主题，小组成员均是拥有极为丰富经验的管理者，他们往往能够一针见血地点出被反馈者的问题所在，并且给予其极有价值的发展建议，因此是一种提升管理者满意度、明确职业发展方向的有力工具。这些 SVP 在进行反馈前会阅读该 VP 的各类资料，包括个人发展计划、360 度反馈和人才盘点结果等。在反馈后，其中一位 SVP

还将成为该 VP 的导师，为期半年。

发展反馈要求反馈者创设一种轻松自然的非正式环境，包括"硬环境"和"软环境"。因为多位反馈者一起给候选人做反馈本身会对候选人产生较大压力，所以在非正式环境下，容易使候选人与反馈者之间建立良好关系。同时，发展反馈要求反馈者避免替候选人回答问题。发展反馈不是一种考试，反馈者应把焦点放在深入获取候选人的行为、看法或观点上，而不是获取所谓的"正确答案"。

参加反馈的管理者要以接纳、共情和尊重的态度认真倾听候选人的回答和陈述。研究表明，候选人与反馈者之间越早建立良好的关系，越容易达到评价的效果。参加反馈的管理者还需要采取回馈、重述、追问或提出有挑战性的问题等方式，弄清楚 / 澄清候选人的真正行为或观点。管理者要保持客观和中立态度，尽可能保证反馈结果的真实性。

整个反馈过程共有三个阶段。

开场环节由 HR 担任的主持人介绍发展反馈的目的以及主要流程与方法，并鼓励大家开放式发言；候选人主动进行自我介绍。

提问环节主要围绕候选人个人职业发展中的困惑、挑战和未来发展等方面进行，以下是一些典型问题。

- 你如何看待自己的职业生涯？你觉得成功吗？（请举事例）
- 到目前为止，你感觉自己的最大成就是什么？
- 到目前为止，你遇到过的最大挑战是什么？你是怎么处理的？
- 请给我们分享一个故事来说明你是如何在业务上解决问题的？
- 对自己未来的领导力发展有哪些需求和期望？

结尾环节可以询问候选人对这次会议的感受，以及如何改进这样的评价方式；对候选人的积极参与表示感谢，并告知候选人下一步行动计划。在候选人离开后，三人小组对比未来岗位要求和候选人的能力现状进行讨论，就主要观点达成一致。会后 HR 将以邮件的形式把管理者对候选人的评价和个人发展建议发送给候选人和他的上级。

在发展反馈的整个过程中，HR 扮演以下三种角色。

（1）专家。发展反馈实际上是对候选人的领导力进行全面深入的评价。在进行评价时，管理者经常会陷入一些误区，例如，认为善于豪言壮语的就是高潜力人才。在现场，HR作为专家可以提出一些引导性问题，避免管理者陷入一些误区。

（2）主持人。开场时介绍发展反馈的目的、意义和背景，反馈过程中解答他人的各种疑问和要求。

（3）记录员。把反馈者的问题、候选人的回答一一记录下来，以便会后进行总结。

轮岗：以经验发展的方式培养后备人才

联想认为，个人为自己的职业生涯负责，公司为个人的发展提供机会。公司将为高绩效、高潜力人员提供并制订个人发展计划的机会，同时也为计划的内容运用到具体工作岗位提供机会。

联想始终认为绝大多数学习和发展都发生在工作中，最有效的发展方式（见图2C-4）是基于经验或实践的发展。当然这并不是说不重视课堂培训，联想基于岗位序列和岗位层级设计了不同类型的课程，帮助员工发展。但仍然确信80%的发展是在工作中发生的。

图 2C-4　最有效的发展方式

　　基于经验的培养方式有很多种，例如轮岗、项目锻炼、安排新的任务等，通过这些方式使每个人不断学习和提高。不同发展手段的使用是基于员工所处的职业发展阶段。这里以轮岗为例，分析联想以经验培养人才的模式。

　　根据不同目的，轮岗包括两类：晋升性轮岗和经验拓展性轮岗。联想主要使用的是经验拓展性轮岗。联想认为，在联想晋升不仅基于潜力，还必须考虑经验。这样做能够保证管理者用最短的时间适应新的岗位，缩短胜任的时间。因此，最稳妥的做法是，被晋升的人已经具有相关工作经验。因此，轮岗是员工跨职能、跨业务单元晋升的前提和有效的发展方法。

　　联想轮岗的基本原则如下。

- 上轮下不轮。如果上级轮岗，则下级不能轮岗，反之亦然。相隔时间至少半年。
- 轮岗人员需要满足下列条件之一：高绩效员工；高潜力员工；被列为后备培养对象。

　　轮岗人员的职责定位于新岗位，原岗位职责不再保留，目的在于使其承担责任，保证轮岗效果的达成。轮岗之前需要为轮岗人员设定更高的、清晰的和可衡量的绩效标准或要求，至少要传递这样的信息给轮岗人员。

　　2009年，为了让轮岗更加有针对性，联想人力资源部针对公司高级副总裁进行了深度访谈，梳理出了一个基层管理者成长为高层管理者必需的九种关键岗位经历（见表2C-1）。这一岗位经验分类的提出，大大提升了人才盘点后结果的可应用性。例如，由于华东区总经理岗位的继任者缺乏后端岗位的经验，因此评估时只能为"2～3年的继任者"，也因为这个结果，在人才盘点结束后，组织会尽快安排他进行2年的职能岗位轮岗。当候选人弥补了缺乏的经验时，他在继任者名单上的位置也会得到提升。

　　联想集团通过人才盘点的工具，以战略目标为出发点，将人才发展所涉及的选拔、评估、培养工作有机地构建成一个闭环，不断循环并有所突破。我们持续跟踪了几年联想集团的领导力培养工作发现，其人才盘点工具已经日臻成熟，并在组织内部成了战略性工具。要利用这样的工具对组织的准备度要求很高，往往导入期在两年左右，但一旦持续运行，其效果将是惊人的。这也是联想集团成为 IT 管理人才培养基地的原因。

表 2C-1 联想的九种关键岗位经历分类

经验类型	典型岗位	解释
前端	销售、营销、一线服务	有直接的客户界面类的岗位，了解客户对公司业务的直接感受，体验业务增长的压力，了解公司战略对一线究竟意味着什么
后端	职能类、产品研发类	非客户界面类的岗位，作为公司内部运营的一部分，了解业务协作，提升服务意识
损益	区域总经理、地区经理	负责价值链端到端的所有环节，管理价值创造的全过程，既要掌握资源，也要对业务损益负责
扭亏为盈	亏损企业总经理	面对业绩下滑，在时间压力下完成对组织、团队、个人方面困难的决策，考验个人毅力
新市场开拓	区域总经理、新产品市场负责人	根据对市场机会的判断，策略性地通过多种途径与当地政府、企业打交道，获取或储备关键的资源，以多样的市场策略，发展更多的客户
国际外派	海外岗位	长期或短期国际外派
带团队	高级经理、总经理或副总经理	管理一个团队，有多个下属；或者管理多个团队，平衡团队间的需求
全球项目	商务谈判、兼并收购	完成跨区域、跨职能的项目，持续时间超过一年，如主持或作为主要成员参与重大项目的商务谈判、招投标
总部战略岗位	战略规划、人才培养	在总部负责具有战略价值的全局性工作，要求具有全球视野

长安汽车：述能会

以述能会为抓手，通过人才盘点转
变企业高层管理者的用人理念和经营理
念，借机促进企业的战略转型。

——张竞竞，
时任长安汽车人力资源副总裁

长安汽车的转型之路

长安汽车是由中国兵器装备集团公司、中国航空工业集团公司联合成立的一家特大型企业集团，是中国四大汽车集团之一。目前长安汽车已有40年造车积累，在全球有12个制造基地、22个工厂，连续多年占据本土汽车品牌销量第一的宝座，成为中国汽车品牌行业领跑者。

长安汽车拥有160多年历史底蕴，前身可以追溯到1862年由李鸿章创办的上海洋炮局，后续100多年的发展中，随着中国近代史的变革，长安汽车经历了近代工业的兴起、军转民、由计划经济到市场经济、引进外部合作等一系列转型。悠久的历史和庞大的规模不仅给长安汽车带来雄厚的基础和荣誉，也为其新形势下的持续增长和转型带来了一定挑战。2010年之后，中国汽车市场增速放缓，一线城市汽车市场趋于饱和，主要城市采取限购政策限制汽车数量，消费市场向二三级城市转移；与此同时，国家大力推动新能源汽车的发展，新能源汽车市场快速发展；此外，由于互联网理念对汽车行业的渗透，以及产业链缩短，使造车门槛降低，本土车企及跨界车企快速崛起。面对日益加速和严峻的竞争，长安汽车从曾经的依靠资源壁垒和合资品牌产生利润的传统车企，开启了向独立研发、快速响应市场的自主品牌的转型和崛起之路。2012～2015年被称作自主品牌的"长安时代"。凭借几乎完整的产品线，2014年长安自主品牌汽车销量累计突破1000万辆，成为中国自主品牌汽车历史上的重要里程碑。

人才盘点支持创新改革

回顾长安汽车近10年的转型之路，同时展望行业的发展趋势，技术进步、消费者期望、移动性三大因素被认为是汽车行业的颠覆者。传统车企要在新形势中保持竞争优势，同时形成技术优势和市场优势，对长安汽车的人才队伍提出了更高的要求：一方面原有的人才队伍需要摒弃以前安逸稳定的观念，强化创新变革和不断改进的意识；另一方面，原有人员需要从政策导向转变为市场和客户导向，提升打造客户体验和品牌的能力。同时，行业竞争加剧导致汽车行业人才的争夺战日益白热化，如何在人才的争夺中保留和吸引高潜人才，是业务转型过程中向长安汽车的人力资源工作提出的要求和挑战。

在长安汽车，从公司高层到基层管理者，历来都非常重视人才培养工作，把人力资源领先作为推动长安汽车快速发展的重要保障。为此，长安汽车建立健全了"两横六纵"的人力资源管理体系。"两横"是指任职资格体系和绩效管理体系，"六纵"是指规划战略、招聘与配置、培训与开发、薪酬管理、绩效与福利、劳动关系六大模块。"两横六纵"的人力资源管理体系，比较偏重于传统的人力资源事务管理。长安汽车还设立了中干、后干选拔和任用制度，采用公开竞聘、述职、笔试等方式，保证人才选拔的公开与公平，这在长安汽车过去稳定发展和逐步扩大过程中，在强调秩序、稳定和忠诚的组织氛围里，发挥了举足轻重的作用。

在原有的人才体系内，长安汽车虽然也进行了部分人才评价和盘点的动作，但未形成规范、体系的做法，在人才盘点的内容和方式上，尚未能跳脱出原有的传统方式，加之对人才评价结果负责的高层管理人员大多是伴随长安汽车一同成长起来的"老长安"，由他们主导的人才盘点在用人的理念和选人标准上都有一定的主观性，缺少统一的指导，往往较难选出符合当下业务转型需求的人才。

伴随着业务转型，长安汽车的人力资源也在摸索自己的转型之路，从2012年发布CL1721领导力素质模型，到2014年长安汽车在原有的人才选拔中引入述能会的方式，述能会的应用与普及给这家传统的国有企业注入了新的活力。长安汽车对人才盘点之路的探索，是从0到1的突破，对于大多数处于转型和探索阶段的企业来说，有很好的借鉴意义。

领导力素质模型引领人才方向

长安汽车认为，一个人成长的唯一依靠，就是能力和业绩。只要努力，就有机会；只要付出，就有回报；只要肯干，就有平台。为了对人才能力进行清晰的划分，长安汽车构建了领导力素质模型。长安汽车认为，领导力的界定随不同管理层级、文化、对领导力的需求以及时代特征而存在差异，因而，在公司发展的不同时期，长安汽车与时俱进地调整其领导力素质模型。

2012年，深感于业务发展要求与现有人才理念与队伍之间的差距，长安汽车构建了其发展历史上第一个领导力模型——CL1721领导力素质模型（见图3C-1），包括1个愿景、7大角色、21项领导力。CL1721领导力素质模型在其七大角色中突出了创新实践者与品牌打造者的角色，体现了业务转型的要求；同时，通过详细的领导力素质模型手册，规定相应领导力所应具备的行为，提供详尽的提升工具和方法。现今，CL1721领导力素质模型成为所有长安人自我成长、对标学习的标准。

2016年，在互联网行业井喷式发展的推动下，传统商业模式中的需求与供给模式不断被颠覆。长安汽车认为，面对不确定的市场，企业必须快速发现机会、整合资源，生产出直击消费者痛点的、具有前瞻性的产品和服务。为此，长安汽车推行矩阵化管理改革以形成更好的市场适应力。相对应地，每个管理干部不仅要作为"战略承载者"，也要把自己摆在全局位置考虑问题。在领导力素质模型方面，长安汽车在 CL1721 领导力素质模型的基础上提出了 CCL1824 领导力素质模型，总结出高层管理人员的 4 个目标、8 大能力以及 24 项具体能力，明确提出战略规划和决策的战略力，发现机会的洞察力，不断改革改进的学习力，以及直达客户、发现痛点的创新力，以适应业务发展需求。

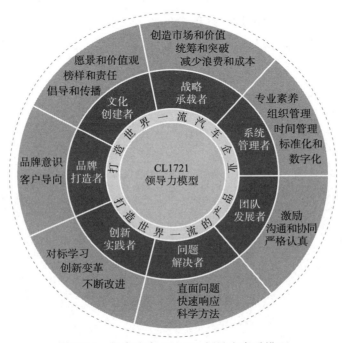

图 3C-1　长安汽车 CL1721 领导力素质模型

述能会的应用与普及

述能会是长安汽车采用的一种最主要的人才盘点手段。自 2014 年长安汽车首次引入和采用述能会之后，述能会作为一种被广泛认可的人才评价和盘点方式，被应用于公司级别的后干、中干选拔，部门内部竞聘，并延伸至部门日常的人才管理动作中，逐渐成为长安汽车各层级管理人员所必须掌握的人才盘点工具。下文将就长安汽车所采用的述能方式和流程进行介绍和讨论。

　　述能会的形式与传统惯用的述职会类似，但"述职"的核心是"业绩"，是一个阶段任务的完成情况，不仅代表着个人的能力，还包含着团队的工作成果；而"述能"的核心是"个人能力"，是对个人过去一段时间的能力发展进行总结，并分析今后的能力发展趋势和提升方案。长安汽车的述能会采用层级滚动的方式进行，各层级的干部分别向各自上级述能。随着述能会在公司内广泛应用，述能会的流程也会根据不同的应用场景进行调整，其核心的流程和内容如图3C-2所示。

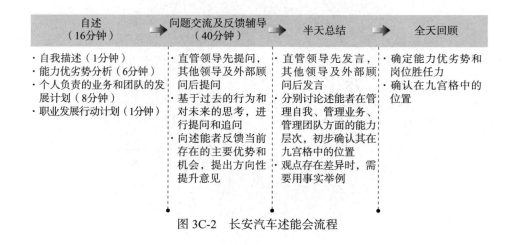

图3C-2　长安汽车述能会流程

被评价人自述

　　被评价人将提前按照述能模板进行准备，包括以下内容。

　　（1）自我介绍：提供教育、工作经验等背景信息。

　　（2）能力优劣势分析：结合长安汽车领导力素质模型分析自己的优劣势。讲述近两年发生的一个成功案例和一个遗憾案例，并分析自己在管理业务和管理团队上的优势和不足。

　　（3）个人负责的业务和团队的发展计划：包括年度业务计划、对未来业务的思考、组织和团队发展计划，并提供具体举措。

　　（4）职业发展行动计划：个人未来三年职业发展规划、基于个人发展规划的行动计划。

评委提问及交流

评委针对被评价人述能材料进行提问。

（1）对于成功遗憾案例进行追问，挖掘述能者在案例的准备过程中、规划过程中、实施过程中遇到的挑战和思考，以及处理问题的思路和具体措施。

（2）对于业务和团队的发展计划进行追问，了解其对市场环境、长安汽车处境、竞争对手、当前举措的看法。

（3）对职业发展行动计划方面的优劣势进行追问，了解其自我认知、成就愿望等。

评价与总结

每半天进行一次汇总，评委根据评价标准对被评价人能够达到的能力层次进行评定，同时参考述能干部上一年度绩效档次、直管领导对其绩效表现进行的举证说明。最后经过论证达成统一意见，在九宫格中对人才进行划分。

述能会的方法看似简单，长安汽车却将工匠精神发挥到了极致，细心打磨，使其具有以下特点。

现时性：在常规的人才盘点方法中，为了保证准确性，前期会开展大量的测评工作，耗费了大量精力。述能会本身即为一种即时性测评方法，通过结构化的汇报框架和提问方式，快速剖析人才的真正实力，达到"现场述能、现场评价"的效果，大大减少了前期的准备时间。

公平性：通常情况下，被评价人不会出现在盘点会上，而是由评委小组根据其平时表现进行评价。然而，由于信息的不对称性，对被评价人的评价，通常以其直接领导的意见为主，评价结果难免受主观因素的影响。述能会则将被评价人直接展现在评委小组面前，面对面，以客观事实为基础，由同一组评委按照同一标准做出评价，确保评价的公平性。

发展性：对被评价人来讲，参与述能会最大价值在于获得领导的反馈。在日常工作中，和领导的交流多以业务为主，很少有机会在个人发展上得到领导的点拨。领导的提问和反馈暴露出了被评价人平时意识不到的问题，让被评价人明确了业务思路和自我认知，虽然述能与交流的时间一般不超过 1 小时，却使被评价人产生了顿悟之感。

因此述能会作为一种人才管理方式，在长安汽车获得了组织、领导者和被评价人三方的认可。从最开始的尝试，到快速应用到传统的中干、后干等干部选拔流程中，参加了干部选拔的评委又主动将述能会带回本部门，成为部门内部竞聘和日常人才管理的方式，述能会逐渐成为长安汽车人才管理应用最为广泛的工具之一。

述能会帮助人才理念落地

长安汽车 CL1721 领导力素质模型从组织角度全面地展示了对长安人的要求。模型颁布后，对于如何让模型真正深入人心，而不仅仅是成为文件里的模型，长安汽车进行着尝试和努力，利用会议宣传贯彻、制作手册等方式，期望长安汽车全员理解和应用新的人才标准。长安汽车认为，要真正让模型成为全员心目中对自我的要求，就必须将模型用起来，应用于对人才的选用育留中。随着述能会的推广，CL1721 领导力素质模型真正深入人心，成为所有长安人自我成长、对标学习的标准。

对述能者自身而言，在自述材料的准备阶段，他需要深入地反思个人优劣势，并对个人优劣势进行深入的剖析，以此制订个人未来 3 ~ 5 年的职业发展计划。CL1721 素质模型系统地展示了组织对人才的期望，是长安人进行对标反思时最好的标准，候选人对照模型中对人才期望的 7 个角色，从战略承载者、文化创建者、系统管理者、团队发展者、问题解决者、创新实践者及品牌打造者的角度反思个人在工作中的表现，以此找到个人目前的优势及待提升方向。与此同时，分属于 7 大角色的 21 项领导力对于候选人进行个人优劣势的深度剖析也具有指导作用，候选人可更加深入地探究个人在某角色上还需要提升的原因，是否因为在某项能力上的短板而导致角色的缺失，从而找到突破口。

对述能会评委而言，对参与述能的候选人进行公正、准确的评价是他们的重要职责。为了使评价准确和专业，长安汽车在咨询公司的帮助下，根据 CL1721 领导力素质模型提炼出了其核心的评价标准，将自我认知、对标学习、不断改进、创新学习等素质整合在自我管理的维度，将问题解决、系统管理、品牌打造、战略承载等整合成业务管理的维度，文化创建、团队发展等整合成团队管理的维度，以领导力素质模型为基础，对候选人进行评价。候选人参照模型对自我认知和反思的深度，也是一项非常重要的评价标准。作为长安汽车的高层管理者，评委必须更加深入地理解领导力素质模型的内涵及要求，从模型出发进行评价的区分，才能保证人才评价的客观公正。

述能会推广和普及的进程，实质上也是 CL1721 领导力素质模型落地的过程，领导力素质模型也成了长安汽车全员对标和学习的标杆，成为真正刻在人心中而不是仅存在于文件中的领导力素质模型，让长安汽车在新形势下所提倡的人才理念真正为全员所理解。

业务领导识人能力的提高

为提升业务领导的人才管理能力，长安汽车提出了"622 法则"，即 60% 的时间做业务，20% 的时间做体系，还要用 20% 的时间带好队伍。因此，在长安汽车，一位优秀的业务领导也同时是一位优秀的人才管理专家，对人才的选用育留是每位业务领导必须具备的能力。

长安汽车述能会在实施中一直秉承"以内为主，外引为辅"的原则。述能会的参与评委通常包括三类人群。

（1）业务领导：针对述能者的汇报进行提问。提供日常工作信息，结合述能者场上的表现以及平时的工作情况做出评价，并进行反馈。

（2）外部顾问：在开场时介绍盘点的过程、目的和评价方法。外部顾问需要发挥标杆作用，展示正确的提问技术，并纠正业务领导的错误行为。

（3）HR：述能会的主持、记录与述能报告的撰写。

外部顾问能提供专业视角，能对人的底层特质和潜能进行较准确的分析，但是外部顾问对具体的业务无法深入了解。此外，受限于述能者的表达能力和述能准备情况，也存在偏差的可能性。而业务领导熟悉述能者本人及业务，所以能辅助提供平时的工作情况。两者综合起来可以达到客观、公平、准确的效果。

长安汽车的领导干部具有很强的执行力，但在人才评价的理念和方式上，仍然秉持着一些传统的人才评价理念。比如，从员工是否使用本品牌汽车判断其忠诚度，从员工是否加班判断其工作是否努力。部分领导虽有识人意识，但还处于直觉判断层面，比如采用外部特征对人员进行评价，经常误将能力高简单等同于绩效好，将讲空话大话的人误认为有远大抱负，将外向活跃等同于有影响力，而对于人员的深层次特征缺乏辨别力。由他们主导的人才盘点在用人理念和选人标准上缺少专业的指导，往往较难有效地选出符合当下业务需求的人才。因此述能会在长安汽车推广的初期，向评委传递科学的人才观和人才评价方式也是述能会需要承担的责任之一。

在述能会的推广期，每场述能会开始之前，评委都提前进行半小时的集中培训，由外部顾问主持，培训内容如下。

（1）认识述能会：包括"述能"的重点、述能会流程等。

（2）提问技术：引入行为事件访谈的提问技术，提供提问示例，避免无效提问。

（3）评价标准：结合领导力素质模型，对评价标准的内涵和表现形式再次澄清，统一和明确优秀人才画像及标准。

述能会推广前期，先由外部顾问主导提问，向业务领导示范比较专业的提问方式；在评价总结阶段，评委会对个人评价的结果和原因进行呈现，由外部顾问针对有偏差的评价结果进行纠偏，并以候选人所展现出的行为作为评价的依据和支撑，规避可能存在的晕轮印象。

参与了若干次述能会之后，业务领导逐渐开始转变原有的人才理念和评价方式：业务领导学会用FACT技术进行提问，关注候选人的实际行为；

人才识别上能够尝试辨析行为背后的素质，较深入地从思维的深度和广度、成就动机、影响意愿、沟通协调能力对人才进行评价，并且在评价过程中能够考虑人岗匹配和激励管理问题。经过述能会的磨合，在与外部顾问的协同合作中，长安汽车系统地提升了组织的识人能力。

人才梯队激发企业活力

述能会有效选拔人才的作用被广泛认可后，开始应用于长安汽车的人力资源体系，并成为中干、后干选拔中的重要环节，源源不断地为长安汽车人才梯队输送人才。每一年都有上百名高潜人才通过层层公开选拔，进入长安汽车的干部队伍。述能会在保障公司人才梯队建设的同时，也鼓舞了高潜人才的积极性，有利于保留和激发人才。

与此同时，自述能会实施以来，通过述能会脱颖而出的明星高潜人才也能得到高层的重视，根据这些明星高潜人才的优势及其个人职业规划，他们或被委以更大的责任，或得到了更多的锻炼机会。我们能够看到通过述能会在两年之内实现三级跳的明星员工，并且在后期的述能会上听到其讲述在新岗位上取得的新成就和成长；也能够看到来自不同业务部门的评委对明星高潜人才的肯定和求贤之心。重视人才、不拘一格提拔人才、能者上的人才氛围，让长安汽车在保有大型国企沉稳作风的同时，拥有技术与产品的创新活力，不断完善产品线，造就自主品牌的"长安时代"。

强生：以终为始的人才盘点

强生集团成立于 1886 年，总部位于美国新泽西州，在全球范围内拥有超过 250 家分公司、115 000 余名员工，是目前世界上最具综合性、分布范围最广的健康护理产品制造商和相关服务提供商。

强生的人才策略相当成功，长期在各雇主排名中名列前茅，其文化和价值观、良好的职业发展机会和充满挑战的工作环境深受好评。杰克·韦尔奇在其经典著作《赢》里讲道，好工作能带给你职业和人生进步的机会，你在那里能够学到原来想不到应该去学习的知识。强生通过完善的人才盘点和继任体系做到了这一点。

强生强调人才的晋升和发展路径。在招聘之初就会严格把关人才质量，之后通过层层盘点和发展计划等培养人才。系统地盘点高潜力员工，并将有潜力的员工送到国外轮岗或培训，是强生惯常的做法。强生往往会花 5～7 年的时间来培养一个关键岗位的管理人员，这样可以保证公司未来的管理者充分了解公司的实际，同时符合强生的未来战略指向。此外，得益于良好的继任计划，强生员工有清晰的成长路径，能非常清楚地看到未来 5 年甚至更长时间的职业发展蓝图。

以"终"为始

强生人才盘点体系最为显著的特点就是"以终为始"。下文将从强生人才盘点的"终点"展开，介绍强生在人才盘点及继任计划中的实践。

强生人才盘点工作的开展中，反复强调的"终点"实质包含两层含义。

组织能力： 那些适应行业发展趋势，能够为组织带来竞争优势的组织要素，包括流程、技术、结构、竞争力等，被称作核心的组织能力。熟知强生的战略方向及增长计划，并且从战略出发进行组织能力分析，被认为是所有人才盘点和继任计划工作开展的前提。

在进行正式的人才盘点工作之前，所有的管理者需要先根据公司当年的战略计划，厘清能够帮助组织在商业挑战中获得成功的关键因素。接下来，对这些关键的组织能力进行评估，明确组织目前的优势和短板，以此制订长短期的行动计划，保证业务战略与人才战略紧密联结。

关键岗位： 强生以关键岗位为核心来开展继任计划，强生定义的关键岗位需要至少满足下列标准中的三个。

- 对人力及财务有较大的管理权限。
- 对组织经营／部门绩效产生重大影响。
- 如果该岗位缺失，将严重影响业务进展。
- 具备岗位所需关键技能的人才供不应求。
- 直接向管委会／部门领导汇报和对接的关键人。

以关键岗位为区分点，强生的人才盘点工作被分为两个阶段。全员的人才盘点工作在每年的 3～4 月展开，而涉及关键岗位的继任计划则在部门全员的人才盘点之后形成，并以逐层向上的形式，从地区到区域再到全球，从职能到业务，最终进行高管团队的人才盘点会议。

关键岗位与非关键岗位的盘点工作，其目的、形式、侧重点均有不同（见表 4C-1）。

表 4C-1　不同岗位人才盘点工作的区别

区别点	关键岗位	普通岗位
开展形式	• 继任计划	• 发展计划
目的	• 建设关键岗位人才梯队，帮助企业可持续发展	• 提升员工能力以支持业务需要及员工职业发展 • 激励所有人才致力于实现组织经营目标
目标人群	• 关键岗位的高潜人才	• 全体员工

（续）

区别点	关键岗位	普通岗位
责任人	• 公司管委会 / 领导团队	• 一线经理及员工本人
成果产出	• 明确关键岗位的候选人 • 关键人才的发展计划 • 成果输入 Talent Nav. 系统	• 每位员工的绩效及发展计划

明确关键的组织能力，并界定组织及部门级别的关键岗位，是强生人才盘点与继任计划工作的开始。

人才评价讨论会

在年度人才盘点启动后，首先在部门内部进行对人员的评价，评价时需要遵循以下人才准则。

- 员工需要在他们现有的岗位上完成"成功周期"：

  ◇ 他们过去经历过一次完整的成功案例，包括设定目标，制定战略和策略，并成功地执行和实现了目标。

  ◇ 他们展示了一个持续进步的过程。

  ◇ 根据岗位的责任大小和范围的不同，一个角色的"成功周期"在 2～4 年。

- 员工需要具有兼具广度和深度的多样化经历：

  ◇ 经历的广度包括跨文化、跨地域、跨部门及跨职能等。

  ◇ 有深度的经历包括扭亏为盈、开创新业务、成功领导跨职能 / 跨地域项目等。

- 从关键岗位出发对员工的职业发展有所规划：

  ◇ 从员工的目标岗位出发去考虑增加员工经验的行动计划。

◇ 对入门级的员工优先进行横向跨领域的发展，而不是在同一部门内的晋升。

● 对员工的发展计划与期望应充分考虑他们的个人意愿：

◇ 如果员工不愿意调动，那么他将被排除在某些岗位的候选人名单之外。

◇ 需要进行持续的人才管理和深度谈话，以了解员工的发展意愿。

● 高层领导者需要至少发展一名继任者。

同时，对于领导力的评价和盘点，强生从两个方面进行考量。

一方面，构建清晰的领导力素质模型，每项素质下列出典型行为作为评价的标准：坚持诚信与信仰、战略思维、关注细节的全局观、组织与人才发展、好奇心、团队协作、危机意识、理性冒险、自我意识与适应性、结果导向。

另一方面，强生同时会关注以下可能阻碍领导力发展的脱轨因素，并结合日常工作表现和专业的测评工具，作为评价的参考：社交焦虑、犹豫不决、授权不足、排外、视个人利益高于公司利益、不帮助他人发展、抗压能力弱、避免必要的冲突、避免对绩效问题采取行动。

人才的相关信息和测评结果在人才管理系统进行更新后，强生采用内部讨论会的形式，以前期的测评及绩效结果作为参考，进行人才评价。人才评价讨论会对人才评价的输出结果主要围绕两项指标开展：第一是人才潜力；第二是人才的准备度。

潜力展示的是员工的长期竞争力，对潜力的测评侧重于候选人与目标岗位的匹配程度，重点关注的是候选人过去 2～4 年的绩效表现、学习敏锐度以及领导能力和行为，而暂不考虑候选人对晋升的准备程度，即时间的因素。

强生认为高潜力与高绩效有所不同，其中最为关键的区分因素就是学习敏锐度。学习敏锐度能够帮助候选人在不熟悉的、变化的环境中快速地适应，也是候选人从个人及他人的经验中主动学习并运用于其他不同环境的能力。只有同时具备高潜力和高绩效的人才，才能成为未来的"领导明星"，因此人才盘点就需要找出那些同时具备高绩效和高潜力的人才。

对潜力的评价会借助外部的测评工具，但在讨论会上没有程序化的分数，而是由人力部门提供一些指导性问题，引导评委思考，给出最终的评分：

- 候选人在当前岗位上是否展现出承担更大责任的渴望？
- 候选人是否展现了扩展领导力宽度的决心和能力？
- 候选人是否展现了超越目前岗位要求的能力？
- 候选人是否展现了在公司内持续发展的事业激情？
- 你是否有信心支持该候选人（在你的业务之外）获取最为合适的发展机会？

讨论之后，评委就候选人的潜力等级达成共识并给出评分，评分的标准如表 4C-2 所示。

表 4C-2　潜力等级评分标准

分数	等级
4	候选人具备在公司层面晋升 2 个或以上职级的潜力
3	候选人具备在公司层面晋升 1 个职级的潜力
2	候选人在目前岗位上能够胜任，或能够胜任与现有岗位类似或相关联的职责
1	候选人在目前岗位上还未能胜任

关键岗位继任计划

全员的人才潜力评价讨论完之后，针对关键岗位的候选人还有另外的议题。

首先需要结合绩效和潜力的评分，形成人才盘点的九宫格，明确那些待发展和培养的高潜人才（见图 4C-1）。

		效率低	绩效	效率高
		低（1～3）	中（4～6）	高（7～9）
适应性强	高（4）	⑤ ·发展	⑦ ·发展并保留	⑨ ·轮岗及保密
潜力	中（3）	② ·发展	④ ·保留并发展	⑧ ·保留并发展
适应性弱	低（2～1）	① ·调岗或解聘	③ ·保留	⑥ ·保留

图 4C-1　人才盘点的九宫格

接着，引入对人才准备度的讨论，以完善关键岗位的继任计划和人才梯队。

人才准备度是指候选人何时可以得到晋升和较大的发展，侧重于时间因素。强生将关键人才的准备度分为三个层级。

Ready Now，RN：可以在 0 ～ 1 年之内晋升。

Ready Later，RL：需要经过 1 ～ 3 年的培养。

Ready Future，RF：需要经过 3 ～ 5 年的培养。

对高潜人才准备度的讨论，可以从以下几个问题入手。

- 候选人在不同领域和岗位下的工作方式。
- 候选人继任成功的可能原因。
- 候选人继任失败的可能原因。
- 候选人如何处理不确定性。
- 候选人如何处理危机和压力。
- 候选人如何处理冲突、障碍和不同观点。
- 候选人对规则、传统的态度。
- 候选人应对变化的能力。

- 候选人如何处理绩效问题。
- 候选人的合作性。
- 候选人的工作环境塑造能力。
- 候选人的非权力沟通能力。

最终，以表格形式形成继任计划及人才梯队的名单，同时提交的还包括以关键岗位为发展目标的在列高潜人才的个人发展计划和轮岗计划。

关键岗位评估

在公司层面的年度人才盘点会议中，关键岗位仍然是讨论的焦点。以岗位为出发点，从当前、未来和过去三个维度，对关键岗位和继任计划进行讨论。

当前情况评估：对每一个公司级别的关键岗位进行全面的盘点，首先需要呈现的就是经前期讨论确定的人员继任计划，每一个关键岗位均形成三级不同准备度的高潜力人员继任计划。强生根据继任人数来判断岗位人才梯队的健康程度：健康——2 名 RN 或者 1 名 RN+1 名 RL；良好——1名 RN 或者 2 名 RL；问题——无 RN 或者 1 名 RL。

对关键岗位的现状评估还包括现任人员的能力评估（如经验评估、绩效评估、潜力评估、人员发展能力评估）、现任人员的流失可能、人才梯队情况，以及可能存在的风险（离职或退休）。

未来需求预测：对于岗位评估中表现出较高风险的岗位，需要出现在近期招聘计划当中，以便在半年内进行招聘或继任人员的晋升准备。

过去情况盘点：结合上一年度的人才盘点情况，尤其针对关键岗位人才梯队的高潜人才，对为其制订的发展计划进行复盘，评价是否达成上一年度的目标。

人才培养与发展

强生的人才培养力度很大，主要的培养方式有三种：课堂培训、他人的反馈和建议、工作实践。每年人才盘点会议之后，所有的员工都会形成一份个人发展计划，而关键岗位人才梯队的高潜人才则将以关键岗位为目标，进行必要的培训及轮岗锻炼。

强生的课堂培训内容包括领导力、通用技能、产品知识、医学专业知识等，这些培训很多是根据员工特点定制的，员工每年需要与部门主管和人力资源部门一起商讨并制订下一年的个人发展计划。公司会根据其要求，制订匹配的工作和培训计划。

高潜人才有机会参与更多的能力提升项目。业绩、潜力都得到认可的员工将有机会进入继任计划，人力资源部门会逐步为其开设销售、财务和管理技能课程，有意识地安排其轮岗、参与管理项目。强生针对优秀管理人员设置了全球发展计划（International Development Program，IDP），对于已经为强生服务一段时间并被认为具有相当潜力的员工，强生为其提供高额的培训费用，把他们派往美国总部接受高级管理技能培训，归来后根据培训成绩有针对性地安排晋升。

同时，强生强调从工作实践中获得经验。人才在进入强生之初，必须经历 5～7 年的基层工作锻炼。当产生岗位空缺的时候，人力资源部会发布内部招聘信息，人才可以根据自己的兴趣和能力优先进行内部应聘。对于高潜人才，强生还经常采取外派、轮岗的锻炼方式，对于这些外派人员，定期会由中高层领导者对其个人发展进行约谈指导。强生横跨医药、器材、诊断、零售多个行业，人才可以根据自己的意愿在强生内部跨行业流动。高潜人才往往经历过内部转岗、跨部门项目、海外派遣甚至强生内部的跨行业流动。

得益于完善的人才盘点与继任计划，对公司而言，任何一个关键岗位上的人才的请假或离职，都有足够的后备人员接替，确保公司稳定运营；对员工而言，强生给予的不仅是一份工作，更是有着无限可能的工作环境，让能力与意愿兼具的人才能够得到充分的锻炼，实现路径清晰、以终为始的成长。

强生的成功经验

强生成功推行了继任计划，并且将其作为一项激发和保持组织活力的重要工具，强生还总结了自己在继任计划推行中的关键成功经验。

继任计划享有最高优先级：将继任计划放在公司战略的高度，强生认为继任计划是公司三大最为重要的目标之一。继任计划的推行实施，直接影响着公司的人才发展和人才战略，对组织的经营与发展产生重大影响，因此，继任计划并不仅是人力事务，而且是关系公司的组织绩效与运营的关键业务活动。

明确责任人：强生将人才盘点和发展的职责赋予领导团队，领导者将直接对人才梯队的建设以及关键岗位继任人的准备度负责。强生甚至要求，高层领导要晋升，必须培养至少一名能够在1年之内胜任其岗位的接班人。同时，对普通岗位而言，公司明确提出评价和盘点由其直接上级负责，而发展计划则由员工本人负责。

公正开放、协同一致的组织氛围：在对人才的讨论与评价中，强生鼓励评委发表意见，同时要求所有评委持开放态度和公正之心，相信来自同事的评价；同时，强生的轮岗文化也深入人心，不同部门或地区之间的人才交换非常常见，所有的组织和个人都需要对人才的流动保持开放包容的心态。

将继任计划作为常规工作：继任计划和发展计划制订后，要求本人与其上级每季度进行一次复盘，跟进目标是否按计划完成，同时两者也会进行深入的谈话，讨论发展过程中的挑战和想法，以了解人才的个人发展意愿。

案例五

IBM：人才盘点

> 我认为，一家公司成功与失败的真
> 正不同往往可以对接到一个问题：这个
> 组织在发挥人的能量和才能上做得怎么
> 样。
>
> ——托马斯·沃森，
> IBM 第二任董事，创始人之子

IBM 于 1911 年由托马斯·沃森创立于美国，是全球最大的信息技术和业务解决方案公司之一，全球拥有员工 30 多万人，业务遍及 160 多个国家和地区。

自成立以来，IBM 就重视对人才的发展和培养，关于 IBM 领导力和人才管理的成功经验，被视为其长达一个世纪之久的最为重要的遗产。尽管 IBM 的历任董事所面临的商业挑战和策略不尽相同，但对于人才的重视和管理理念却一脉相承，《财富》杂志曾将 IBM 排在 "最佳领导力培养公司" 榜单第一的位置，将其对人才管理和领导力的培养创新实践作为标杆。

全球整合的人才管理

过去的 20 年左右是 IBM 进行业务转型并且完成全球整合的过程。2002 年，彭明盛接任郭士纳出任 IBM 的 CEO，上任之后，彭明盛提出了 "全球整合型企业"（Globally Integrated Enterprise，GIE）的观点，认为全球市场和资源的无门槛流动与整合是不可逆转的趋势，IBM 无法依靠复制和推广一国的成功经验而取得成功，而是需要整合全球的资源和市场。为适应全球整合的业务需求，进行人才和文化的整合被认为具有更大的挑战，为此，IBM 的人才管理也进行了全球整合的转型。

从人才管理体系出发，IBM 虽拥有一大批优秀人才，同时也拥有技术资源、行政资源和其他资源，但这些资源相互独立，在某些情况下有重复，并没有整合进流程或系统，导致部门和人力资源管理数据收集冗余，不能做到完整地挖掘数据而满足人才需求。由此 IBM 整合人才管理的第一个奠基项目被称作"员工管理计划"（Workforce Management Initiative，WMI）。IBM 首先对人力资源的管理系统进行了有针对性的开发和优化，开发后产出的 WMI 不仅仅是一套人力资源的信息管理系统，其核心是一系列能够优化人才管理和发展的相关战略、政策、流程和工具的整合，帮助 IBM 实现了人力资源跨部门、跨地域的有效管理，成为业务与人才整合的有效工具，为 IBM 后续的全球人才管理、人才盘点和人才流动奠定了基础。

IBM 关注的焦点还有人才的胜任力。正如资源的当地化，彭明盛认为，IBM 的核心竞争力并不是任何一款标准化的硬件或软件产品，而是能够基于对客户及当地市场的深入洞察，快速为客户提供有效的解决方案，为客户带来独特价值，因此 IBM 的人才不仅要精通 IBM 的产品和解决方案，更重要的是对客户及其行业要有深入的了解。IBM 要稳固竞争优势，实现持续发展，就必须在全球快速找到符合需求的人才。因此，IBM 对人才和领导力的角色要求进行了第三次转型，提出了符合业务转型的人才要求（见表 5C-1）。

表 5C-1　IBM 第三次转型对人才的要求

业务转型	客户导向、创新性组织	全球整合、智能化组织
角色转型	• 转型前的角色要求	• 转型后的角色要求
事务	• 激发他人拥抱挑战和追求卓越 • 聪明和前瞻性地决断 • 抓住时机，做出战略性冒险 • 成为客户的战略性合作伙伴	• 帮助同事取得成功 • 以系统化概念指导行动 • 做客户的成功伙伴

（续）

业务转型	客户导向、创新性组织	全球整合、智能化组织
团队	• 赢取团队的信任 • 发展他人和团队 • 帮助团队扫清影响绩效的障碍 • 合作影响力	• 建立互信 • 注重沟通实效
决策权力	• 横向思维	• 全球协作

通过各种整合和优化，IBM 将人才的管理变成了一个单一而综合的流程，实现了与战略相关联，为重要工作岗位提供稳健且多元化的通路，促进跨部门人才推荐等，最终达成了 IBM 人才管理的愿景：促使管理层识别并管理当前和未来所需的各方面领导人才，以满足公司发展需求。

人才盘点的核心流程

IBM 重视如何在组织中发挥人才的才能，将识别、培养和布置作为人才管理的关键，由此确定人才盘点工作的核心流程包括规划、通路确认和培养、人员布置三个阶段。

规划阶段的核心是由公司与部门识别关键岗位和相关技能，建立成功胜任该岗位的要求。在此阶段，公司人力资源部门需要通过对行业及公司内外部趋势的分析，基于公司人才战略来评估人才需求，结合人才供应情况制订人才计划，整体流程如图 5C-1 所示。

这一阶段的核心产出成果包括以下几项。

- 业务单元和公司通过的整体领导人才行动计划。
- 由业务单元、地区、国家、职能部门层面列出关键岗位和相关技能要求。
- 关键领导岗位成功就任者的特征。

进入通路确认和培养阶段，需要完成确认通路，创建基准，建立领导人才储备，并由个人和组织确认领导人才培养需求，建立培养计划文档。

这一阶段的工作以在规划阶段产出的成果为基础，从员工自我评价开始，整体流程如图 5C-2 所示。

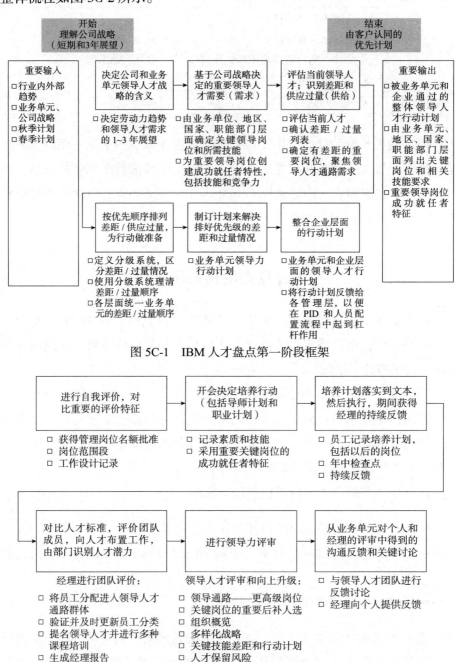

图 5C-1　IBM 人才盘点第一阶段框架

图 5C-2　IBM 人才盘点第二阶段框架

这一阶段的核心成果包括以下几项。

- 由业务单元，地区、国家和职能部门层面提出关键岗位，并确定通路。
- 为关键岗位准备后补人选。
- 在 18 个月内即可就任的领导人才库。
- 候选通路记录流程，并进行 5 分钟训练。
- 由个人和组织确定领导人才培养需求。
- 提名领导人才并进行多种课程培训。
- 记录培养计划／反馈。
- 完整的领导人才模式。

人员布置阶段的核心是为关键岗位选择候选人，管理好候选人反馈记录，为关键岗位和增加任务的情况做事先培训。当管理岗位出现空缺时，就开始进行人员配置的工作，整体流程如图 5C-3 所示。

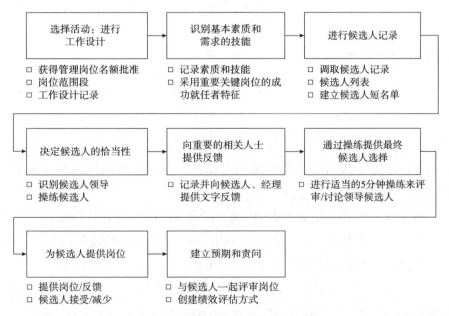

图 5C-3 IBM 人才盘点第三阶段框架

这一阶段的核心成果包括以下几项。

- 为新岗位和关键岗位做工作设计文档。
- 为关键岗位挑选候选人。
- 为候选人的挑选和没有选中的人的记录和原因进行反馈。
- 记录操练。
- 外部招聘需求。
- 为关键岗位和拓展的任务安排做工作变动培训。

这套整合的人才盘点流程，从员工自我评价开始，到一线经理评估并制订人才培养计划，再到逐级往上进行人才评估，直到与总裁一起进行 SVP 人才评估，最后落实到人才评估的巩固和行动。IBM 采用单循环的模式，将识别、评估和培养上万名高效、高潜力领导人才的方法在所有层级整合起来，并且将人才在公司内有效配置，满足公司的战略需求。

采用的工具和方法

IBM 继任者基准

IBM 选拔继任者的第一责任人是在任管理者，IBM 为其提供了一套流程和标准，帮助其建立继任者名单。

第一步：评估在你的岗位上取得成功所需要的关键能力、技能、经验和胜任能力（利用职业生涯框架图以及成功就任者的特征来支持本项工作）。

第二步：考虑你自己的组织中能够满足这些标准的潜在候选人。

第三步：考虑你自己的组织外部能够满足这些标准的潜在候选人。

第四步：考虑你的基准的多元化（如国家、种族、性别等）。

第五步：与人力资源部及同行合作，在你的国家、地区或全球识别时可能不在你的雷达上，但属于你的基准的额外潜在候选人的人才。

第六步：评估候选人目前的能力并确定准备程度（如目前的工作、第一步评估结果等）。

第七步：与你的管理层评估基准，作为你自己的职业发展计划的组成部分，以获得相关人的认同和同意。

第八步：与你的团队中的基准候选人合作发展其能力差距，以加速准备适应给定岗位。

5分钟训练

5分钟训练是一种将人才配置于关键领导岗位的协作途径。在总裁层面每月进行一次，在单位负责人、区域和部门层面经常不定期地进行，如图5C-4所示。目的在于联合管理重要的全球资源，确保将最优秀的人才资源安置在关键岗位上，以便激发人才和进一步培养人才。它为公司及全员提供以下内容。

总裁的5分钟训练日程

目的：每月讨论关键岗位的人员配置和准备

流程：岗位是什么?真正需要吗

谁在考虑中
- □ 其他人知道这个人吗
- □ 可能考虑到的其他人，也就是，为什么某某人没有出现在名单上
- □ 最近行动的概述（已宣布的和未解决的）

基调：SVP的"指导"要基于人才讨论的需要
- □ 强调某某单位的整合和合作

运行规则
- □ 第一次训练在业务单元内完成
- □ 由HR为业务单元准备名单
- □ 没有完成总裁的训练不得履职

图5C-4 总裁的5分钟训练日程示例

- 一个机会：讨论关键管理人员空缺岗位以及准备调动的管理者。
- 一个名单：各种各样可供考虑的讨论，以确保公司正在从整个人才

储备库中选择并形成候选人名单。

- 一个时间：讨论工作要求，帮助业务部门和候选人培养并达成合作共识。
- 一个流程：帮助识别和利用 IBM 内部人才。
- 一个机会：跟踪差异性现象的进程以及关键计划。

IBM 的经验总结

标准化的公司流程

IBM 人才盘点的最大特点是盘点和继任流程的标准化。IBM 认为要使继任计划充分发挥影响，需要将其考虑成一定要进行的公司流程，就像组织中的其他战略规划一样。继任计划如果仅仅作为某个事件（比如某个重要领导离职）的应对操作，是不会良好运行的。为此，IBM 在人才管理的整合中，将人才盘点和继任的操作整合为固定的日常流程，所有的工具、信息、动作等都通过一套管理系统来实现，并且为此提供了强大的 IT 支持来保证人才管理工作的高效和统一。

个人培养计划处于核心位置

IBM 强调在职业早期发现人才，并且为今天和明天培养领导人才，提高领导人才的质量和深度，从而确保在正确的时间有恰当的领导人才可用，这是继任计划的目标。因此在继任计划的实施中，培养通路的设计处于核心位置，所有进入通路的候选人都将对照关键岗位要求，从员工的能力评估分析培养需求、制订培养计划，同时对培养计划进行记录和定期反馈，最终从人才培养的效果来进行人才配置。

董事长的投入

董事长是继任计划的最终负责人，董事长的评估是运行和战略规划日程表的一部分。他需要负责对继任计划进行年度评审及年中检查，每月进行 5 分钟训练，对公司层面的公开提名进行评审。在管理和调动人才过程中，非常强调董事长与各总经理的整合与协作。在这一过程中，董事长能够有效评估候选人的能力，为董事长岗位的继任计划确定人选。

越秀集团：业务导向的人才盘点

> 企业的人力资本优于企业的财务资本，越秀集团近几年业绩的取得和未来的可持续发展需要一批有能力、有活力、积极的高端职业经理人。
>
> ——张招兴，
> 越秀集团董事长

越秀集团于 1985 年在中国香港成立，秉承"不断超越、更加优秀"的越秀精神，经过长期的改革发展，已形成以金融、房地产、交通基建、现代农业为核心产业，造纸等传统产业和未来可能进入的战略性新兴产业在内的"4+X"[⊖] 现代产业体系。作为国务院国企改革"双百企业"，集团旗下控有越秀资本、越秀地产、越秀交通基建、越秀房托基金、越秀服务、华夏越秀高速 REIT 六家上市公司。

人才盘点是业务发展的诉求

为实现高质量、跨越式可持续发展的宏伟目标，在成为一家全国性布局、产融结合、具有较强市场竞争力的多元化企业集团的过程中，越秀集团的组织能力建设工作面临着前所未有的挑战，构建一个面向未来，真正具有领导力、创新力的职业经理人团队，已经到了刻不容缓的时候。

⊖ "4+X" 是指越秀集团形成的以金融、房地产、交通基建、现代农业为核心产业，造纸等传统产业和未来可能进入的战略性新兴产业在内的"4+X"现代产业体系。

2009 年起，越秀集团开始探索职业经理人管理，先后制定了管控大纲、述职管理、人才盘点、竞争上岗、人才标准等 25 个职业经理人管理制度，建立了一套框架完整、逻辑清晰、运作有效的职业经理人管理体系，形成了"职位能上能下、人员能进能出、收入能高能低、培育与使用相结合"的职业经理人管理体系。

在具体的职业经理人管理实操中，考虑到各板块的业态差异，集团对下属板块充分授权，在符合整体管理框架的前提下，各自发展，求同存异。

以旗下地产板块为例，越秀地产于 1983 年成立，是全国第一批综合性房地产开发企业之一。截至 2023 年，战略布局 30 个核心城市，土地储备超过 5 000 万平方米，2022 年合同销售额 1 250 亿元，行业排名跃升至第 16 位，权益销售金额进入行业前 10。越秀地产积极布局 TOD（以公共交通为导向的城市开发）、养老、长租、城市更新等新兴业务，坚持"商住并举"战略，拥有广州国际金融中心在内的 40 多个优质商业物业，涵盖写字楼、零售商场、专业市场、酒店公寓等多种业态。

2015 年，越秀地产的合同销售额为 248.5 亿元，2022 年合同销售额为 1 250 亿元，在业绩近 5 倍的增长过程中，组织上经历了从"项目公司"到"城市公司"再到"区域公司"的升级，同时快速切入养老、长租、城市更新、TOD 等新兴业务领域，这不仅对组织架构和管理流程提出了升级的要求，对处于关键岗位的管理者也提出了管理认知和技能升级的要求，公司需要重塑新时期组织的人才观，实现"上下同欲"。

面对这种情况，越秀地产将人才盘点作为一项连接战略和人才的重要工作，自 2016 年起开始构建自己的人才盘点体系。该体系旨在达成以下目标：通过对管理人员的能力状况进行盘点，了解组织与人才发展现状，明确当前的人岗匹配度，强制实施九宫格人才排布，优胜劣汰；面向未来评价人才、发掘继任者，落实人才储备培养计划；将人才盘点作为管理工具公开讨论并达成共识，班子成员在盘点过程中加深对人的理解，提高管理者识人用人能力。

人才盘点 4.0 模式的演进

与大部分中国企业类似，越秀地产的人才盘点从对标外资企业或国际化本土企业开始，在过去的若干年中，经历了初探、固化、优化的过程，逐步形成了越秀特色的人才盘点模式。

人才盘点 1.0：会议运营

2016 年，越秀地产开启了人才盘点 1.0 模式，经过了人才标准构建（统一人才观）、预盘点和人才盘点会议，初步构建了自己的人才盘点体系。

统一人才观。越秀地产的人才标准力求落地实用，经过多轮讨论，逐步形成了"7+X"的模式。其中"7"是越秀集团领导力素质模型（简称"秀七条"），是越秀集团未来高级人才发展的导向和价值标准。战略思维、团队和人才培养意识（高效团队）以及创新变革构成了领导力素质模型的鲲鹏主干；而鲲鹏羽翼之一的"激情奉献"和"突破力"是态度问题；鲲鹏羽翼之二的"整合资源"和"风险管控"是方法问题（见图 6C-1）。

图 6C-1　越秀集团领导力素质模型

同时，"X"则体现了当年地产板块的特色要求，如业务经营力、业务支撑力等。经过大量前期的宣传贯彻，"7+X"的人才观已经深入人心，成为评价人才时必不可少的评价标准。

预盘点。预盘点的提出，可谓人才盘点本土化的一项"新实践"，只需对标经典的标杆案例，直接迈入人才盘点会议环节即可。但是人才盘点作为一项"舶来品"，公司管理层往往在人才意识、识人能力、开放度等方面没有做好准备。越秀突破性地提出了"预盘点"的理念：在盘点会前，与每一位汇报人一对一沟通，解读汇报材料背后蕴藏的组织和团队的管理逻辑，提升汇报人的人才盘点"准备度"。

预盘点讨论的内容如下。

- 引导业务领导对战略进行深入思考，并基于此对部门定位及其职责进行重新定义。
- 引导业务领导对整个部门的组织和人才情况（如效率、人才、氛围、文化、梯队建设、未来发展等）进行反思和总结。
- 听取业务领导对候选人的评价及发展任用建议，就不同意见进行充分讨论，排除异议，达成共识，为盘点会做准备。
- 基于业务领导对组织和人才的评价，顾问进行专业补充，在识人用人方面对其进行赋能，提高其能力。

人才盘点会议初探。第一次人才盘点会议现场，在顾问促动师的引导下，各位汇报人以"7+X"为标准，积极列举行为案例，对被盘点对象进行评价，并由斜线领导进行案例补充。会议重塑了汇报人"行为导向"的人才评价原则，汇总了大量的典型工作行为案例，促进了管理层就人才观达成共识，公开讨论人才的氛围初步形成。然而，这种模式也暴露出一定问题：评价缺少定量信息，对决策的支持度不足，需要在未来的盘点中引入定量评价工具，为盘点提供科学依据。

人才盘点 2.0：专业支撑

在人才盘点 1.0 模式的基础上，人才盘点 2.0 将科学决策工具、盘点成果落地和关键人才培养作为重点，大大提升了人力资源在盘点过程中的专业支撑能力。

·科学决策工具

在线测评工具的使用，如 360 度评估、团队氛围测评、性格特质测评，为汇报人提供了参考，帮助他们对下属的认知进行纠偏与深化。同时，为了营造良好的测评氛围，正式测评开始之前，人力资源部召集各部门联络人，对在线测评的目的、使用方法进行说明，提高了测评的效率，同时也促进了员工正确认识测评，将测评作为发展的手段而非评价人的手段，保证了测评的客观性。

为了解决核心区域的经营班子搭配问题，越秀地产开发出了有越秀基因的班子角色测评，将团队角色分为统帅类、先锋类、参谋类、外交类、风控类和政委类 6 大类型，并用公司内部公认的标杆进行数据验证，看越秀真正需要的是怎样搭配的经营班子。经营班子角色的测评结果与前文介绍的经营班子盘点方法论结合，实现了从评价个体到评价团队的转变，通过经营班子能力的整体建设，用人所长，支撑战略落地。

·· 盘点成果落地

通过党政联席会决议、一对一反馈等形式，越秀地产将人才盘点的成果直接用于管理者晋升与调整，让公司员工看到人才盘点的实效。

盘点的第二年，越秀地产就输出了 50 余条关键岗位的招聘要求，人力资源部将其记录在册，逐一落实，次年盘点会时需要对完成情况进行复盘；同时，也对十余个关键岗位的负责人进行了调整或降职，真正实现了"能上能下"。这一系列操作在一贯用人稳健的组织内引起了轩然大波，也宣传贯彻了公司转型的决心。员工对人才盘点也更加认可，以更客观、积极的心态参与到未来的人才盘点工作中，形成了良性循环。盘点结束后，每一位被盘点的职业经理人都获得了一对一的反馈，帮助他们明确自身的优劣势以及组织对自己的要求，从而激发个人成长的动力。

·· 关键人才培养

通过人才盘点，也暴露出了越秀地产人才梯队存在的结构性问题。在全国化过程中，经营管理人才奇缺。为此，越秀发起了"鸿鹄计划"培养项目，面向公司内外部招募城市总 / 大项目总后备人才，入职后通过 1～2 年的跨专业轮岗实战、项目操盘及专题行动学习等培养路径，实现向城市总 / 大项目总的快速成长。城市总 / 大项目总需要具备优秀的项目经营管理能力、项目开发全链条管理能力、市场洞察与客户需求挖掘能力、资源整合能力，直接影响项目效益。公司领导对"鸿鹄计划"极为重视，采取公司高管、区域高管"双导师"辅导的模式。为了保证业务导师的投入度，在项目初期人力资源副总裁和总部人力资源同事常常奔赴各区域现场，直接参与导师辅导环节，为学员成长保驾护航。"鸿鹄计划"培养项目的成果硕果累累（见图 6C-2），为越秀地产贡献了 7% 的区域高管、27% 的城市总、49% 的项目总、17% 的职能总，大大提升了组织内部的造血能力。

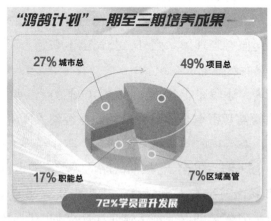

图 6C-2　"鸿鹄计划"培养项目成果

人才盘点 3.0：体系输出

经过 2～3 年的迭代后，越秀地产的人才盘点体系进行了 3.0 升级，形成了"自下而上"的两级盘点体系（一级盘点、二级盘点）。盘点范围扩大到核心区域公司中层和核心专业线，内部叫作二级盘点，从下至上、从一线到职能盘点人才，形成多层人才后备库。

二级盘点。核心区域公司人才盘点工作通常于年度战略解码后开始，为期两周，盘点对象为区域部门经理、项目经理和核心专业人才。这一层级的盘点旨在将已成熟的人才盘点工具和方法内化下沉到各区域公司，帮助区域公司掌握人才盘点的工具和方法，并通过人才盘点得出切实的后续落地举措；帮助区域公司经营班子根据实际情况和未来战略目标，提前对核心岗位用人计划做好人才布局。

一级盘点。一级盘点是针对地产中层职业经理人开展的盘点。2018 年，公司首次将中层职业经理人述职述能工作会纳入人才盘点体系，以述职述能和绩效考核结果为输入，结合预盘点与区域盘点成果形成中层职业经理人的人才档案、人才九宫格及关键岗位培养继任计划。

将年度述职述能工作纳入人才盘点体系具有两方面的意义：一方面，述职述能汇报可以为人才盘点提供更多的输入，对汇报模板和提问进行结构化，可以较为显著地看出管理者在战略思维、团队管理、成就动机方面存在的差异；另一方面，将人才盘点与公司已有会议流程整合，使人才盘点不再孤立于公司原有管理体系之外，公司也不需要为了开展人才盘点大动干戈，而是自然而然地融入组织。

越秀地产认为，述职述能会的要求与核心价值有三点。

（1）**述职述能需紧密结合战略**。每位职业经理人所讲的工作、未来的工作计划、思路，要与集团的战略紧密结合，职业经理人应该站在整个集团的战略角度来寻找自己的定位，按照战略的要求来考虑自己的工作。

（2）**结合自我，突出本人贡献点**。述职需要突出本人的贡献点，不要把分管团队的业绩拿来讲。很多工作是团队做的，职业经理人要紧密结合自己的价值和贡献来讲。述职是检验自己在履行这个岗位的时候做得怎么样。

（3）**直面"最不满意的事"，把问题分析出来，把措施找出来**。要将"最不满意的事"细化，如果所有人把自己管理的模块的问题分析出来，把措施找出来，管理肯定就会提升一步。

人才盘点 4.0：组织升级

过往人才盘点更多在谈人，但完整、系统的人才盘点应当从组织开始，因为人脱离不了组织。

越秀地产一开始受限于人才基础薄弱，经过人力资源条线多年的努力，人才结构逐步优化，人才储备逐步丰盈，奠定了组织盘点的基础。在区域公司层面，公司注重与经营班子成员讨论区域公司每个部门的定位、核心能力及组织效能；在地产板块总部层面，则从组织定位及架构、权责体系、部门职能、组织效能、核心能力 5 个方面进行组织盘点（见图 6C-3）。

加入组织盘点，实质上就是以公司战略为目标，探索未来需要哪些核心的组织能力，以此落实关键岗位的设置与职责的完善、优化、调整。在人才盘点层面，由战略和业务的需求牵引出面向未来的人才需求和标准，从结构、数量、质量多方面盘点团队的现状和差距。

图 6C-3　组织盘点维度

由于越秀地产实行的是自下而上的盘点模式，能够从实际业务层面审视组织管理模式、制度的运行效果。比如，集团颁布的大项目总管理机制落地效果如何？存在哪些堵点？总部应该做些什么以更好地赋能业务？组织盘点将一线真实的需求反馈至总部，提升了管理决策的质量，构建出"双向奔赴"的权责体系。

截至目前，越秀地产板块已累计盘点人才 2 000 余人，识别出高潜人才 100 余人。多个核心区域公司和职能部门的一把手都来自高潜人才库，这些高潜人才上任后短时间内均做出了突出的业绩，有力地支撑了公司经营目标的快速增长和未来千亿销售目标的达成。

公司高管团队普遍认为，人才盘点有三大优势：第一，人才盘点工作的开展帮助越秀地产营造了公正客观、积极上进的用人氛围，管理者将人才的任用作为一项正常的工作，公开讨论，不再遮遮掩掩；第二，人才盘点从上到下、从内到外多个角度收集信息，形成了对候选人的全面评价；第三，人才盘点有利于达成共识，形成切实的落地措施。

越秀集团的经验总结

越秀集团走出了一条具有国有企业特色的盘点体系建设之路，在对标外部的基础上，结合自身特点，在已有人才管理体系的基础上逐步迭代，实现了向现代化、多元化企业的转型。

统一的工作语言与穿透式的管理工具

在很多多元化集团，总部非常擅长财务与投资，但设立或并购新板块公司后，很难给予新公司业务层面上的支持，集团在其他板块的优秀管理经验常常无法迁移过来；同时，新公司内有大量总部派驻的非本专业的职能人员，这些职能人员更多地从风险合规的角度对业务开展提出问题，却很难给出有效的建议，造成了组织的内耗。

越秀集团创造出了更具穿透性的管理工具，每个板块都必须遵守三大公司级流程——盘战略、盘组织、盘人才，确保话语体系的一致性。每年年初，各级经营班子都要进行战略解码，确定必须打赢的仗，拟订行动计划，签订绩效合约。这些解码出的"必须打赢的仗"，从总部分解到区域，再分解到部门，每位员工在述职述能会上都要讲述自己未来一年的工作计划如何支持公司"必须打赢的仗"，保证力出一孔。

在战略解码的基础上，组织召开组织和人才盘点会议，从核心能力梳理、关键职责梳理、组织架构、述职述能会、人才盘点会等方面进行系统盘点，形成了具有越秀特色的"12345"职业经理人人才盘点体系（见图 6C-4）。

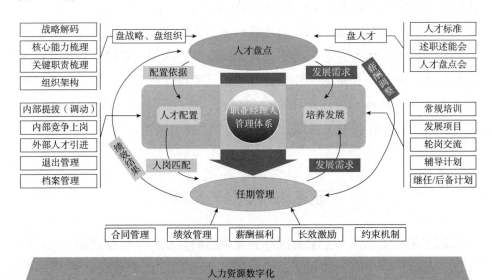

图 6C-4　越秀特色的"12345"职业经理人人才盘点体系

这套盘点体系在越秀集团进入新板块时起到了很重要的作用。2020 年，越秀集团"蛇吞象"并购沈阳老牌乳品企业辉山乳业之后，快速开展了盘战略、盘组织、盘人才工作，提出了新的战略目标，并确立了"四大增长引擎"+"三大关键驱动力"的发展计划。在此基础上，越秀集团通过人才盘点，对辉山乳业的关键岗位及核心人员进行了有效的优化，获得了人效及业务能力的提升，加速了企业的发展与融合。

打通人才管理各个模块，提升人才盘点落地性

人才盘点作为人才管理体系的核心环节，可以与培养晋升、薪酬福利等模块衔接，盘活整个人才管理体系（见图 6C-5）。公司特别颁布了《人才评价与应用管理办法》，来支撑盘点成果的应用。

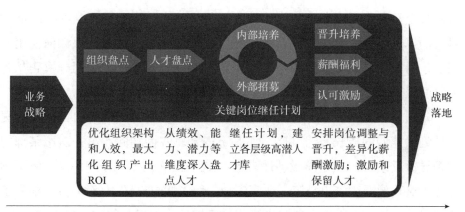

图 6C-5　越秀人才管理体系

在人才盘点中，越秀集团应用的主要工具是人才九宫格，绩效考评结果是人才九宫格的核心输入。同时，九宫格中的人才排布实行强制的 2-7-1 分布，即 20% 为明星员工，70% 为骨干员工，10% 为待改进员工，每个格子都有清晰的定义：明星员工可进行晋级，骨干员工可进行调薪，而待改进员工则要考虑调整或淘汰。

　　盘点技术和工具（九宫格／在线测评）的使用，最根本的目的是引导业务管理者思考关于人的话题，提出具有洞察力的见解，促进他们对业务的思考，充分发挥他们的价值。相反，如果不能影响业务管理者，单纯依靠测评技术与手段，所有的技术与工具都是很难发挥作用的。业务管理者是人才盘点的主导者，更是促进管理语言的统一、盘点工具和方法有效使用的引导者与推动者。

管理意识转变与组织能力提升

　　推行人才盘点 5 年后，越秀集团的管理者，无论是作为汇报人还是盘点对象，管理意识和管理能力都有了显著的提升。

　　汇报人经历了从"被动参与"到"主动参与"再到"拼命参与"的心路历程。在第三年召开的盘点会议上，讨论氛围异常热烈，公司董事长带头，整个经营班子不断在思考未来哪些组织能力是重要的，这些组织能力对人的要求是怎样的，以及目前团队现状如何改善，盘点结果如何应用等问题，所有会议人员开会到半夜 12 点仍是意犹未尽、不知疲惫，真正从行为层面践行了"业务领导是人才管理的第一责任人"这个理念。

　　通过一次次的反馈，盘点对象直面自己的优劣势，制订自己的能力提升计划，他们的成长有目共睹。尤其记得禾思咨询顾问在第一次给某部门的领导做反馈时，该领导激动地表示："我工作这么多年，第一次了解了领导心中对我的看法，也是第一次真正地了解了我自己。"一对一反馈触发了管理者关注团队、突破自我的意识，为后期的能力提升奠定了良好的基础。对盘点对象的 360 度领导力测评结果也显示：相比 2016 年，越秀集团的管理者在战略思维、团队管理方面的能力有了显著的提升。

参考文献

[1] 丛龙峰．组织的逻辑 [M].北京：机械工业出版社，2021.

[2] 风里．人选对了，事就成了：这样做才能选出最优秀的人才 [M].北京：机械工业出版社，2014.

[3] 黄卫伟．以奋斗者为本：华为公司人力资源管理纲要 [M].北京：中信出版社，2015.

[4] 腾格，坎贝尔．人格心理学：第 2 版 [M].蔡贺，译．北京：人民邮电出版社，2022.

[5] 施密特，罗森伯格，伊格尔．重新定义公司：谷歌是如何运营的 [M].靳婷婷，译．北京：中信出版社，2019.

[6] 霍夫曼．勇者不惧：拯救福特，企业梦幻 CEO 穆拉利 [M].许瀞予，译．台北：日月文化出版股份有限公司，2014.

[7] 埃弗斯，安德森，沃斯奎吉尔．人事选拔心理学 [M].李英武，译．北京：世界图书出版公司北京公司，2016.

[8] 陈玮．中国企业靠什么赢 [M].上海：上海交通大学出版社，2014.

[9] 斯坦福．组织设计指南：创造高绩效、适应力强的企业 [M].笪鸿安，冯云霞，译．大连：东北财经大学出版社，2009.

[10] 凯斯勒，凯茨．企业组织设计：如何利用组织设计驱动业务结果的达成 [M].江阮渊，张善依，译．北京：电子工业出版社，2020.

[11] 纳德尔，塔什曼．赢在组织设计 [M].徐汉群，阮雯雯，栾茗乔，译．北京：机械工业出版社，2022.

［12］达夫特．组织理论与设计 [M].王凤彬，张秀萍，刘松博，等译．北京：清华大学出版社，2011.

［13］查兰，德罗特，诺埃尔．领导梯队：全面打造领导力驱动型公司 [M].徐中，林嵩，雷静，译．北京：机械工业出版社，2011.

［14］查兰，韦利根．重构竞争优势：决胜数字时代的六大法则 [M].杨懿梅，陈佳寅，译．北京：机械工业出版社，2023.

［15］马奎特，班克斯，考威尔，等．行动学习实务操作：领导力提升、团队建设和组织变革的有效策略：第 3 版 [M].郝君帅，王冰，曹慧青，译．北京：中国人民大学出版社，2021.